역경이 있어 삶은 의미가 있다

역경이 있어 삶은 의미가 있다

—

인쇄 2003년 8월 25일 1판 1쇄
발행 2003년 8월 30일 1판 1쇄
     2008년 3월 25일 증보 개정 2판 1쇄
     2018년 2월 10일 증보 개정 3판 1쇄

지은이 정인석
펴낸이 강찬석
펴낸곳 도서출판 나노미디어 **주소** (150-838) 서울시 영등포구 도신로51길 4
전화 02-703-7507 **팩스** 02-703-7508 **등록** 제8-257호

정가 15,000원

—

이 도서의 국립중앙도서관 출판예정도서목록(CIP)은 서지정보유통지원시스템 홈페이지(http://seoji.nl.go.kr)와
국가자료공동목록시스템(http://www.nl.go.kr/kolisnet)에서 이용하실 수 있습니다.
CIP제어번호: CIP2018001429

—

ISBN 978-89-89292-61-6   93320

트랜스퍼스널 심리치료를 위한 역경의 심리학 개정 제3판

역경이 있어 삶은 의미가 있다

정인석 지음

Nano 나노
Media 미디어

초판 머리말

필자가 『트랜스퍼스널 심리학*Transpersonal Psychology*』(1998/대왕사)을 처음으로 내놓은 지도 4년이 지났다. 그동안 이 분야에 관심을 두고 있는 독자들의 성원에 힘입어 이번(2003)에 나노미디어로부터 트랜스퍼스널 심리학을 학문적 수준이 아니라, 일반대중적 수준에서 접할 수 있는 책이 있었으면 하는 요청을 받아들여 『삶의 의미를 찾는 역경의 심리학』을 내놓았다. 이는 내게 찾아온 행운이며, 독자에게는 나를 초월한 긍정적인 삶의 지혜를 얻는 계기가 되어줄 것이라고 본다.

그렇다고 해서 트랜스퍼스널 심리학에 관계되는 전 영역을 체계적으로 설명하려는 것은 아니다. 이보다는 가급적 현실감을 살려서 '인생에서 일어나는 문제들에는 어떤 경우에도 의미가 있다'고 하는 트랜스퍼스널 심리학적인 발산을 중심으로 서술하였다.

사랑과 증오, 기쁨과 슬픔, 환희와 절망, 고뇌와 좌절, 실존적 불안과 공허, 끝없는 욕망과 만성적인 번뇌, 압도적인 폐색감閉塞感과 무력감 등, 내면으로부터의 메시지에 귀를 기우려 받아들이고 겸허히 자기를 긍정하며 살아가기 위해 '나를 초월한 사고방식'을 길러야 한다는 것에다 역점을 두었다.

　인생의 과정이란 누구에게 있어서나 정도의 차만이 있을 뿐 각종 문제해결의 연속적인 과정이다. 결코 자기 혼자만이 문제를 갖고 불행을 겪고 있는 것은 아니다. 모든 사람은 문제를 가지고 있다고 생각해야 한다.

　중요한 것은 마음을 어떻게 갖느냐에 있다. 때문에 인생의 행·불행을 결정하는 것은 자기 인생에서 일어난 사건 그 자체가 아니다. 그 사건을 어떻게 받아들이며, 여기서 무엇을 배우며, 어떤 깨어남과 메시지를 얻느냐에 달려 있다.

　이런 관점에서 어떤 인생에서 일어나는 어떤 사건에도 거기에는 의미가 있다는 것을 말하였다. 그리고 자기 인생에서 일어나고 있는 사건들은 '자기'를 '초월'한 여러 연관 속에서 '의미'를 가지고 있기 때문에 '자기집착'을 버리고 자기초월의 연결 쪽으로 마음을 열고 살아갈 때 인생의 의미를 발견할 수 있다는 것을 말하였다.

　요컨대 '자기중심'의 생활태도로부터 벗어나 인생의 '의미'와 '사명' 중심의 생활태도로의 전환을 위해 도움이 되도록 하였다. 또한 트랜스퍼스널 심리학의 기본적 방법인 현상학적 관점에서 인생 최후의 문제인 '죽음'의 의미에 대해서도 생각해보도록 하였다.

진정한 '행복'도 인생의 '의미'의 창조를 통해서 얻어진다. 무엇이 사람을 행복하게 하는가를 발견하는 것만으로는 인생의 유의미성有意味性의 본질은 설명할 수 없다고 본다. 왜냐하면 의미 없는 행복도 얼마든지 있을 수가 있으며, 행복을 버리고 의미 있는 고난의 길을 선택하는 사람도 있기 때문이다.

이렇듯 의미 있는 인생은 그저 행복하기만 한 인생보다 더 인간적이며 도덕적이다. 한 사람의 심리적 위기와 극한 상황을 극복하는 것은 '의미'의 발견이자 창조이며 또한 행복을 갖다주기도 하지만, 이는 지혜 있는 인간으로서 가장 현명하고도 가치 있는 태도라고 볼 수 있다.

바라건대 이 책에 담긴 내용이 역경에 처해 있는 사람들이 삶의 의미를 찾아서 이를 극복하여 적극적이며 긍정적인 인생을 살아가는 데 필요한 지혜가 되고 작은 힘이 된다면 필자로서는 더 없는 큰 보람이라고 생각한다.

또한 의미 없는 만족과 행복을 누리고 있는 사람들에게는 이 한 권의 책을 통한 사고思考와 태도의 전환점이 되는 계기가 되고, 상담심리학을 공부하는 사람들에게도 도움이 되었으면 하는 마음 간절하다.

그리고 이 책의 출간을 위해 수고를 아끼지 않은 나노미디어 강찬석 사장과 편집진에게 깊은 사의를 표한다.

2003년 7월

정鄭 인寅 석錫 적음

증보 개정 2판 머리말

책은 사유思惟와 애지愛知의 양식糧食이자 이성理性과 감성을 키우는 촉매제이며 삶의 에너지를 충전시켜준다. 이 책이 나온 지도 4년이 지났다. 결실의 계절을 맞이하여 과연 이 책이 독자에게는 어떤 의미가 있었는지 새삼스럽게 생각해보게 된다.

그동안 이 분야에 관심을 두고 있는 독자들의 성원에 힘입어 이번에 증보판을 내놓게 되었으니 그 보람을 독자들에게 돌리고 싶다.

이 책이 처음 나왔을 때 정신과 의사, 상담심리학자, 자기 초월의 심리학에 관심을 두고 있는 사람들이 보여준 격려도 보람이 있었지만, 특히, 2005년 1월 19일부터 22일까지 과정지향심리학process-oriented psychology(POP)의 전문가 막스 슈박Max Schupach 박사를 초빙하여 가졌던 워크숍(process work & world work : 전쟁기념관 평화의 홀에서)과 2006년 4월 15일부터 17일까지 프로세스 워크process work의 심리치료법을 개발한 아놀드 민델Arnold Mindell 박사를 초치하여 갖었던 워크숍(한국여성개발원 국제회의장에서)은 더 큰 보람이었다.

또 한 가지 빠뜨릴 수가 없는 것은 정신과의사들에 의한 2006년 9월 29일 '한국명상—영성치료학회'(서울대학교 병원 본관 지하 1층 C강당에서)의 창립이다. 이는 정신치료를 종래의 '병리모델'의 관점에서 '성장모델'의 관점으로 전환시켜 스피리추얼 이머전시spiritual emegency(정상적인 일상생활을 할 수 없을 정도의 정신적·영적 위기상태)를 '정신분열병schizophrenia'으로부터 분리시켜 치료하고 있는 국제적인 추세에 비추어 볼 때 참으로 다행스러운 일이다.

이는 트랜스퍼스널 심리학이 정신의학의 영역에까지 영향을 주었으며 정신의학의 인간화humanization of psychiatry를 추구하였다는 점에서 이 또한 보람을 느낀다.

근대심리학이 '나'와 의식의 중심으로서의 '자아'만을 관심의 대상으로 삼아온 것과는 달리 트랜스퍼스널 심리학이 '나'를 초월한 보다 확대된 의식까지도 포괄한 의식 ― 구체적으로는, 절정체험이나 종교체험, 신비체험 등에서 볼 수 있는 아이덴티티의 확대, 초월적인 존재와의 만남, 원형archetype이나 신화적인 비전체험visional experience 등이 일어나는 의식상태 ― 에 관심을 쏟는 것은 자기초월적인 체험을 함으로써 어떤 수난과 역경도 그 너머에 있는 존재의 '궁극적인 의미ultimate meaning'를 발견하게 된다고 보기 때문이다. 인간이란 '의미'를 추구하는 존재이다. 그리고 그 '의미'야말로 삶의 질을 높여 인간을 구제한다고 본다.

　독자 여러분! 항상 우주의 모든 존재와 나는 정신적으로 연결된 존재임을 깨닫고, 충족시키고자 하는 의미와 실현코자 하는 가치를 발견하기 바라며 설혹 아픔과 좌절이 찾아와도 이에 굴하지 않고 당당히 맞설 수 있는 삶의 의미와 존재의 이유를 간직하기를 기원한다.

2008년 2월

자이怡열悦재齋에서

정鄭인寅석錫 적음

증보 개정 3판 머리말

역경은 우리에겐 건강관리에 필요한 백신주사와 같다. 그것은 역경을 슬기롭게 극복하고 나면 그만큼 의미 있는 삶을 체험하게 되며 인간이 성숙하기 때문이다.

즉, 역경을 극복하고 나면 사람에 대한 이해심과 공감도 깊어지며 인내력도 강해지고 문제에 직면했을 때 이에 대처하는 태도도 긍정적이며 유연悠然하다. 요컨대 역경은 사람이 성장하고 학습할 수 있는 절호의 기회다.

인생의 '역경'이야말로 이렇게까지 하지 않으면 배울 수가 없는 매우 중요한 것을 배우고 깨달아서 우리가 살아가는 방식을 바람직한 방향으로 바꾸어가기 위한 매우 의미 있는 훌륭한 기회라고 본다. 아무리 불황의 시대 출구가 보이지 않는 시대라 할지라도 생각을 바꾸게 되면 우리는 여기서 삶의 참뜻을 배울 수가 있다.

그 결과 불황 절망의 시대는 '각성의 시대' 깨달음을 통한 자기변혁과 성장의 시대로 변하게 될 것이다.

회고해 보니 2003년에 『삶의 의미를 찾는 역경의 심리학』 초판이, 2008년에 증보 개정 2판이, 이제 다시 2017년에 증보 개정 3판 머리말을 쓰게 되었으니 새삼 한결같은 독자의 성원에 사의를 표하고자 한다.

역시 사람은 물리적 시간만으로 사는 것이 아니라 자신의 현재라

역시 사람은 물리적 시간만으로 사는 것이 아니라 자신의 현재라고 하는 시점의 밖에 서서 미래와 과거의 연관 속에서 자신의 생활을 회고하고 전망해 볼 수 있다는 것은 인간만이 가질 수 있는 자랑스러운 속성의 하나라고 생각한다.

그동안 필자는 이 책을 대할 때마다 아쉽게 생각했던 점이 많았다. 그때마다 얻은 것이 많다. 그중의 하나는 '실패가 용인되는 사회'에 관한 것이었다. 라틴어에 '글을 쓰는 사람은 배운다. 퀴 스크리빗 트 디스킷트Qui scribit, discit'라는 말이 있다. 금원 같은 교훈이다.

인류문화의 발전도 알고 보면 수많은 시행착오나 실패의 거듭된 과정이 있었기에 가능했던 것이다. 발명왕 토마스 에디슨Thomas Edison(1847~1931)이 발명한 백열전구는 99%의 땀과 1%의 영감의 결정체라는 말은 너무도 유명하거니와 그가 6,000개가 넘는 물질에 대한 실험은 수천 번의 실패가 아니라 전구 발명을 위한 중간 단계일 뿐 결코 수천 번의 실패가 아니었다. 과학 선진국에서는 실패한 실험노트가 완성된 연구논문보다 더 소중하게 인정된다고 한다. 그러기에 사소한 실패를 딛고 일어서는 끈기 있는 수천만 번의 실험과 관찰의 과정이 성공 못지않게 중요하다.

성공이란 성공을 가져올 수 있는 과정의 종속변인에 지나지 않다. 1등·금메달·대상·장원만이 잘한 것이 아니라 휴머니티의 관점에서는 모두가 잘한 것이다. 길게 본다면 지금은 저조하지만 다음에 더 좋은 성적과 우수한 기록을 낼 수도 있다. 사회는 미래를 꿈 꿀 수 있는 용기를 줄 수 있는 풍토라야 한다.

우리 말에 한 번 실수는 '병가상사'라는 말도 있거니와 성질이 외골수형이며 급하거나 완벽주의자는 무엇을 하다가 한번 실패하게 되면 이를 받아들이지 못하고 인생 전부를 실패한 것처럼 생각하고 은둔자가 되거나 생을 포기하는 사람도 있다. 그러나 이런 태도보다는 좀더 긴 안목에서 유연한 자세로 사고의 전환conversion of thinking을 통해서 내게 있어서 실패가 주는 교훈이 무엇인가를 생각해 보고 이를 성공에 이르는 한 과정으로 만들어가는 용기가 필요하다.

또 한 가지는 트랜스퍼스널 심리치료의 정의·치료방법의 틀·치료자의 자세에 대한 통일된 인식에 대한 것이었다. 그것은 트랜스퍼스널 심리치료에 있어서 본질적인 것은 어떤 내담자의 치료의 내용이나 치료에 사용되는 어프로치나 기법이 아니라 치료방법의 맥락(치료자가 가지고 있는 신념·가치관·세계관 및 이에 기반한 인생·마음에 대한 자세나 사고의 틀)에 있기 때문이다. 그러기에 트랜스퍼스널 치료란 모든 심리치료법의 근본에 있는 치료의 한 차원인 것이다.

이번 증보판에서는 이상의 두 가지 문제에 대해서, 제1장 트랜스퍼스널 심리치료란 무엇인가, 제3장의 알프레드 아들러편에서 '용기를 주지 못하는 사회'를 보완하였다.

필자의 이런 생각이 과연 독자에게는 어떻게 받아들여질지 적이 마음 쓰인다. 그러나 분명한 것은 트랜스퍼스널 심리치료법은 기법에 의해서만으로는 정의할 수가 없으며 치료자에게 달려 있다. 또한 역경이란 절망시키기도 하지만 탄력성을 가지고 생각을 바꾸게 되면 나를 성장시켜 주는 인생의 터닝포인트가 될 수 있다는 것, 요컨대 그 사람에게 달려 있다는 것을 말하고자 한다.

2018년 1월

자이怡열悅재齋에서

정鄭인寅석錫 적음

차 례

一

서장

어떤 인생의 역경에도 의미는 있다

───

배우려는 마음만 있다면 만물은 우리의 스승이다.
말이 없는 돌과 나무, 흘러가는 강물과 구름,
이 넓은 우주, 인류의 장구한 역사,
어떤 작은 일에나, 어떤 오래된 일에나, 누구의 인생에나,
우주의 섭리, 자연의 이법이 맥박치고 있다.
그리고 또한 인간의 고귀한 지혜와 체험이 배어 있다.
우리는 이들 모든 것으로부터 배우고 싶다.

이 시대를 의미 있게 살기 위하여

어떤 일에도 의미는 있다

사람은 저마다 느끼는 '마음'과 생각하는 '정신'이 달라서 살아가는 방식이 제각기 다르다. 때문에 똑같은 환경에서 하루를 살고 나서 얻는 삶의 체험도 그 양과 질에 있어서 결코 같을 수가 없으며, 여기서 얻는 삶의 의미 또한 제각기 다르다.

경제적 불황과 구조조정, 중고생 자살의 급증, 젊은 세대의 폭력과 왕따, 사이버 범죄와 보이스피싱, 교권의 실추와 학급의 붕괴, 휴머니즘을 가장한 집단 이기주의, 아동학대, 성희롱, 존속살해, 각종 경제사범 등 우리 사회는 결코 밝지만은 않다.

이런 사회란 특히 자기를 부정적으로 보고 있는 사람의 경우는 어차피 다른 무엇을 한다 한들 헛된 일로 보며, 이런 상황에서 탈출하기란 매우 어려운 일로 보는 폐색감閉塞感과 무력감에 지쳐 있는 사람들에게는 살아가기 힘든 사회가 될 것이다.

그렇지만 이런 상황 속에 살면서도 삶의 의미와 희망을 잃지 않고 적극적이며 발전적으로 살아갈 수 있는 길은 있다고 생각한다. 필자가 감히 이렇게 말할 수 있는 것은 그동안 살아온 나의 인생 체험과 심리학적인 이론을 통해서이다.

필자는 40여 년 동안 대학에 몸을 담았으며, 수많은 사람들과의 만남과 대화, 믿음과 배신, 과신과 후회, 오해와 갈등 등, 그때마다 인생의 의미를 발견했고, 소중한 메시지를 얻었다. 그리고 필자가 그 동안 관심을 쏟았던 교육 심리학, 상담 심리학, 트랜스퍼스널 심리학의 이론으로부터도 소중한 인생의 교훈을 얻었다. 경험은 진정 내게 가장 현명한 스승이었다.

인생의 행幸·불행不幸을 결정하는 것은 그 사람의 인생에서 일어난 사건 그 자체는 아니라고 생각한다. 인생의 행·불행을 결정하는 것은, 자기인생에서 일어나는 각종 사건들을 그 사람이 이를 어떻게 수용하며, 그 사건으로부터 무엇을 배우며, 무엇을 깨닫고, 어떤 메시지를 얻느냐에 있다고 생각한다.

'인생의 과정'에서 일어나는 사건들은 반드시 어떤 의미가 있다는 교훈은 우리에게 무언가 중요한 것을 가르쳐 주고 있다.

그것이 설혹 인간관계의 갈등이나 결별, 결혼과 연애의 실패, 자녀의 등교거부와 비행, 구조조정으로 인한 실업이나 감봉, 만성적인 질병과의 싸움, 끊고 싶어도 끊을 수가 없는 알코올 의존증이나 니코틴 의존증 등, 이런 부정적이고 어두운 사건이라 할지라도, 또한 현세적인 고뇌의 근원이 되고 있는 인생의 암울하고 절망적인 사건이라 할지라도, 여기에는 의미가 있기 때문에 우리는 여기서 무언가 인생의 소중한 배움과 깨달음과 메시지를 얻을 수가 있다.

요컨대 자기인생에서 일어난 사건이 내게 무엇을 묻고 있으며, 무엇을 깨닫기를 바라고 있는가를 알게 된다면, 그리고 여기서 새로운 것을 배우게 된다면 우리는 인생의 '역경逆境'을 '보다 의미있고 풍요롭게 살아갈 수 있는 절호의 기회'로 전환시킬 수가 있을 것이다. 이 경우는 우연히 찾아온 전화위복轉禍爲福이 아니라 적극적으로 살아온 결과 얻어진 전화위복이다.

이렇게 본다면, 인생의 '문제'와 '고뇌'란, 기실은 문제와 고뇌에 대해서 내가 어떻게 답을 하는가를 시험해보는 물음이며 수수께끼와도 같다. 이런 의미에서 끊임없는 고뇌와 문제로 뒤덮인 우리네 인생이란, 알고 보면 그 자체가 인생에 대한 냉엄한 물음을 던지는 것과도 같다.

어떻게 보면, 여러 가지 '문제'와 '고뇌' ─ 인간관계의 갈등, 가정의 붕괴, 사업의 실패 등 ─ 란 우리 인생에 있어서 무언가 알지 않으면 안 될 아주 중요한 것에 대한 깨달음과 메시지를 주는 '인생의 스승'인 셈이다. 어떤 의미에서는 '인생의 안내자'와 같은 것이라고도 볼 수가 있다.

요컨대 인생이란, 우리에게 연달아 찾아드는 고뇌와 문제에 대해서 우리가 어떻게 답하며, 여기서 우리가 무엇에 각성하며, 무엇을 배우는가를 시험받고 있는 '시련의 장'이며 '수행의 장'과 같은 것이라고 생각한다.

역경은 배움의 기회

우리가 흔히 교훈처럼 쓰는 말 가운데 '위기는 기회'라는 말이 있는 것을 기억한다. 아주 매력적인 발상의 표현이다. 혹자는 이를 하나의 궤변으로 생각할지도 모른다. 그러나 이 말은 진실이다.

아무리 고통스럽고 괴로운 일을 당한다 해도 거기서 무엇을 배우고자 하는 의식과 그것이 내게 무엇을 가르쳐 주고 있는가에 대해서 알고자 하는 정신적 자세만 갖는다면 우리들의 마음과 정신은 끊임없이 성장을 계속할 수가 있으며, 인생을 보다 아름답게, 보다 풍요롭게 그 질을 높여갈 수가 있을 것이다.

성격 차이 때문에 가정불화가 심한 경우, 직장생활에서 상사와의 관계가 원만치 않는 경우, 편두통이나 만성적인 지병 때문에 우울한 생활에 젖어 있는 경우, 이와 같은 문제나 고뇌는 분명히 누가 보더라도 중대한 문제임에 틀림없다.

왜냐하면, 이런 문제를 가지고 있는 사람들은 대부분, 문제의 포로가 되어 인생의 비탈길에 굴러 떨어져버린 나머지 갈수록 무력해지기 쉽기 때문이다. 그러나 필자는 나의 인생경험을 통해 이렇게 말하고 싶다.

인생에서 겪는 고뇌와 문제는 알고 보면 그 배후에 중요한 의미를 감추고 있다. 이는 곧 우리 인생에 대한 매우 소중한 메시지를 가지고 있다는 말이다.

만약 어떤 고뇌와 문제 때문에 마음고생을 하고 있는 사람의 경우라면, 문제에 시달림을 받고 있는 ‘희생자’의 입장으로부터 탈출하여 ‘고뇌와 문제의 입장’에 서서 지금의 자기를 진솔하고 꾸밈없이 직시할 수가 있고, 고뇌와 문제가 가지고 있는 의미와 메시지를 알기만 한다면, 이 사람의 인생은 예전에 없었던 생기가 도는 삶의 의욕으로 충만하게 될 것이다.

이런 의미에서, 우리들이 안고 있는 다양한 성질의 고뇌와 문제의 ‘역경’이야말로, 그렇게 되지 않고서는 배울 수가 없는 아주 중요한 것을 배울 수 있게 하며, 의미있는 깨달음을 통해서 우리들의 생활방식을 바꿀 수 있게 하는 매우 의미있는 인생의 전환점이 되기도 한다.

그렇다고 한다면, 힘들고 어려운 불황의 시대, 출구와 전망이 보이지 않는 어두움의 장막에 쌓여 있는 역경이야 말로 생각을 바꾸게 되면, 우리들이 거기서 많은 것을 배울 수가 있는 '깨어남의 기회'가 될 수 있고 '자기변혁과 성장의 기회'가 될 수도 있다.

인생의 어두운 입장에 서다

흔히 풀리지 않는 문제 때문에 고민하고 있는 사람에게 용기를 주기 위하여 쓰는 말 가운데, 지난날에 있었던 일은 다 잊어버리고 이제부터는 앞만 보고 적극적으로 살아가고, 사소한 일에는 마음을 쓰지 말도록 격려한다. 그래서 마음도 가벼워진다고 하는 스트레스 해소의 방법을 말하는 소위 '긍정적 사고positive thinking'를 권장한다.

이런 식의 격려는 일시적인 위안은 될 수는 있어도 결코 그 이상의 의미는 줄 수가 없다. 왜냐하면 극히 일반화될 말은 '현실적인 자기actual self'를 이해하고 '진실된 자기real self'를 찾는 데 별로 힘이 되어주지 못하기 때문이다.

이 책에서 말하려고 하는 방법들은 일시적인 위안이나 격려, 얄팍한 긍정적 사고와는 정반대의 입장에서 본 방법이 될 것이다. 그것은 인간관계의 갈등이나 결별 등 수많은 문제와 고뇌 속으로 깊숙이 헤치고 들어가 인생의 어두운 장막 속에 서서 거기서부터 '인생의 광명'쪽으로 메시지를 보내는 방법이다. 때문에 내가 이 책에서 말하려는 것은 상식적인 수준의 사고나 교훈과는 다른, 좀 더 공감적이며 각성적인 관점에 대한 설명이 되리라고 본다.

요컨대, 그것은 역설적逆說的이거나 역전逆轉의 발상에 근거를 둔 방법이 될 것이다. 그렇다고 해서 내가 무슨 기이한 이론을 펼치려고 하는 생각은 아니다.

다만, 우리들이 평소에 늘 접하고 있거나 갈망하고 있는 '인생의 광명의 세계'로부터 벗어나서 '인생의 어두운 세계'로 헤치고 들어가, 인생의 어두운 측면 — 여러 가지 고뇌와 문제 — 에서 통찰해 봄으로써 평소의 자기생각이 옳지 않았음을 알게 되며 여기서 살아가는 지혜를 터득하게 된다는 방법이다.

필자가 말하려는 것은 이와 같은 '역전된 발상'을 취하는 방법이다. 다시 말해서 '인생의 어둠의 세계'에 깊이 헤치고 들어가서, '광명의 세계'로 메시지를 보내는 방법이다. 따라서 '광명의 세계'로부터 '어둠의 세계'로 메시지를 보내는 경우와는 정반대임을 알 수가 있을 것이다.

이 책의 서술에 있어서 배경이 되고 있는 것은 상담심리학 및 심리치료의 각종 이론이나 기법이며 특히 제4심리학인 트랜스퍼스널 심리학transpersonal psychology의 이론과 기법이 그 기반이 되고 있음을 미리 밝혀 두고자 한다.

모든 사건들은 서로 연결되어 있다

트랜스퍼스널 심리학은 트랜스trans; 초월하다 + 퍼슨person; 개인의 말이 시사해주고 있는 바와 같이, 인생의 과정에서 일어나고 있는 모든 사건들을 개인을 초월하여 서로가 연결되어 있다고 본다. 분석적인 과학적 사고에 길들여져 있는 우리들은 일상생활에서 일어나고 있는 여러 가지 사건들을 별개의 것으로 따로따로 떼어서 보는 경향이 있다.

예컨대 어떤 사람이 지금 편두통이나 견비통으로 고생하고 있다고 할 경우, 대체로 병원처방에 의해서 두통약을 복용한다거나, 물리치료를 받는 것이 일반적인 방법으로 되고 있다.

그러나 트랜스퍼스널 심리학의 관점에서 본다면, 모든 사건들은 '서로 연결'되고 있는 데서 '의미'를 찾고 있기 때문에 분석적인 관점과는 다른 방법을 제안한다.

예컨대 최근 작업의 능률이 떨어지는 것과 편두통이 심해진 것, 어제 저녁 악몽 속에서 보았던 것, 오늘 저녁에 본 드라마의 한 장면이 묘하게 머리에서 떠나지 않는 것 등, 이들은 아무런 관계도 없는 것처럼 생각되지만 실은 서로가 비인과적acausally으로 '연결Comection' 되고 있다는 것이다. 이른바 이들은 칼 융Carl Gustav Jung(1875~1961)이 말하는 '공시성共時性; synchronicity' [1])의 의미를 가지고 있다.

이와 같은 사람이 상담을 받기 위하여 왔다고 가정하자.

내담자의 주된 호소는 '자기주장을 할 수가 없다'는 것이다. 이 때문에 학업성적도 올라가지 않는다고 말한다. 여기에다 최근에는 편두통으로 고통을 받고 있다는 것이다.

---

1) 융은 공시성의 개념을 1951년 '에라노스(Eranos)회의'에서 발표하고, 1952년 『융 전집 *The Collected Works 8 of C. G. Jung, Synchronity : An Acausal Connecting Principle*』에서 제3의 가능성(third option)으로서 다음과 같은 점을 근거삼아 정의하였다. ① 비인과적 연관의 원리로서, ② 따로따로 일어난 사건에 서로 인과적인 관련은 없지만 (시공간적인 불일치) 그 관계에 의미가 느껴지는 사태를 나타내기 위하여, ③ 따로따로 일어난 사건이 시공간적으로 일치하여, 의미있는 심리적 연관이 느껴지는 사태를 나타내기 위하여, ④ 마음의 세계와 물질의 세계를 연결하기 위해서(물질의 세계란 때로는 비유기적 물질계 inorganic material world도 포함한다). 이렇듯 융은 시공간 법칙이나 인과성에 숨어서 보이지 않는 것을 탐구하기 위하여 공시성의 개념을 사용하였다. C. G. Jung, 'Über Synchronizität' *Eranos-Jahrbuch, 1951*, Zurich : Rhein-Verlag, 1952.

내담자의 말을 들어보면, 여기에 오기 전날밤 꾸었던 꿈 속에서 '송곳'을 보았으며, 이 꿈을 생각하게 되면 마치 편두통이 있을 때와 같이 '무엇에 찔리는 것과 같은 느낌'이 들어서 아주 싫다는 것이었다. 또한 어제 우연히 드라마 가운데서 동물이 창에 찔리는 장면을 본 것이 도무지 뇌리에서 사라지지를 않는다고 하는 호소였다.

이 사람의 꿈에 보였던 '송곳'과 편두통이 있을 때의 '무언가에 찔린 것과 같은 느낌', '드라마 가운데서 본 창檜', '자기주장이 안 된다'는 문제들은 아무런 관련이 없는 것처럼 보이지만 알고 보면 모두가 서로 '연결'되어 있어서, 이는 단순한 우연이 아닌 그 이상의 '의미'가 있다.

이런 경우에 카운슬러는 내담자에게 송곳·편두통·창이 연결되고 있는 '의미'를 찾을 수 있도록 돕는 데 있으며 그 결과 내담자의 인생에 필요한 '변화'를 가져오게 하는 데 있다.

이렇듯 인생에서 일어나는 모든 사건들은 서로 연결되어 있기 때문에, 이 연결에는 단순한 우연이 아닌 그 이상의 의미가 있다. 이 점이 트랜스퍼스널 심리학이 말하는 '연결'의 제1의 의미이다. 그리하여 이 '연결'의 '의미'를 깨닫게 되면, 우리의 인생은 필요한 변화를 가져 오기 시작한다고 말할 수가 있다.

이는 다른 각도에서 본다면, 인생에서 일어나는 모든 사건들은 우리들에게 필요한 메시지를 주기 위한 '부름의 소리'인 것이다. 즉, 인생의 모든 사건들은 우리들에게 정신차려야 할 것에 정신차리게 하고, 깨달아야 할 것에 깨닫도록 하기 위한 '부름의 소리'인 것이다.

트랜스퍼스널 심리학에서는 물론 건전한 자아自我; ego의 확립을 이루고 나서 자기초월을 위한 성장을 중시한다. 따라서 사람이 자기다운 인생을 살아가는 의미와 가치를 중시하며, '자기인생의 주인'이 되어 살아가는 태도를 소중히 여긴다.

그러나 단순히 '자기실현self-actualization'에서 머물지 않으며, 인생의 문제가 발생할 때마다 들려오는 '부름의 소리'에도 귀를 기울이며 여기에 순응해서 살아갈 것을 권장한다.

나를 넘어선 연결 속에서 산다

트랜스퍼스널 심리학이 말하는 '연결connection'의 또 하나의 의미는 사람은 다양한 연결 속에서 산다고 하는 의미이다.

스스로로부터의 마음과 영성靈性과의 연결, 사상·신조와 성차·인종의 차이를 초월한 사람과 사람과의 연결, 집단과 사회와의 연결, 과거의 세대와 미래 세대와의 연결, 살아 있는 온갖 생명체와의 연결, 자애로운 어머니 같은 대지와 대자연, 지구생명권과의 연결, 인간을 우주의 일부로 생각하는 대우주와의 연결, 인간을 초월한 우주의 자기진화와의 연결 등을 생각할 수가 있다.

트랜스퍼스널 심리학에서는 소아적小我的인 '자신에 대한 집착'을 버리고 이와 같은 연결을 대아적大我的인 열린 마음으로 받아들이면서 살아갈 것을 강조한다. 그것은 무엇 때문일까?

현대인이 안고 있는 마음의 상처와 영성의 목마름이나 이로 인해서 나타나는 공허감은 이 세상 만물의 '연결'을 알지 못한 나머지 만물이 뿔뿔이 흩어져 있다고 생각하는 분석적 사고로부터 연유한다.

때문에 현대인의 굴절된 생활 태도를 근본적으로 바꾸는 일은

'나를 초월한 연결'의 회복에 의해서만 가능하다고 트랜스퍼스널 심리학은 말한다. 요컨대 '나를 초월한 연결'을 회복시키지 않는 한 진정한 치유는 될 수 없다는 것이다.

현대인의 대다수는 이와 같은 '연결'을 알지 못하고 '자기'와 '자신의 행복', '자기 집단의 이익'에만 집착되어 여기서만 전적으로 삶의 의미를 찾고자 하는 데 문제가 있다. 문제는 '자기'나 '자기행복'에만 사로잡힌 나머지, 결과적으로는 진정한 의미의 행복으로부터 점점 멀어져 가고 있다는 데에 있다.

트랜스퍼스널 심리학은 이 점에 대해서 다음과 같이 말한다.

지금까지의 '자기'와 '자신의 행복' 중심의 생활 태도를 180도 전환할 것을 권장한다. '자기', '자신의 행복'에 대한 집착으로부터 벗어나 자기중심의 생활방식을 180도 뒤집고, '나를 초월한 연결'을 향해 마음의 문을 열어 자기를 초월한 곳에서 들려오는 '부름의 소리'에 좇아서 살아갈 것을 권장한다.

다시 말해서, '자기' 중심의 생활방식으로부터 '부름' 중심의 생활방식이나 '의미와 사명' 중심의 생활방식으로의 전환을 권장한다.

그러기 위해서는 자기와 자신의 행복에 대하여 너무 깊이 걱정하거나 고민하는 것을 멈추고, '자기인생에서 자기가 해야 할 것이 과연 무엇인가'에 대해서 항상 생각하는 '사명탐구'의 태도가 필요하다.

이런 삶의 태도를 가지고 살아가게 되면, 자기가 나의 인생에서 '해야 할 때, 해야 할 곳에서, 해야 할 일을 하고 있다'고 하는 '사는 의미의 감각'이 충만해서, 그 결과, 진정한 행복이 열리고 큰 자기실현이 저절로 이루어지게 될 것이다.

트랜스퍼스널 심리학에서는 이렇듯 통념적인 인생의 역설(행복의 패러독스)을 중시한다. 요컨대 트랜스퍼스널 심리학이란 개인으로서의 '자기'나 '자기행복'에 대한 집착의 탐닉으로부터 벗어나서 '나를 넘어선 연결'의 이치를 알고 여기에 좇아 살아갈 것을 설명하는 심리학이다.

이런 의미에서 트랜스퍼스널 심리학은 자기에 대한 집착＝에고이즘egoism과 집착에 빠져 있는 자기를 사랑하는 자기애＝나르시시즘narcissism의 초극超克을 목적으로 하는 심리학이라고 말할 수가 있다.

여기서 주의하지 않으면 안 될 것은, 이 '연결'이 특정 종교집단과 같은 폐쇄적이고 배타적인 집단에서 중시하는 연결이 되어서는 안 된다. 어디까지나 그것은 '열린 차원의 연결'이 아니면 안 된다. 동시에 이 '연결'은 어떤 전체주의와 같이 '개인을 부정하는 연결'이 되어서도 안 된다. 철저히 개인에게 사는 의미를 알게 하는 연결이 되지 않으면 안 된다.

지금까지 말한 것을 트랜스퍼스널 심리학의 기본 개념인 트랜스퍼스널을 압축시켜 본다면 다음과 같이 나타낼 수가 있다.

> 트랜스퍼스널 연결＝나(인격＝개인성＝퍼스낼리티)를 초월한 연결 ＝내가 인류·생태계·지구·우주의 한 부분으로서의 사명을 다할 수 있는 연결

트랜스퍼스널 심리학의 학문적인 영역에 대해서 좀더 깊이 알고자 하는 사람은 졸저 『트랜스퍼스널 심리학 : 동·서의 지혜와 자기 초월의 의식』(제1판 1998년, 제2판 2003년, 제3판 2009년, 대왕출판사)을 참고하기를 바란다.

이 책의 본론에서는 트랜스퍼스널 심리학의 모체가 되었으며 인간학적 심리학humanistic psychology의 계보에 속했던 심리학자들, 즉 실존분석exisitential analysis=로고테라피 logotherapy의 대가인 빅토르 프랑클Viktor Emil Frankl(1905~1997), 트랜스퍼스널 심리학의 이론적인 대가 켄 윌버Ken Wilber(1949~), 기존 심리치료의 통합을 위하여 과정지향심리학process oriented psychology을 개발해낸 아놀드 민델Arnold Mindell(1940~), 인간 중심 치료의 창시자 칼 로저스Carl Ransom Rogers(1902~1987), 내담자의 체험과정experiencing에서 '느낌의 의미(의미 있는 느낌), a felt sense'에다 관심의 초점을 모으게 하는 포커싱Focusing(초점 만들기)의 기법을 개발한 유진 젠드린Eugene T. Gendlin(1926~), 열등감·열등 콤플렉스를 보상하기 위한 노력으로서 '의미를 얻기 위한 노력the striving for significance'과 열등감의 대처로서 주체적인 '자기결정성self-determination'을 강조한 알프레드 아들러Alfred Adler(1870~1937), 말기 의료terminal care와 죽음의 과학thanatology의 개척자 엘리사베스 퀴블러 로스Elisabeth Kübler-Ross(1926~) 등 이들의 심리치료이론으로부터 절망·실패·불안을 극복할 수 있는 삶의 의미를 찾는 지혜의 시사점을 제시하려고 한다.

특히 아놀드 민델의 '과정지향 심리학'과 젠드린의 '포커싱', 아들러의 '용기심리론'에 관해서는 좀더 구체적으로 다루고자 한다. 그것은 민델의 과정지향 심리학의 기본적인 관점이 이 시대를 살고 있는 사람들의 고민과 문제를 극복할 수 있는 길이 있다는 것을 제시해 주고 있기 때문이다.

과정지향 심리학은 무엇에 대해 '설명explanation'보다는 '자각aware-ness'을 가장 중요시하며, '지금 일어나고 있는 것에는 의미가 있다'는 것을 전제한 목적론적인 심리학이다.

예컨대 현대의 상식적인 가치관에서는 어떤 '증상'이나 '고뇌'는 건강에 해로운 것이라고 보아 이를 해소·제거하기 위하여 치유하는 심리요법을 사용하는 것이 일반화 되어 있다.

그렇지만 '과정지향 심리학'에서는 이와 같은 상식적 사고思考를 반전시켜 '증상'이나 '고뇌'가 '내게' 걸어왔던 뜻깊은 메시지였다고 한다면, '과연 그것은 무엇일까'라고 생각을 바꾸게 된다는 점에서 다르다.

이와 같은 이론적 배경을 갖는 본론에서는 우리들이 각종 고뇌와 문제에 직면했을 때 이를 어떤 태도로 대응해가는 것이 바람직하며, 어떤 시각에서 어떻게 생각할 때 필요한 메시지를 얻을 수가 있는지에 관해서, 그 시사점을 가능한 한 구체적으로 제시하고자 한다.

또한, 젠들린의 포커싱 이론에서는 '신체화된 인지embodied cogni-tion', '몸의 지혜의 해방', '느낀 의미감각a felt sense'의 이론 등을 통해서 마음을 치유하는 방법에 대해서도 설명하게 될 것이다.

비합리성을 인정하는 지혜

인생을 행복하고 지혜롭게 살아가는 데에는 과학적이고 합리적인 접근만이 필요한 것은 결코 아니다. 우리가 일상생활에서 직면하게 되는 크고 작은 좌절·불운·실패·불안 같은 것도 그 대처에 있어서 때로는 인과적이며 과학적인 방법이 아니라 비인과적이며 비합리적인irrational 방법이 더 효과적일 때도 있다. 좀 더 근본적으로는, 인간이 어떤 행동을 하려면 자신의 과학적인 인식의 범위를 넘어서는 초월적인 통찰이 필요할 경우가 있다.

그러나 사람들은 서구 근대과학의 유물주의·환원주의·기계론적 세계관에 동화되어 '진리truth'라고 하는 것을 객관적으로 입증해 줄 수 있는 '증거evidence'가 있지 않는 한 이를 '비과학적'이라 하여 거부하거나 경멸하는 타성에 길들여져 있다.

일상생활에서 합리성rationality이나 '이성원칙reason principle'은 모든 문제의 해결에 절대적으로 유효한 것은 아니다. 특히 우리가 '무엇에 대해서 믿는다'고 하는 '가치적 명제'에 있어서는 더욱 그러하다. '가치적 명제'는 실재實在를 따지는 '과학적 명제'가 아니라, 각자가 무엇을 믿는다고 하는 '관념'의 자유의 문제이며 과학이 이러쿵저러쿵 관여할 문제는 아닌 것이다.

예컨대, 죽음의 위기에 직면하고 있는 어떤 사람의 경우를 생각해 보자. 이 사람은 평소의 신앙생활을 통해서 터득한 '죽음은 끝이 아니라 새로운 삶의 시작이다' 또는 사람은 '업業karma'에 의하여 다른 생을 받아 무시무종의 생사를 반복한다는 윤회輪廻samsara를 믿고 마음 평안하게 임종을 맞았다고 했을 경우, 우리는 이를 비과학적으로 잘못 죽었다고 말할 수가 있을 것인가?

인생에 있어서 합리성의 원칙이 어떤 경우에나 유효하지 않다는 것을 좀더 비근한 예에서 다시 한 번 생각해보자.

예컨대 부부간이나 연인 사이에 서로가 상대를 믿는다고 하는 것은 매우 중요한 요건이다. 이 경우에 만약 상대를 믿게 하는 객관적인 충분한 증거가 없다고 하여 서로가 또는 어느 한쪽이 신뢰를 거부한다면 두 사람 사이의 관계는 원만하지도 않을 것이며 오래가지도 못할 것이다.

이와 같은 경우에도 충분한 증거를 얻고자 하는 것 자체는 불필요한 긴장이나 불쾌감을 낳아서 결과적으로는 인간관계의 파탄만을 가져다주게 될 것이다. 그러나 '배신하지 않는다' '사랑한다'고 하는 것을 과학적 기준에 의해서 확인하려 하기 보다는 노골적인 불신의 증거가 있지 않는 한 설혹 신뢰의 증거가 방법에 있어서 좀 불충분하다 할지라도 상대를 인간적으로 너그럽게 받아들여 사람을 믿는다고 하는 마음가짐이 더 유효할 것이다.

이렇듯 앞에서 든 두 가지 사례가 보여 주고 있는 것은 사람이 무엇을 믿을 것인가 말 것인가를 결정할 경우에 언제나 그 증거를 생각하기 보다는 '믿음이 가져다주는 결과의 '유효성efficiency'을 생각하는 쪽이 더 바람직한 경우도 있다는 것이다. 요컨대 보이는 것만 믿으려고 할 것이 아니라 '위대한 보이지 않는 것a great the unseen'도 볼 줄 알고 인정할 줄 알아야 할 것이다.

엄격히 따진다면 인간에게는 객관적 대상이라 할지라도 어떤 지각의 기제機制에 있어서는 객관적 사실대로 인지하지 못하고 오류를 범하는 약점도 있다. 예컨대 가장 대표적인 예를 든다면 뮐러−라이어Franz Müller-Lyer(1859-1916/독일의 문화사회학자, 심리학자)에 의해서 발견된 '기하학적 착시Geometrical optical illusion(1889)'의 현상이다(그림 1 참조).

그림 1에서 객관적 길이의 측정치는 ab=bc이지만 실제로 시각을

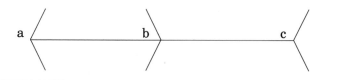

그림 1. 뮐러-라이어의 착시

통한 지각은 ab 〈 bc로 인지된다는 것이다. 오히려 객관적 측정치대로 지각된다면 비정상이며 신경회로에 이상이 있다고 보아야 할 것이다. 우리는 이런 잘못된 착각의 타성에 빠져서 마치 이것이 참이고 정상인 것처럼 살고 있는 것이다. 우리의 인지양식에는 이런 오류를 범할 수 있는 약점이 있다.

이렇듯 착시현상이 우리의 시각체계의 신비와 한계를 보여 주듯, 아무리 객관적 증거라 할지라도 이를 수용하고 그 의미를 해석하는 인지기능에 있어서 본인의 편협된 고정관념이나 선입견 때문에 잘못된 판단을 내려 일을 그르칠 수도 있을 것이다. 과학에도 한계가 있듯이 인간에게도 한계와 오류가 있으며 편견과 착오를 조장할 수 있는 우상idola(idol)과 같은 것이 있다는 것을 인정하고 일방통행적인 고루한 인식의 틀로부터 벗어날 줄 알아야 한다.

앞에서 말한 '믿는다'고 하는 가치에 대해서 다시 생각해 보자. '사후생명'이나 '윤회전생'에 관한 연구 같은 것은 실재를 검증하는 과학적 진위眞僞의 논의와는 다른 차원의 가치에 대한 연구이며 그 연구 성과는 인류의 종교적인 신앙생활에 절대적인 역할을 하고 있다.

우리가 사후의 생명의 증거가 과학적 기준에 비추어 보았을 때 불충분하고 그것이 결정적인 것이 아니라 할지라도 사후의 생명의 존재를 자기인생으로 검증verification한다고 하는 목적으로 믿음을 선택한다고 한다면 우리는 이와 같은 삶의 자세야 말로 이성적인 삶의 태도라고도 볼 수 있을 것이다.

설혹 부정적인 증거나 자기가 납득할 수 없는 부분이 있다 할지라도 고뇌와 숙고 끝에 그 신념belief을 지지한다고 하는 것은, 이는 마치 어떤 이론의 타당성validity을 연구실에서 검증 단계에 있음에도 불구하고 그 이론을 지지하고 있는 과학자가 있다고 한다면 이 또한 정당하다고 볼 수가 있을 것이다.

요컨대 '사후의 세계'가 실재하느냐 하지 않느냐에 대해서는 개의치 않고 오로지 이를 믿고 마음 평안하게 살고 평안한 마음으로 죽음을 맞이하는 것well-dying도 하나의 가치관의 선택이며 본인의 완전한 자유인 것이다.

이렇듯 우리가 무엇에 대해서 믿는다고 하는 심적 사실로서의 관념이나 생명현상, 종래의 뉴턴 과학의 대상이 아니었던 '의식'의 진화와 초상현상超常現象paranormal phenomenon 같은 것은 과학적으로 입증할 수는 없다. 그러나 우리가 보람되고 행복하게 살아가기 위해서는 필요에 따라서는 과학적인 합리성의 원리로 파악할 수 없는 무질서하며 비합리적인 것을 존중할 필요도 있는 것이다.

이와 같은 관점은 과학의 영역에서는 물리학2)과 동양사상의 융합

---

2) new science는 정확하게는 new age science이다. new age(신시대)란 종래의 과학·기술 지상주의에 등을 돌려 명상이나 신비주의가 유행한 베트남Vietnam 전쟁 이후 미국사회의 정신세계에서 일어난 영성부흥운동을 표현한 말이다. 1960년대 초에 미국 서해안

을 추구하는 뉴 사이언스new science의 운동을 자극했으며, 종래의 비합리성을 배격한 과학·기술 지상주의를 비판하고 과학의 새로운 가능성을 탐구하는 과학 사상운동이 일어나게 하였다.

1970년대 중반부터 80년대에 걸쳐서 일어난 뉴 사이언스 운동은 '뉴턴 모델Newtonian model'의 과학으로 총칭되었던 서구 근대과학의 문제점을 비판하고, 현대물리학의 물질관이 동양사상 속에 담겨 있는 세계관과 일치되고 있음을 해명함으로써 물리학과 동양사상의 융합을 꾀함으로써 종래의 기계론적 자연관이나 유물론적 세계관으로부터 벗어나 '전일적 우주관'을 갖게 하였다.

그리하여 뉴 사이언스의 이론은 초근대 과학으로서 종래의 근대과학의 틀을 넘어서 뉴턴 과학이 대상으로 삼지 않았던 심령현상occult phenomenon에 대한 과학적 관심도 보이게 되었을 뿐만 아니라 철학과 종교 의식의 차원에까지 영향을 주게 되었다.

트랜스퍼스널 심리학은 바로 이와 같은 뉴 사이언스의 '전포괄적holistic'인 세계관과 맥을 같이 하고 있다.

을 중심으로 일어난 대항문화 운동counter-culture movement의 뒤를 이어서 근대과학의 세계관이나 분석적인 수법을 비판하고 과학의 새로운 가능성을 추구한 뉴 사이언스운동은 1970년대의 미국에서 일어났다.

이 운동에는 여러 가지 영역의 과학자·과학평론가들이 참여하여 다양한 생각들을 제시하였으며, 그 주장의 특징은 부분을 분석함으로서 전체에 이른다고 하는 종래의 과학관을 수정하여 인간과 세계는 기실은 '하나oneness'라고 하는 전체론적 세계관을 보증하는 과학을 만들고자 하는 데 있었다.

뉴사이언스를 가장 강력하게 추진한 사람은 오스트리아 태생의 물리학자로서 미국에서 활약하고 있는 카프라Fritjof Capra(1939~)이며, 동양의 신비사상과 현대물리학의 상사성相似性을 주장한 『현대물리학과 동양사상 The Tao of Physics』(1975)은 뉴 사이언스의 이론적인 원동력이 되었다.

그노티 세아우톤*Gnoti Seauton*의 교훈

사람들은 돈과 권력을 가졌고, 부와 명예를 누리고 있으면서도 운명적으로 피할 수 없는 사건이나 죽음에 대한 불안, 다양한 조직과 관리의 체제 속에 매몰된 나머지 인간관계의 상실과 허무, 고독감에 대한 불안, 각종 선택의 자유와 결과의 책임에 대한 불안 등 여러 가지 현실적 불안(실존적 불안existential anxiety)들과 직면하게 된다.

이 때문에 인생을 우울하게 보내기도 하며, 혼자서 이 불안을 감당하기 어려운 사람은 전문상담가의 도움을 찾기도 한다.

그러나 자기중심적인 아집我執과 탐욕, 지나친 소유와 지배의 상념想念 등을 버리고, 이 세상 모든 존재가 더불어 존재하며, 모든 사건·현상들을 인과관계의 연결고리로서 이해하고, 원인을 자기자신에서 찾게 되면 인생의 불안은 좀더 쉽게 극복될 수 있을 것이다.

이와 같은 삶의 태도는 나를 초월하여 어떻게 사는 것이 인간다운 삶의 의미가 있는가를 찾는 태도이며, '나'란 운명에 농락당하는 연약한 존재가 아니라 내 인생은 나의 의지와 노력에 의해서 바꿀 수 있고 창조할 수가 있다고 자각할 수도 있다.

뿐만 아니라 인생에 있어서 뜻대로 되지 않는 일에도 알고 보면 나의 '정신적 성장'을 도와줄 수도 있는 값진 의미와 가치가 있다는 것을 이해함으로서 일부 사람만이 누릴 수 있는 쾌락·물질적 성공·지위·명예·금전 등이 인생의 궁극의 목적이 아니라는 것을 깨닫게도 된다.

영국의 철학자이자 경제학자였던 존 스튜어트 밀John Stuart Mill(1806~

1873)[3]은 그의 『자서전Autobiography』 가운데서 인생에서 '행복'과 '의미'란 관계는 있지만 똑같지는 않다고 생각하여 만족 = 행복한 인생과 의미있는 인생은 다르다는 것을 매우 흥미 있고 함축성 있는 다음과 같은 비유를 들었다.

> 만족하고 있는 돼지이기보다는 불만족 상태에 있는 인간인 쪽이 더 나으며, 만족하고 있는 어리석은 자보다는 불만족 상태에 있는 소크라테스Socrates(470 ?~399. BC.) 쪽이 더 바람직하다.[4]

이 말은 현대를 살아가고 있는 우리에게 매우 깊은 의미의 울림으로 다가온다. 밀이 소크라테스를 인용한 것은 소크라테스가 살고 간 인생에서 후세 사람들이 인간다운 삶, 의미있는 인생의 목적을 찾는 데 있어서 크나큰 교훈을 주고 있기 때문이었을 것이다.

7현자에 의해서 델포이 아폴로 신전의 비명 속에 봉납되어 있는 '너 자신을 알라Gnoti Seauton그노티 세아우톤〈그리스어〉(Know thyself/Nosce te ipsum노스케 테 입숨〈라틴어〉)'의 불멸의 '델포이 신탁Delphic oracle'은 애지자philosophos 소크라테스의 인생에 큰 가르침을 주었다. 그리고 자신의 사명에 눈을 뜨기 시작하였다. 그는 그가 체득한 인간의 지혜에 있어서 바르게 살아갈 수 있는 최상·최대의 지혜를 '애지' 또는 '무지의 자각(무지의 지)'이라 보고, 이를 인간적 지혜라 하여 '인간적 지

---

3) John Stuart Mill, *Autobiography in John Stuart Mill : Selection of His Works*, ed. John M. Robson(New York : Odysey Press, 1966)

4) John S. Mill, *Utilitarianism, in John Stuart Mill; A Selection of His Works*, ed. John M. Robson(New York : Odysey Press, 1966) p.161.

혜'의 계몽과 '영혼'의 산파로서 헌신하는 데다 삶의 의미를 두었다. 그는 오로지 '바르게 사는 것'을 보증하는 지식episteme(knowledge), 즉 덕areté(virtue) ─ 지덕 일원론 ─ 의 실천을 '신에 대한 봉사'라고 생각하여 오로지 이를 위해 살았다. 이렇듯 지즉덕知卽德knowledge is virtue, 지행일치 사상의 근저에는 '너 자신을 알라'라고 하는 중심사상이 깔려 있다.

소크라테스의 삶은 다음과 같은 점에서 그 의미를 찾아볼 수가 있을 것이다.

① 신은 내게 인간적 지혜의 산파역을 맡겼다고 생각하여, 진리는 끝없이 질문을 하는 사람에게 나타나며, 자신의 무지를 인정하면 절망의 무無에 도달하는 것이 아니라 삶에 가장 중요한 지식에 도달할 수 있다고 믿었다.

② 그리스의 신들과 폴리스polis(노모스nomos〈법〉를 중심으로 자유인이 평등한 자격으로 참여하는 소규모의 반 전제군주적 도시국가인 정치공동체)의 신성함에 대한 믿음으로 살았다.

③ 소크라테스는 위기의 순간을 맞을 때마다 자기에게 금지의 메시지를 전달해 주는 자신의 신령 다이모니온daimonion(소크라테스의 애지 사상과 명상이 가장 심화되었을 때 자연스럽게 들려오는 일종의 계시와 같은 신령적인 소리. 신과 인간의 만남과 대화를 맡고 있는 신령적인 중간자)의 소리에 따랐다.

그렇지만 그는 기원전 399년에 조국의 신을 섬기지 않고, 다이모니온에 대한 새로운 신앙을 섬기며, '젊은이들'을 타락시키고 있다는 세 가지 죄목으로 아테네의 법정에 정계의 유력자 아니토스

Anytos(B.C.5~4세기)⁵⁾에 의해 멜레토스Meletos(B.C.5~4세기)의 명의로 기소되어 사형선고(B.C.399)를 받았다.

그는 부유하고 충실한 친구 크리톤Criton의 도움으로 죽지 않을 수 있는 보석과 같은 방법이 있었고, 탈옥하여 처형을 면할 수 있었음에도 악법이라 하더라도 국법에 복종하는 것이 지성인의 태도라 생각하여 이를 모두 사양하였다.

소크라테스는 펠로폰네소스 전쟁Peloponnesian War(B.C.431~404)에서 스파르타Sparta에게 패배한 아테나이Athenai가 정치적 혼란과 사회적 질서의 붕괴로 인하여 개인주의·이기주의가 만연되어 국민적·국가적 정신도 쇠퇴하여 불안하고 퇴폐적인 사회로 병들어가는 것을 보고 평화와 번영의 시대였던 페리클레스Pericles(B.C.495?~429 : 아테나이의 대정치가) 선정의 황금시대에 가졌던 애국심과 국법의 준수를 역설하였다. 때문에 그는 타락한 사회의 불문율과의 타협을 거부했다. 그리고 죽음을 택했다. 참으로 인류의 귀감이 될 애지자의 용기있는 결단을 보여 주었다.

그는 당시에 횡행하는 비진리를 굴욕적으로 받아들이는 비굴한 처사를 완강히 거부한 것이다. 소크라테스에게 있어서 죽음은 비극이 아니었으며, 죽음을 초월하였다. 그리고 '사람은 경건하고 평안한 마음으로 이 세상을 떠나야 한다'고 친구들에게 말하고 선善과 진리와의 동행을 선택했다. 뿐만 아니라 육체의 죽음에 의해서 영혼

---

5) 펠로폰네소스 전쟁이 스파르타군의 아테네 입성으로 끝난 후 아테네 사회는 혼란의 극에 달하여 국민정신은 퇴패하고 자기이익과 향락만을 찾는 개인주의와 이기주의가 성행하였다. 정치적으로는 망명자의 귀국파와 민주파, 중간파가 있었으며 아니토스는 멜레토스의 변호인이며 중간파에 속했다.

psyche은 비로소 자유롭게 되며, 육체의 제약을 벗어나서 참된 실재(애지자의 혼魂이 지의 대상으로 보는 이데아idea같은 존재)를 직접 볼 수 있다고 보았다. 참으로 그의 삶은 '죽음을 향하는 삶'이 아니라 '선으로 향하는 삶'이었다.

소크라테스의 죽음에 대한 이와 같은 태도는 고타마 붓다Gautama the Buddha (B.C.560~488)가 열반nirvana에 입적하기 전에 자신의 죽음을 슬퍼하고 그동안의 가르침이 사라질 것이라고 말한 아난다Ananda(불타의 종제로서, 십대제자의 한 사람이며 십육나한十六羅漢의 한 사람. 불멸 후 경권經卷의 대부분이 그의 기억력에 의하여 결집되었다고 함)에게 '내가 가르친 교리는 내가 떠난 다음에 너희의 선생이 될 것이다. 그대는 그대 자신의 등불이 되어라. 진리를 등불로 삼아라. 진리 속에서만 구원을 찾아라. 모든 성취는 일시적이다. 끊임없이 추구하라'라고 남긴 말과 표현은 달라도 그 의미는 서로 상통한다고 본다.

플라톤Platon의 대화편 『파이돈Phaidōn』6)에서 소크라테스는 심미아스Simmias와 나눈 대화에서 다음과 같은 말을 남기고 있다.

> 육체는 우리의 마음 속을 애욕과 욕망과 공포와 모든 종류의 환상과 끝없는 어리석음으로 가득 차게 만들고, 사유의 힘을 빼앗아버린다.

---

6) 파이돈(B.C.417?~사망년 불명)은 그리스의 철학자, 엘리스 사람이며, 소크라테스의 애제자였다. 플라톤의 대화편 『파이돈』(플라톤의 중기〈B.C.377~369경〉 아테나이의 북서 교외에 아카데메이아Akademeia를 창설하여 철학교육에 전념했을 때 쓴 대표작품의 하나다. 이 작품은 소크라테스가 처형되던 날, 죽음을 중심으로 나눈 대화의 체제로 되어 있다)에서 피타고라스 학파Pythagoreioi(고대 그리스의 철학자·종교가·수학자인 피타고라스〈B.C.570~?〉에 의해서 설립된 종교결사를 모체로 하는 철학·수학·음악·천문학의 학파)에 속한 에케크라테스Echecrates와 대화한 사람이다.

소크라테스는 친구들에게 죽음의 회피가 어려운 것이 아니라 불의不義를 피하는 것이 어렵다(『소크라테스의 변명Apologia Sokratous』7)에서)고 말할 만큼 죽음 앞에서 탈속脫俗한 초인의 경지에 있었으며, 죽음으로부터 완전한 자유인이었다. 그가 얼마나 죽음을 초월하였는가는 독약을 마시고 난 후 이를 지켜본 아폴로도로스Apollodoros가 큰 소리로 통곡하는 소리를 듣고 남긴 다음과 같은 말에서도 엿볼 수가 있다.

> 이 이상한 울음소리는 무언가? 내가 여자들을 내보낸 것은 이와 같은 부끄러운 행동을 못하게 하기 위해서 였네. 나는 사람은 조용히 죽어야 한다는 말을 들었기 때문이야. 그러니 조용히 참게.(플리톤의 대화편 『파이돈』에서)

이러한 정신은 어디에서부터 나온 것이었을가? 그것은 철저한 그의 '애지자philosophos'로서의 실천에서부터 나온 것이다. 소크라테스의 외모는 아주 볼품없는 사람으로 전해지고 있다. 뭉툭한 코, 두툼한 입술, 불거진 눈, 큰 입, 단구短軀의 골격, 불룩한 배를 가진 사람으로서 마치 실레노스Silenos(그리스 신화에 등장하는 괴기한 용모의 반신반수半身半獸의 신)와 같은 인상을 주는 못생긴 사람이었다.

그에게 있어서 외모의 아름다움, 부귀, 영화는 아무런 의미가 없었을 뿐만 아니라 오히려 경멸의 대상이었으며, 이러한 것들을 조롱

---

7) 플라톤의 초기(B.C.399~85경) 저작의 하나. 아테나이 법정에서 행한 소크라테스의 법정변론으로 재판의 역사적 진실과 소크라테스의 사람됨 및 그의 철학이 무엇인가를 변증한 책이다. 제1변론은 '서론'에 해당하며, 제2변론은 유죄확정 후의 형량들의 제안을, 제3변론은 사형확정 후 이별의 말을 내용으로 한다. 여기에 등장하는 대화 상대는 고발자 멜레토스Meletōs이다.

하면서 평생을 살아왔다.

이성에만 충실하고 소피스트sophist가 아닌 '애지자愛知者'로서 마치 '걸어 다니는 양심'처럼 비난이나 모함을 두려워하지 않고 시是와 비非를 가리며 살았다. 또한 자유롭고 대담하게 자기소신을 말하고 인간적 지혜를 실현하였다. 이와 같이 살아온 소크라테스가 독배를 들고 나서 친구 크리톤Criton에게 '나는 아스클레피우스Asclepius(그리스의 의술의 신. 외모는 구레나룻 수염을 한 장년의 모습이며, 오른손에 성수聖獸의 뱀이 감긴 봉棒을 들고 있다.)에게 닭 한 마리의 빚을 졌네. 잊지 말고 이 빚을 꼭 갚아주게.(『파이돈』에서)라고 남긴 유언은 후세 사람들에게 그의 죽음의 의미가 무엇인지를 생각해 보게 한다.

이 유언 속에는 자기는 인간의 마음 속에 깃든 병을 고치려다가 독배를 마시게 되었으나, 후세에 언젠가는 인간의 마음의 병은 치료되어야 하며, 모두 착하고 진실된 마음으로 돌아가는 날 아스클레피우스에게 자기를 대신해서 인류의 마음의 병을 치료해 준데 대한 감사의 뜻으로 닭 한 마리를 헌정해 달라는 절실한 의미가 담겨 있다고 본다.

참으로 소크라테스가 마신 독배는 슬픈 비극이 아니라 인류의 정신적 쾌유를 간절히 기원하는 마음과 확신을 담은 축배를 미리 든 것이라고도 볼 수 있을 것이다.

소크라테스의 이와 같은 의연한 삶의 태도에 대해서 칸트Immanuel Kant(1724-1804)는 그를 '이성理性의 권화'라고 말하였고, 헤겔Georg Wilhelm Friedrich Hegel(1770-1831)은 글로 쓰지 않고 몸으로 자신의 철학을 실천한 '진정한 철학자'라고 극찬을 아끼지 않았다.

제 1 장

트랜스퍼스널 심리치료법이란 무엇인가

트랜스퍼스널 심리치료법이란
다음 두 가지 가설을 공유하는 심리치료법의 총칭이다.
① 모든 사람은 자기초월적인 정신적 영성적인 성장을 지향하는 욕구를,
즉 '성스런 욕구'를 가지고 있다.
② 모든 사람은 성장과 학습을
계속 할 수 있는 가능성을 가지고 있다.
그리고 트랜스퍼스널 심리치료법은 모든 심리치료법의 근본에
있는 치료의 한 차원이다.

그 정의·치료방법의 틀·
치료자의 자세·기본가설

퍼스널리즘의 한계와 초월의식

인간은 개인의식만으로 살아갈 수밖에 없는 그런 절망적인 존재
도 아니며 운명의 인질도 아니다. 더욱이 자아의 한계를 두렵게 생
각하여 타고난 본연의 기본적 조건을 포기하거나 숙명론의 패배자
가 될 필요도 없다.

그럼에도 근대적인 개인주의personalism의 한계에 실망하지 않고 인
종·성별·사상·종교의 차이 등을 넘어선 사람과 사람과의 연결, 과
거의 세대와 미래세대와의 연결, 인간과 더불어 생존하고 있는 것
들, 대자연·우주와의 연결이라고 하는 '수평적 차원의 연결', 또한
자신의 심층 무의식이나 이를 관통한 진실한 자기와의 연결, 인간과
인간을 넘어선 것들의 연결이라는 '수직적 차원의 연결', 이 두 차
원의 '연결'에 자기를 열고 스스로를 넘어설 줄 아는 자기초월의 단
계에까지 성장할 수 있게 된 점은 참으로 인간의 위대한 진화적 발
달이다.

그러기에 인간의 '성장'도 자아의 확립, 실존의 자각, 자기실현의

단계에서 끝나는 것이 아니라, 타자·공동체·인류·생태계·지구·우주와의 일체감이라는 동일성identity의 확립, 요컨대 자기초월의 단계에까지 이르는 데 있다고 보는 것이다. 참으로 인간은 구조적으로 이와 같은 자기초월의 성장 가능성을 가지고 태어났기에 인간의 탄생은 축복의 탄생이다.

참으로 자기초월self-transcendence이란, 근대적 개인 = 자아의 정당한 면(과학·이성·비판성)을 긍정적으로 계승하면서 주로 고대 동양의 영지靈智(종교·영성)를 재발견하고 근대의 개인주의가 빠지기 쉬운 이기주의와 허무주의 한계를 넘어서 개인주의에 대신하는 인생관 – 세계관 – 라이프스타일을 제시했다는 점에서 그 의미가 크다.

이러한 우주의식·초월의식·자기초월이란, 기실 새로운 개념이나 사상은 아니다. 이미 동양의 불교적인 '깨달음bodhi'이나 서양의 아우렐리우스적인 '우주의식cosmic consciousness'[1]의 신비주의적인 초의식과 겹치는 감을 주는 개념이기도 하다.

트랜스퍼스널의 새로운 점은 한편으로는 전통적인 예지叡智에 뿌리를 내리고 있으면서도 또 한편으로는 현대 서구 심리학 – 특히 심층심리학·인간성/실존심리학·임상심리학·발달심리학 – 과의 매우 타당한 융합에 성공을 거두고 있다는 데 있다.

그렇지만 자기초월 심리학이 우주의식·신비체험이나 각성체험 등을 대상으로 하지만 어디까지나 이성적 비판을 받아들이는 심리학

---

1) 마르쿠스 아우렐리우스Marcus Aurelius(121~180)는 로마제국의 16대 황제이자 고명한 스토아학파의 철학자였다. 5현제賢帝 가운데 한사람으로서 어질고 현명한 지도자였다. 그가 쓴 『명상록Ta Eis Heauton』은 자신을 향해 쓴 자성自省의 글로서 유명하다. 이 책의 제4장/23, 제8장/52에서는 우주와 인간과의 관계, 우주에 대한 감사하는 마음을 전해주고 있다. 번역판도 있으니 일독을 권한다.

이며, 근거의 유무를 떠나서 믿지 않으면 안될 종교의 도구와 같은 것은 아니다. 임상적인 사실에 근거한 검증 – 반론 – 수정도 가능하다는 의미에서 과학적인 심리학의 열린 '가설'인 것이다. 여기에 트랜스퍼스널 심리학의 참신함과 현대적 매력이 있다.

종래의 심리학은 개인의 자기실현이나 이기적 행복추구를 중시한 나머지 지나치게 '자기' 또는 '자기의 행운'에 대한 집착만을 강화하여 결과적으로 진정한 행운으로부터 떼어놓고만 반성해야 할 점도 가지고 있었다. 트랜스퍼스널 심리학은 이렇듯 종래의 심리학이 실수한 '행복추구' → '자신의 행복'에 대한 집착·얽매임 → 도리어 행복을 달아나게 만들고 말았다 라고 하는 악순환을 넘어서는 심리학이라고 보아도 좋다.

이런 점에서 트랜스퍼스널 심리학에서는 종래의 '자기'나 '자신의 행복'에 대한 집착과 얽매임의 생활방식을 180도 전환할 것을 강조한다. 요컨대 자기를 초월한 저 너머에서부터 들려오는 '부름'에 따라 살아가는 방식, 자신의 인생에 주어진 의미와 사명을 실현시켜가는 생활방식으로 삶의 대전환을 꾀하라는 소리를 들려준다.

이렇듯 '자기' 중심의 생활방식에서 '부름' 중심의 생활방식, '의미와 사명' 중심의 생활방식의 전환을 트랜스퍼스널 심리학에서는 강조한다. 트랜스퍼스널 심리학이란 지금까지의 심리학이 중시해 온 '자기결단'이나 '자기실현'의 중요성을 인정하면서도 이를 넘어서 자기를 초월한 어떤 '울림의 의미'를 소중하게 생각하는 심리학이다.

이렇게 보았을 때 종래의 심리학은 자기결단, 자기실현의 가치를 중시했던 심리학이어서 말하자면 '자력의 심리학'이었다면, 트랜스퍼스널 심리학에는 '자기를 초월한 저너머'로부터 오는 어떤 힘, 어떤 울림의 소리를 맞아들이며 소중하게 생각한다는 점에서 '타력의 심리학'이라는 의미가 있다. 요컨대 종래의 심리학의 긍정적인 면을 수용하고 이를 초월한다는 뜻에서 트랜스퍼스널 심리학은 '자력 + 타력의 심리학'이라고 말할 수도 있다.

트랜스퍼스널 심리치료법이란 무엇인가 – 정의의 문제

트랜스퍼스널 심리치료법이란 다른 심리치료법과는 어떤 점에서 구별되는 것일까. 그 특징을 생각해 보기 위해서 그 대표적인 정의의 몇 가지를 생각해 보기로 한다.

트랜스퍼스널 심리치료법이란 신체적인 면, 정서적인 면, 지적인 면, 스피리추얼한 면의 '통합'을 목표로 한 치유의 방법이다.[2]

트랜스퍼스널 치료법이란 정신분석과 실존심리학을 포함하는 서구심리학의 전통과 고대와 동양문화의 영적 철학인 영원의 철학 perennial philosophy의 이론을 치유와 성장을 위해 응용하는 어프로치다. 때문에 트랜스퍼스널 심리치료가 다른 심리치료와 구별되는 점은 치료기법이나 내담자가 호소하는 문제보다는 치료자의 스피리추얼한 시각과 가치관이 중요시된다는 점이다.[3]

트랜스퍼스널한 체험이란 자기정체성이나 감각이 개인적인 차원을 넘어서 인류·생명 그 자체·정신·우주의식이라는 보다 넓은 영역

---

2) F. Vaughan, *Healing and Wholeness : Transpersonal Psychotherapy*, In R. Walsh & F. Vaughan(eds.) *Paths Beyond Ego : The Transpersonal Vision*, J. P., Tracher/ Putnam Books, 1993, p. 160.

3) B. Witte, *Assumptions of Transpersonal psychotherapy*, In R. Wash & Vaughan(eds.) *Paths Beyond Ego : The Transpersonal Vision*. J. P. Tracher/Putnam Books, 1993. p. 165.

까지를 포함하는 자기초월에 수반한 체험이다. 이 점은 발달이란 진화이며 '진화란 초월evolution is transcendence'이라는 즉, 자기초월에 의한 자기실현으로서의 진화를 말하고 있다.

트랜스퍼스널 심리학은 이와 같은 트랜스퍼스널한 체험 및 이에 관련하는 여러 현상에 대한 심리학적 연구를 말한다. 그러기에 트랜스퍼스널 심리치료란 이런 트랜스퍼스널한 체험과 성장에 가치와 타당성을 인정하는 트랜스퍼스널한 시각을 갖는 심리치료를 말한다.[4]

우리는 이와 같은 세 가지 관점의 정의를 대충 미루어 보기만 해도 트랜스퍼스널 심리치료법의 몇 가지의 특징을 발견할 수가 있다.

① 인간의 존재를 전체적인 관점holistic approach에서 이해하려고 한다. 특히 인간의 정신적인 또는 영적인 측면을 중요하게 보는 심리치료법이다.

② 서구사회에서 발전한 현대 심리학뿐만 아니라 동서고금의 영적인 전통을 중요한 자원으로 삼는 심리치료법이다.

③ 때문에 다른 치료와 가장 큰 차이는 기법이 아니라 치료자가 스피리추얼한 시각을 가지고 있느냐 없느냐에 있다.

④ 정체성identity이나 자신의 감각이 우주 차원으로 확장되어 가는 신비체험mystical experience 등 자기초월적인 체험의 가치를 적극적으로

---

4) R. Walsh & F. Vaughan, *Comparative Models of the Person and psychothersepy*. In.S Boorstein(ed.) *Transpersonal Psychotherapy* (2nd edition), State University of NewYork Press, 1996. pp. 15~30.

인정하는 심리치료법이다.

이상은 모두가 트랜스퍼스널 심리치료법의 중요한 특징이다. 그렇지만 엄격한 정의로서는 좀 애매한 점도 없지 않다.

일반적인 인상으로 볼 때 트랜스퍼스널 심리학이나 트랜스퍼스널 심리치료라고 할 때, 이른바 트랜스퍼스널한 체험 − 우주와 절대자와의 합일체험, 타자·공동체·인류·생태계와의 일체감의 체험, 과거 생으로 퇴행하는 체험, 성스러운 아우라에 접해본 체험과 같은 특수한 신비적인 체험 − 을 다루는 어프로치라는 인상을 받는 경우가 많을 것이다.

그것은 앞에서 든 정의에서 '정체성이나 자기감각의 우주 수준까지의 확장된 체험'을 트랜스퍼스널한 체험이라고 보기 때문에 그렇게 생각하는 것도 너무도 자연스러운 현상이다.

그렇다면 이와 같은 특수한 체험을 다루는 것만이 트랜스퍼스널 심리치료법인가? 또는 신비체험이라는 특수한 체험이 아니어도 적어도 어딘가에 스피리추얼한, 즉 자기정체성self identity을 초월한 영역에 연관되고 있는 고민이나 고통을 다루는 심리치료법도 트랜스퍼스널 심리치료로 볼 것인가?

이보다는 트랜스퍼스널 심리치료법이란 내담자의 트랜스퍼스널한 내용을 다루는데 특징이 있는 것이 아니라 치료에 사용되는 어프로치가, 예컨대 명상같은 영적 수행법과 종래부터 사용되었던 심리학적인 방법을 적절하게 조합시킨다고 하는 점에 두드러진 특징이 있는 것일까. 또는 이 책에서는 다루지 않았지만 스타니슬라프 그로프 Stanislav Grof(1931~)의 '홀로트로픽 호흡법holotropic breathing'이나 아사지올리Robert Assagioli(1884~1994)의 '정신통합법psychosynthesis' 등, 특정 어

프로치를 사용한 심리치료법이 트랜스퍼스널 심리치료란 말인가.[5]

요컨대 트랜스퍼스널 심리치료법과 그렇지 않은 심리치료법과의 사이에 그어야 할 선은 어디에 있는가 라는 것이 문제다. 이 점은 다음 설명을 참고하기 바란다.

맥락·내용·과정

이 문제를 검토함에 있어서 유용한 것은 트랜스퍼스널 심리학의 제일인자인 프란시스 본Frences Vaughan(1889~1979)이 제시한 다음과 같은 세 가지 관점의 구별이다.[6]

① 심리치료법의 맥락 context

맥락이란, 치료자가 품고 있는 신념·가치관·세계관 그리고 이에 기초한 인생과 마음에 대한 자세 또는 짜여진 준거의 틀이다.

② 심리치료법의 내용 content

내담자가 치료중에 나타내는 체험의 내용이다.

③ 심리치료법의 과정 process

치료자와 내담자가 더불어 공감의 관계를 가지며 여기서 치유가 일어나는 심리치료의 과정이다.

본은 심리치료법의 이와 같은 세 가지 관점, 즉 맥락·내용·과정을 구별하면서 트랜스퍼스널 심리치료법에 있어서 결정적인 것은 ①의 맥락, 요컨대 치료자의 가치관·세계관 내지는 마음의 자세, 사고

---

5) 정인석, 트랜스퍼스널심리학(제3판), 서울 : 대왕사. 2009, (그로프)pp.430~442. (아시지올리)pp.289~301.
6) F. Vaughan, *op. cit.*

의 틀frame of reference이라고 말했다.

이와 같은 본의 관점에 따른다면, 치료자가 사용하는 심리치료법이 트랜스퍼스널 심리치료법이냐 아니냐를 결정해 주는 것은 치료자가 사용하는 기법도 아니며, 치료에서 다루는 내용도 아니라고 본 것이다. 중요한 것은 치료자의 가치관·세계관·마음의 자세나 사고의 틀이라고 보았다. 필자도 이점에 대하여 동의한다.

코트라이트B. Cortright는 이점에 대하여 치료를 위해 짜여진 '얼개frame-work'라는 용어를 사용하여 다음과 같이 말하고 있다. 다소 긴 문장이기는 하지만 매우 중요한 점이 지적되어 있기 때문에 다음에 이를 소개하고자 한다.[7]

트랜스퍼스널 심리치료법의 결정적인 특징은 치료과정의 방향을 규정짓는 이론적 및 방법론적인 얼개에 있다. 치료기법의 수준에서 트랜스퍼스널 심리치료법을 정의하는 것은 확실히 매력은 있다. 이 치료는 이런 의미가 있는 치료라고 설명해 주게 되면 누구나 이해하기도 쉬워서 호감을 갖게 된다.

그러나 트랜스퍼스널 심리치료법은 기법만을 가지고서는 정의할 수가 없다. 실재로 트랜스퍼스널 심리치료에서 기법은 그렇게 중요하지 않은 수준에 속하게 된다. ……(중략)…… 다시 말하자면 트랜스퍼스널한 기법의 모두를 포기했다 해도 트랜스퍼스널한 어프로치는 남게 된다. 왜냐하면 트랜스퍼스널한 짜여진 틀만 주어지게 되면 모든 기법은 트랜스퍼스널한 접근이 가능하기 때문이다.

이 점은, 아사지올리Roberto Assagioli의 정신통합이론psychosythesis에

---

7) B. Cortright, *Psychotherapy and Spirit : Theory and Practice in Transpersonal Psychotherapy*, State University of New York Press, 1997, p.15.

근거한 '이미지 유도법Imaginative evocation', 그로프Stanislav Grof의 '홀로
트로픽 치료법holotropic therapy', 쿠르츠Ron Kurtz의 '하코미 치료법Hakomi
therapy', 민델Arnold Mindel의 '프로세스 워크process work' 등 이른바 트랜
스퍼스널 방법이 트랜스퍼스널 심리치료법과 동일시 되고 있는 것도
트랜스퍼스널한 의미를 주는 콘텍스트가 있기 때문이다.

그렇지만 트랜스퍼스널 심리치료에서 본질적인 것은 이들의 특정
어프로치나 여기서 사용되는 기술은 아닌 것이다.

예컨대 현실적응만을 목적으로 한 행동치료 프로그램의 일관
된 '정신통합'이나 '프로세스 워크process work(아놀드 민델의 과정지향심리학
process-oriented psychology에서 종래 심리치료법의 틀을 넘어선 통합된 치료기법)'의 기
법이 사용되었다 해도 이는 트랜스퍼스널 심리치료법과는 관계가 없
다. 그러나 이와는 달리 예컨대 세션 중에 바람직한 행동 형성을 위
한 행동치료법의 '점진적 접근법shaping(능동적 조건화operant conditioning의 긍
정적 강화인positive reinforcer을 사용한 행동형성법)'을 사용했다 할지라도 이 기
법에 사용되는 맥락이나 짜여진 틀에 따라서는 트랜스퍼스널 치료
가 될 수 있다.

이렇게 생각해 볼 때, 치료가 어떠한 내담자의 어떠한 체험이나 고
민에 관련되는가에는 상관없이 치료자 측에 인생이나 마음에 대한
일정한 신념·가치관을 갖고 있다면 어떠한 심리치료법도 트랜스퍼스
널 심리치료법이 될 수 있다는 결론에 이르게 된다.

영국의 대표적인 트랜스퍼스널 심리치료 전문가인 로완J. T. Rowan
도 다음과 같이 말하고 있다.

트랜스퍼스널 치료란 그 자체만으로 완결된 치료도 아닐 뿐만 아

니라, 다른 치료에 덧붙여서 사용되는 그 어떤 것도 아니다. 트랜스
퍼스널 치료란 모든 심리치료법의 근본에 있는 한 차원이다.[8]

로완의 이와 같은 관점은 다음과 같은 두 가지 가설을 전제로 하
고 있다.

① 모든 사람은 정신영성적 성장psychospritual growth을 지향하는 충
동을 즉, '성스러운 충동성'을 가지고 있다.

② 모든 사람에게는 평생에 걸쳐서 성장을 계속하며 학습할 수 있
는 가능성을 가지고 있다.

트랜스퍼스널 심리치료란 이와 같은 두 가지 가설을 공유하는 모
든 심리치료의 총칭이다.

치료자는 이와 같은 가능성을 지닌 인간에 대한 깊은 통찰과 이에
근거한 관점을 가지고 심리치료를 할 경우에, 모든 심리치료법은 그
근본에는 트랜스퍼스널한 차원을 고려하게 된다고 로완은 말한다.

기실, 우리가 일상 사용하고 있는 '사이코테라피'라는 말의 어원
을 음미할 때, 이 용어에는 본래 '심혼psyche'의 '보살핌therapy'이라는
뜻이 있기 때문에 모든 심리치료는 본래의 뜻에 비추어 심혼의 심리
치료, 트랜스퍼스널 심리치료가 아니면 안 된다고 보게 된다.

이렇듯 심리치료를 단순히 문제해결이나 증상을 제거하여 자아의
사정을 도와주기 보다는, 보다 깊은 심혼의 보살핌을 위해 무언가
힘이 되어주기 위해 임상을 실시할 때 심리치료는 트랜스퍼스널한(나
를 초월한) 차원에 부합된 심리치료법이 된다는 것이다.

---

8) J. T. Rowan, Transpersonal Psychotherapy. In C. Feltham (ed.) *Which Psycho-therapy?* Sage, 1997, pp. 179~198.

이상과 같은 관점에서 본다면 트랜스퍼스널 심리치료법은 다음과 같이 정의할 수가 있다.

한 심리치료법이 트랜스퍼스널 심리치료법이냐 아니냐를 결정짓는 것은 이때 사용되는 심리학적 어프로치나 기술은 아니다. 또한 그것은 치료에서 다루어지는 내용도 아니다.

트랜스퍼스널 심리치료에서 결정적으로 중요한 것은 앞에서 이미 말했던 바와 같이 인생이나 심성에 대한 치료자의 마음의 자세나 가치관, 사고의 틀이다. 요컨대 치료자가 어떤 관점에서 치료에 임하느냐. 치료자가 '증상의 제거', '문제해결', '현실적응'이라는 관점에서가 아니라, '심혼의 코드The Soul Code(제임스 힐만James Hilman)'나 '심혼의 돌봄Care of the soul(토마스 무어Thomas Moor)', '정신영성적인 성장psychospritual growth(존 로완John Rowan)'과 같은 관점에서 치료에 임한다고 하면 어떤 기법을 사용하고 어떤 문제를 다룬다 해도 그 치료는 트랜스퍼스널 심리치료법이 될 수가 있다.

트랜스퍼스널 심리치료법의 틀

앞에서 이미 트랜스퍼스널 치료법에서 중요한 것은 인생이나 마음에 대한 치료자의 자세, 사물에 대한 관점, 어떤 사고의 틀(의거점)을 가지고 치료에 임하느냐에 있다는 것을 말했다.

그렇다면 트랜스퍼스널 심리치료의 다양한 방법에 공통적인 관점이나 프레임이라는 것이 있는 것일까. 엄밀히 말하자면 이는 개개인 치료자에 따라서 달라지는 것이 당연하다. 요컨대 내담자와의 만남 속에서 문제에 대한 독자적인 해결의 관점이 있다고 보는 것이 매우 자연스럽다.

그러나 트랜스퍼스널 심리치료법이라는 매듭을 풀려고 한다면, 여기에는 공통적인 관점이 있어야 하기 때문에 여기서는 이 점을 검토하여 심리치료법의 기본적인 틀에 대해서 말하고자 한다.

설명의 편의상 사람의 마음의 내면을 '자아(나)'와 'X(나가 아닌 그 무엇)'로 나누어 설명하고자 한다. 그리고 '자아'의 입장에서 '자아'를 위해서, '자아'의 사정에 유리하게 진행되어 가는 심리치료법을 '자아중심심리치료법'이라고 한다. 예컨대 '빨리 일할 수 있으면 한다', '학교에 갈 수 있으면 한다', '자식의 폭력을 없애고 싶다', '복통을 치료하고 싶다' 등과 같이 '자아의 욕망'을 실현하는 경우다.

한편 사람의 마음에는 자아의 사정과는 관계없이 마음내키는 대로 저절로 일어나는 마음의 활동이라는 것이 있다. 자아의 판단이나 의사와는 관계없이, 이른바 자연발생적으로 작동하여 그 자체가 능동성을 갖고 어떤 의사를 가지고 있는 것처럼 작동하는 심적인 활동이라는 것이 있다.

어떤 각도에서 보자면, 유진 젠들린Eugene Gendlin(1926~)의 포커싱focusing(초점 만들기)에서 말하는 '느껴진 의미감각a felt sense'일 수도 있고, 또는 제임스 힐만이나 토마스 무어의 '심혼soul'일 수도 있고, 또는 아놀드 민델이 말한 '2차 프로세스secondary process(상대적으로 자각의식이 희박한 과정)'[9)]와 같은 '무언가(X)'로도 볼 수 있다.

---

9) 1차과정과 2차과정의 관계는 민델의 경우, '의식'과 '무의식'의 관계처럼 2항 대립적인 도식의 관계가 아니라 의식의 명암의 정도가 시시각각으로 짙음과 옅음으로 변화하는 유동적인 '단계적 변화gradation'와 같은 관계로 보았다. 따라서 '본인의 자각aware-

어쨌든 자아의 측면에서 볼 때 'X'가 '무엇이냐'에 대해서는 잘 알수가 없는 애매모호한 '무언가' 그렇지만 거기에는 중요한 의미가 있으며, 그 자체만으로도 무언가 의사를 가지며 능동성을 가지고 있는 '무엇인가(X)'이다. 이 'X'는 자아에 의해서가 아니고 '자아'의 상황을 '초월한' 그 자체의 의사나 능동성에 의해서 자발적으로 작동해가는(이런 의미에서 '트랜스퍼스널'로 볼 수 있다) 그런 '무엇인가의(X)'다.

자아의 측면에서가 아니라 이 '무언가의(X)의 자기초월의 관점'에서 접근해가는 심리치료법이 'X 중심의 심리치료법'이며, 이것이 '트랜스퍼스널 심리치료법'이다.

자아도 소중하게 대하면서 '자아'와 '무언가(X)'와의 대화를 진행시켜가는 심리치료법이라 해도 이 대화에 의해서, 이 '무언가(X)'를 '자아'에 '통합'시키려고 하는 것(이렇게 되면 결국 '자아중심의 심리치료법'이되어 버린다)이 아니라 '자아'가 이 '무언가(X)'의 소리에 귀를 기우려 '무언가(X)', 즉 심혼이나 느낀 의미감각a felt sanse(젠들린)이나 2차 과정secondary process(민델)을 위해서 자아가 봉사하는 심리치료법이 'X중심의 심리치료법'이다.

어디까지나 '나'를 위해서가 아니라 '무언가(X)'를 위해서 심혼을 위해서, 느낀 의미감각을 위해서, 2차 과정을 위해서 이들을 기반삼아서 실시하는 심리치료법이 요컨대 '나'가 'X'에 봉사하는 심리치료가 트랜스퍼스널 심리치료법이다.

자아의 측면에서 본 이런 '애매 모호성'이나 '알지 못함'은 민델의 프로세스 워크나 젠들린의 포커싱지향 심리치료법에서 사용하는

---

ness'에 보다 가까운 과정을 '1차과정', 상대적으로 자각이 희박한 과정을 '2차과정'으로 보았다.

'에지edge(의식이나 체험의 변두리, 벼랑끝을 의미하며, 알아차림의 한계점)'라고 하는 개념이 'X'에 대해 잘 말해주고 있다. '에지'란, 치료의 진행과정에서 멈추지 않으면 안될 '무언가(X)'에서 말도 이미지도 동작도 멈춰버린 오직 침묵과 공백상태만이 지배하는 무언가의 '상태(X)'다.

트랜스퍼스널 심리치료법에서는 이 '에지'야말로 치료의 급소라고 생각한다. 이 경우에 '자아'는 '에지 상태'에 머물러, 에지로부터 무언가(말·이미지·동작) 나타날 것을 '기다린다'. 그리고 이를 '받아들인다'. 이렇게 해서 '자아(나)'를 초월한 그 무엇으로부터 주어지는 메시지를 받아들이고 자아는 그 실현을 위해 노력하게 된다.

민델의 프로세스 워크의 관점에서 본다면 '에지'는 자기가 의식하고 있는 '1차 과정'에서 생각하고 있는 것과 의식하고 있지 않는 '2차 과정'에서 생각하고 있는 경계에서 발생하며, 이 경우에 '에지'란 자신이 받아들일 수 있는 생각의 한계이며, 기지의 세계와 미지의 세계를 갈라놓은 경계선이다. 때문에 자신이 변한다고 하는 것은 에지가 있음을 알아차리고 에지를 극복함으로서 자신의 한계와 자기 세계를 넓이는 일이 된다.

프로세스 워크에서 무엇으로부터 '해방'이란 자신의 에지를 알아차려 에지로부터 떨어지는 것을 의미한다. 요컨대 에지로부터 떨어질 수가 있게 되었을 때 1차 과정이나 2차 과정의 한계를 넘어서 어느 한쪽만의 자기가 아니라 양쪽의 자기로서 자유롭게 살아갈 수가 있다는 것이다.

이 에지를 깨닫는 일은 '프로세스 워크'의 추진과정에서 가장 중요한 포인트가 된다. 왜냐하면 에지야말로 새로운 세계로 통합할 수 있는 문이며, 역으로는 새로운 세계의 위협으로부터 지금까지의 아이덴티티를 지켜온 보루이기 때문이다.

이 점은 '무언가(X)'가 신체증상의 경우도 동일하다. 예컨대 '배가 아파서 학교에 갈 수가 없다'라고 호소하는 중학생에 대해서 심신이완법을 통해서 복통을 제거해주고 학교복귀(자아의 소망)를 돕는 것이 아니라 오히려 '복통 호소X'에 귀를 기울여 함께하며, '복통 호소'에 봉사하고 그 호소가 실현될 수 있도록 심리치료를 하는 것이 보다 의미있는 대처가 된다(그 결과 학교복귀에 이르게 된다).

이렇듯 '프로세스 워크'에서는 무언가를 '설명한다'고 하는 이론은 존재하지 않는다. 인격이론도 병리론도 치료론도 없다. 오직 '자각awareness'만이 소중하게 생각한다. 이 경우에 그 전제가 되는 것은 '지금 일어나고 있는 것에는 의미가 있다'고 믿는 목적론적인 마음의 자세다.

트랜스퍼스널 심리치료법과 의식·명상

이와 같은 'X'에 근거를 둔 심리치료를 하기 위해서는 치료자도 내담자의 X에 맞추어서 의식 수준을 바꿔갈 필요가 있다. 일상적인 현실에 얽힌 의식을 서서히 풀어헤치고 마음의 짐을 내려놓으면서 이완시킨 다소 몽롱한 의식 상태가 되어 가면서도 명석한 의식 수준을 심화시켜갈 필요가 있다.

그렇지만 완전히 릴렉스한 상태가 아니라 약간의 긴장감도 느낄 수 있는 미묘한 의식상태가 필요하다. 요컨대 릴렉스한 상태와 긴장감이 공존하며, 몽롱하면서도 명석한 의식상태로 심화시켜가지 않으면 안 된다.

이렇듯 트랜스퍼스널 심리치료에 있어서는 '의식consciousness'은 치료자의 신념, 가치관, 세계관 및 이에 근거한 인생이나 마음에 대한 태도 등을 보여줄 수 있는 중요한 도구가 된다는 것을 명심할 필요가 있다.

이와 같은 점에서, 치료자의 콘텍스트(신념, 가치관, 세계관, 인생이나 마음에 대한 태도 등)를 빛내주는 것도 의식인 것이다.[10]

또한 트랜스퍼스널 심리치료법에서 의식은 수단이기도 하지만 변용의 대상이기도 하다. 그리고 트랜스퍼스널 심리치료법은 행동이나 의식내용의 변용만을 목표로 하지 않고 동시에 체험의 콘텍스트로서 '각성한 의식awareness of conscousness' 그 자체를 지향하는 데 있다.[11]

다음은 심리치료법 가운데서 명상을 통해서 성공한 한 사례에 대한 설명이다.[12]

고독과 불안과 남성 공포를 호소하기 위해 내담한 한 30대 여성 내담자의 경우, 그녀는 모든 남성은 무섭고 위험한 존재라고 생각하고 있다. 치료를 위해 심신의 이완상태를 유지하면서 자신이 생각하고 있는 폭력적인 상상장면을 생각해 보게 했더니 남성에 대한 공포 때문에 자기가 현실을 얼마만큼 왜곡시켜 지각하고 있다는 것을 알게 되었다. 이것 때문에 내담자는 오랫동안 불안에 떨어 왔다고 말한 것이었다.

---

10) B. Cortright, op. cit., p. 14.
11) F. Vaughan, op. cit., p. 160.
12) R. Walsh F. Vaugan. op. cit., p. 25.

그녀는 '심신이완법'과 '명상'을 배우는 가운데 그동안 자신의 부정적인 사고를 인정하고 이런 상태로부터 벗어나는 '탈동일화dis-identification'[13]할 수 있게 되었다. 그 결과 자기의식이 확장됨에 따라서 그녀는 자기 자신의 의식상태에 대해서 점점 책임을 갖게 되었다. 이로 인하여 불안은 크게 줄어들었고 결과적으로 남성과 여성과도 원만한 관계를 가질 수 있게 되었다.

탈동일화는 아시지올리Assagioli의 '자기실현=정신통합'을 달성하는 4단계의 과정에서 제2단계에 해당하는 과정이다. 즉, 제1단계 : 자신의 퍼스널리티에 대한 지식을 얻는다. 제2단계 : 인성의 다양한 요인의 제어단계. 제3단계 : 자신의 진실된 자기의 실현─통일·제어하는 중심의 발견. 제4단계 : 정신 통합의 단계에서, 2단계의 과정을 고통스럽고 끈기 있는 연옥煉獄의 등산에다 비유하였으며, 특히 그가 말하는 '탈동일화의 연습exercise in dis-identifi cation'[14] 몬델이론은 탈동일화의 효과에 적지 않은 영향을 주었다.

탈동일화에서 중요한 것은 의식의 다양한 요인의 '흐름'과 이를 마음으로부터 지켜보고 있는 자기를 명확히 구별하는 일이다. 그것은 버려야 할 흐름과 자기가 구별되면 자기는 그 흐름에 떠내려갈 필요가 없으며 이를 제어할 수가 있고 동화로부터 벗어나서 탈동일화에 도움이 되기 때문이다. 켄윌버Ken Wilber도 『무경계No Boundary』(2001)[15]의 후반에서 탈동일화를 '정체성'의 '신장expanding'을 돕는 데 있다고 본 것도 아사지올리의 관점과 같다.

일반적인 사람의 경우, 자기가 의식하고 있는 부분만이 자신의 마음이나 퍼스널리티의 전부라고 생각한다. 그러나 이것은 '빙산의 일각'에 지나지 않다. 진정으로 자기를 알고 실현하려면 의식적인 부분만이 아니라 '무의식'의 보다 넓은 영역에 대해서도 알고 있지 않으면 안 된다.

이는 사람에게는 어떤 대상의 이미지나 감정·행동을 무의식적으로 받아

---

13) R. Assagioli, *Psychosynthesis*, New York : The Viking Compass Book, 1969, pp. 21-27.

14) op.cit., pp. 116-120

15) K. Wilber, *No Boundary*, Boston : Shambhala, 2001, pp. 117-119,

들여(introjection투입) 그 대상에 동일화inentification되어 가는 면도 있지만, 낡은 이미지를 버리고 새로운 자기 이미지를 탄생시키는 힘든 탈동일화의 과정에 도움이 되기 때문이다. 이런 점에서 탈동일화의 과정에는 도움이 안 되는 낡은 이미지의 폐기와 새로운 이미지의 탄생이라는 두 측면이 있다는 점에서 그 의미가 매우 크다. 또한 탈동일화가 매우 힘들다고 하는 것은 이미 동일화된 자기 이미지의 의식적인 기저에는 무의식적인 강한 집착이 깔려 있기 때문에 쉽사리 버릴 수가 없기 때문이기도 하다.

앞에서 든 내담자도 자신의 부정적인 사고나 감정에 동일화 되어 여기에 말려들어가 버렸기 때문에 자신이 안고 있는 문제에 대처할 수가 없는 상태에 몰리고 있었던 것이다. 이와 같은 경우, 심리치료법 가운데 명상이나 탈동일화의 훈련은 매우 효과적이다.

이 경우에 특히 중요한 것은 '알아차림의 의식성을 높이는 일 enhanciong awareness'이다. 이를 위해서 명상을 하고 지각perception을 단련시키게 된다. 여기서는 의식 내용을 변화시키려고 하는 것이 아니라, 다만 의식의 내용을 관찰하는 것을 배울 뿐이다.

앞에서 말한 내담자는 자신의 부정적인 의식 내용을 바꾸려고 한 것이 아니었고 다만 자신의 부정적인 의식 내용을 관찰한다고 하는 자세를 명상 훈련을 통해서 배웠던 것이다. 이로 인해서 부정적인 사고나 감정으로부터의 '탈동일화'에 성공할 수가 있었고 거리를 둘 수가 있게 되었던 것이다. 이 점이 성공의 키가 되어준 것이다.

이와 같은 사례와 같이, 트랜스퍼스널 심리치료를 표방하는 심리치료자의 적지 않은 수가 실제로 심리면접을 할 경우에 여러 가지 명상을 사용하게 된다. 미국의 ITP(Institute of Transpersonal Psychology 트랜스퍼스널 심리학 연구소)의 트랜스퍼스널 카운슬링 센터의 스태프도 같은 방법이었다.

확실히 명상과 심리치료는 '의식의 폭을 넓히는 것을 주요 목적'으로 삼는 점에서 공통점이 많다. 실제로 명상을 배우므로서 내적 체험과 더불어 함께 할 수가 있고 이를 관찰하는 능력이 높아지는 것도 사실이다. 그 중에서도 많은 임상가에게 인기가 있는 것은 베트남의 승려이자 시인이며 평화운동가인 틱낫한Tkich Nhat Hanh(1926~/1995년, 2003년도에 내한)이 보급시킨 '마인드풀 메디테이션mindfull medita-tion'에 의한 '자기이탈'의 장려이다. 그러기에 그는 '화anger'를 다스리기 위해 미움−시기−절망과 같은 감정에서 자유로워질 것을 권장한 것이다.[16]

그러나 많은 심리치료자가 지적하고 있는 것처럼 명상법이 본래의 의도에 반하여 '정서적이며 심리적인 문제를 교묘하게 회피하는 수단'이 되고 마는 일도 적지 않다. 예컨대 선dhyāna의 명상에서는 명상 중에 떠오르는 여러 가지의 강렬한 이미지를 '마경māra'으로 보아, 이를 멀리하도록 훈련시키기도 한다.

그러나 심리치료의 관점에서는 이와 같은 이미지야말로 매우 중요한 명상의 소재가 되며 이런 명상의 훈련을 철저하게 받은 사람들(그 결과 마음의 미혹으로부터 벗어나 깨달음의 경지에 이르러 진리를 터득한 사람들)은 현실 생활로 복귀한 후, 다양한 화anger나 슬픔 같은 정서적 문제도 적었다고 전해지고 있다.[17]

이런 의미에서도 심리치료법과 명상을 비롯한 영적수행법과의 보

---

16) Thich Nhat Hanh, *Anger*(최수인 옮김, 화. 서울 : 명진출판사, 2003).
17) B. Cortright, 1997, pp. 132~134.

다 의미가 있는 접점은 트랜스퍼스널 심리치료법에서 추구되어야 할 점이라고 본다.

트랜스퍼스널 심리치료의 기본 가설

트랜스퍼스널 심리치료가 가능한 것은 무엇보다도 내담자의 내면에 있는 개인적이며 '의식적인 자기(나)conscious self or I'를 넘어서 그 위에 있는 중추로서의 진정한 자기True Self, 즉 '상위의 자기Higher Self'와 자기초탈적인 자각awareness의 의식이 내재하고 있기 때문이다.

다음 글은 미국의 ITP와 더불어 트랜스퍼스널 심리학 연구 거점의 하나인 CIIS(California Institute of Integral Studies : 캘리포니아 통합학 연구소)에서 트랜스퍼스널 심리치료법 강의를 담당했던 코트라이트B. Cortright의 관점을 중심으로 한 설명이다. 그는 『심리치료와 스피릿Psychotherapy and Spirit(1997)』에서, 자기초월적인 방향감각을 가진 심리치료자가 공유해야 할 기본 원칙으로서 다음 여덟 가지를 들고 있다.[18]

① 인간의 본성은 본질적으로 스피리추얼하다.

트랜스퍼스널 심리치료법은 현대 심리학과 세계 여러 나라에 걸친 고대 스피리추얼한 전통(영적 전통)의 두 영역을 심리치료에 이용하고 있다.

전통적인 서구 심리학에서는 인간의 성장을 발달론적으로만 받아들였으며 또한 마음의 영역에 무의식이라는 가설을 세워서 그 메커니즘을 탐구해 왔다. 때문에 심신장애의 증상이나 갈등에 대한

---

18) B. Cortright, *Psychotherapy and Spirit : Theory and Practice in Transpersonal Psychotherapy*, State University of New York Press, 1997. pp.16~21.

치료의 주안점도 사회·문화의 '정상' 수준으로 회복시키는 데에만 두었다. 이런 관점은 비정상적인 것을 '제거하고', '본래의 정상상태로 되돌린다'고 하는 것이 건강을 위한 치료라는 사고패턴에 근거하고 있다.

그러나 동양 종교에서는 마음의 문제를 사회나 문화의 틀을 넘어서 명상이나 요가와 같은 수련을 통해서 육체와 정신과 영혼을 통제할 수 있는 보다 상위의 중추적인 의식과 마음의 상태를 얻음으로서, 인격의 병리가 아니라 존재 그 자체의 본연의 자세와 자기초월을 중요하게 생각한다.

트랜스퍼스널 심리학은 바로 이와 같은 동서의 세계관에 다리를 놓아 이를 통합하는 새로운 패러다임을 제시한 것이다.

로저 왈슈Roger Walsh와 프렌시스 본Francis Vaughan은 이런 관점에서 심리치료의 모델을 ① 병리를 회복시키는 '정통적 치료' ② 존재에 얽힌 물음에 답하는 '실존치료' ③깨달음이나 해탈 등, 실존 차원에서 직면하는 문제의 초월을 다루는 '구체적 치료' 등으로 나누었다.

이와 같은 분류에서 본다면 서구 심리학에서는 ① ②를 치료의 모델로 사용해 왔으며, 트랜스퍼스널 심리학에서는 ① ② ③의 모델을 포괄한 관점에서 치료에 임하는데 다 의미를 두고 있다고 볼 수 있다.

② 의식은 다차원적이다.

종래의 심리치료법에서는 변성의식(예 : 뜰에 피어 있는 꽃이 내게 이렇게 말을 걸어 왔다)은 내담자의 단순한 공상이나 병적인 것으로 보아 이를 멀리 했다. 그러나 이는 어디까지나 우리들 대부분이 '현실'로 보고 있는 '현실consensus reality'의 의식수준에서 본 판단이며, 다른 의식상태나 의식수준에서 보게 되면 모든 것들은 다른 의미의 모습을 보여주게 된다.

1980년대 이후의 새로운 조류였던 뉴 에이지 운동new age movement 에 지대한 영향을 주어온 인도 태생의 철인, 지두 크리슈나무르티 Jiddu Krishnamurti(1859~1986)는 『크리슈나무르티의 명상록Sayings of Krishnamurti』(1986) '그대가 세계이다You are the world'에서 다음과 같은 말을 남겼다.

"이 세상의 탐욕적인 세속성을 만든 것은 바로 우리이다. 때문에 세속적인 것을 없애려면 먼저 내 안에 있는 세속성을 버려야 한다. 사소한 것에 만족하는 탐욕적인 사람들 사이에서 탐욕이 없이 살아갈 수 있는가? 건강하지 못한 사람들 틈에서 산다고 우리도 건강할 수 없는가? 이 세상은 우리와 떨어져 있지 않다. 우리가 곧 세계이다. 지금의 세상 현실을 만든 것은 바로 우리이다. 이 세상은 우리 때문에 그 세속성을 획득한 것이다. 그러므로 온갖 세속적인 것을 없애려면 우리가 세속성을 버려야 한다. …… 그대가 세계를 이해하고자 한다면, 먼저 그대 자신을 이해해야 한다. …… 사회는 인간의 외향적 표현이다. …… 그대 자신이야말로 시작과 끝이다."

③ 인간은 스피리추얼한 탐구를 하려는 욕구를 가지고 있다.

트랜스퍼스널 심리학에서는 인간에게는 에이브러햄 메슬로Abraham Maslow(1908~1970)의 욕구계층설hierarchies of human needs에서 말하는 행동지배의 순서인 기본적 욕구 ─ 생리적욕구·안전의 욕구·소속 애정의 욕구·자존(승인)의 욕구·자기실현의 욕구 등 ─ 의 모두를 포괄하면서도 이에 더하여 인간의 가장 심오한 욕구인 스피리추얼하며 성스러운 욕구(또는 진·선·미의 통합 등 존재가치를 추구하는 메타욕구meta-need)가 잠재한다고 생각한다.

자기초월심리학의 기초와 그 출발에 공헌한 만년의 메슬로도 자기실현자가 심리적으로 건강하고 생산적인 인간이기는 하지만 '초월적 체험'이 부족하거나 전혀 없는 사람과 초월적 체험이 중심이 되고 있거나 이를 중요하게 생각하는 사람으로 분류하였다. 그것은 초월적 자기실현자transcending self-actualizers는 일상생활 속에서 모든 사물의 신성함과 인생의 초월적 측면을 빈번하게 자각한다고 보았기 때문이다.[19]

④ 내면적인 지혜의 원천에 보다 깊게 접할 수가 있으며 이는 성장에 있어서 유익하다.

현대의 대부분의 심리치료와 동일하게 트랜스퍼스널 심리치료에서도 내면에 있는 지혜에 접근할 수 있도록 돕는다. 이 점에 관해서 메스로는 부분보다는 관계성과 전체의 체계를 다루는 '전체관적인 사고holistic thinking'의 필요성을 강조하고, 전체관적인 사고는 과거와 전통적 범주를 초월한 새로운 관계성의 가능성을 연구하는 창조적 사고를 하는 사람에게서 발견할 수 있다고 보았다.[20]

⑤ 스피리추얼한 충동의 표현 그 자체에 큰 가치가 있다.

성스러운 것에 이르는 유일한 길은 없다. 치료자는 모든 스피리추얼한 방법에 경의를 보이지 않으면 안 된다. 트랜스퍼스널 심리치료

---

19) A. Maslow, *The farther reaches of human nature*, New York : Harper & Row, 1971, p. 290.
20) A. Maslow, Motivation and Personality, (rer. ed.), New York : Harper & Row, 1970.

법의 유일한 도그마는 어떤 스피리추얼한 방법에도 도그마적이어서는 안된다는 점이다.

⑥ 변성 의식상태altered state of consciousness(ASC)는 자기초월적인 체험의 하나이며 이는 치유나 성장에 도움이 된다.

모든 사람이 변성 의식상태[21]를 체험하는 것은 아니지만 이를 체험하는 것은 치유에 도움이 된다.

⑦ 인생은 의미로 충만되어 있다.

인간은 스스로 판단할 수가 있는 존재인 동시에 바로 지금 이곳에 내가 살고 있는 자신을 변화시켜 갈 수 있는 '실존적 존재'다. 또한 사람은 자기의 인생에 대해 삶의 의미를 묻는 존재가 아니라 자기 인생이 내게 묻는 삶의 의미를 답하지 않으면 안 될 존재다. 그러기에 사람은 실존적 불안이나 좌절에 직면했을 때 무의미한 삶 속에서 의미를 창조함으로서 자신의 삶의 가치를 가져오게 할 수가 있다.

실존적 정신의학자인 빅토르 프랑클Viktor E. Frankl(1905~1987)에 의

---

21) 변성 의식상태는 캘리포니아 대학교 데이비스 캠퍼스의 심리학교수 찰스 타트Charles Tart 1937~)에 의해서 최면·명상·초상현상超常現象 등의 연구를 통해서 정의한 용어이며 그 상태에는 다음과 같은 특징이 있다. ① 표현불능성-변성의식체험이 통상적인 경험과 동떨어져 있기 때문에 다른 의식상태에 있는 사람과 의사소통은 거의 불가능하다. 그러나 의식 '상태'가 같은 특정한 의식상태의 경우에 이루어지는 의사소통을 타트는 '상태특정적狀態特定的'이라고 했다. 또 변성 의식에 대한 이해가 깊어지고 그 의식상태의 양상을 이해하고 공유함으로써 의사소통의 가능성도 깊어지는 경우도 있다. 타트는 이를 '상태횡단적狀態 橫斷的'이라고 했다. 또한 상태횡단적인 이해가 깊어짐에 따라서 신비가들도 일상생활에서 유효한 정보에 관해서 말할 수가 있게 된다. 변성의식체험이 너무도 강력해서 통상적인 여러 가지 경험과 동떨어져 있기 때문에 표현이 불가능할 것 같은 감각 ② 순수지성적-고양된 선명성과 이해의 감각 ③ 변성된 시공간의 지각 ④우주와의 전포괄적인 합일적 통합성과 자신이 우주와 한몸이라는 것을 느끼게 된다. ⑤우주가 가장 완전하다고 하는 감각을 포함한 긍정적 정서를 체험한다. 이들 특징은 ASC의 '긍정적' 측면이다. 그러나 소외·고독·자살을 생각할 정도의 극한적이며 '부정적' 감정에 빠지는 ASC도 있다.

해서 만들어진 '의미에 의한 치료therapy through meaning' 또는 '의미에 의한 치유healing through meaning'를 뜻하는 로고테라피logotherapy라는 실존적 심리치료법도 다음과 같은 세 가지 기본적 가설로부터 만들어졌다.[22]

첫째, 의지의 자유(결정론에 대한 반대). 인간은 제반조건에 대해서 스스로 그 태도를 취할 수 있는 자유를 갖는다. **둘째**, 의미를 추구하는 의지. 인간은 무엇보다도 삶의 의미를 추구하고자 한다. **셋째**, 인생의 의미. 사람마다 독자적인 인생의 의미가 존재하고 있다.

치료방법의 실천영역도 **첫째**, 의미를 지향하는 대화를 통한 실존 신경증의 치료 및 실존적 공허(좌절)의 극복을 돕는다. **둘째**, 독자적 기법을 이용한 심인성 신경증의 치료. **셋째**, 불치의 질환을 갖고 있는 환자에 대한 정신적 원조 등 치료의 폭이 넓다.

⑧ 치료자의 트랜스퍼스널한 신념·가치관·세계관이 내담자를 대하는 눈빛을 결정한다.

내담자를 진단과 치료의 대상으로서가 아니라 자기와 같은 스피리추얼한 길을 더불어 같이 가는 탐구자이며 동행자라고 본다. 이런 치료자의 자세에 의해서 내담자는 스스로 스피리추얼한 가능성을 실현할 수 있게 된다.

---

22) V. E. Frankl, *The will to meaning : Foundation and Applications of Logotherapy*, New York & Cleveland, The world publishing Co., paperback edition, 1969.

제 2 장

삶의 의미를 찾는다

빅토르 프랑클에게 배우다

삶의 의미를 찾는다

어떤 경우에도 인생에는 의미가 있다.
하지 않으면 안 될 일, 채우지 않으면 안 될 의미가
주어져 있다.
인생의 어딘가에 나를 필요로 하는 '무엇'이 있으며
나를 필요로 하는 '누군가'가 있다.
때문에 나를 필요로 하는 그 '무엇'과 그 '누군가'는
나에게 발견되기를 '기다리고' 있다.
어떤 경우라도 인생에는 의미가 있다.

어떤 경우라도 인생에는 의미가 있다

**이 세상의 어딘가에 나를 필요로 하는 '무엇'이 있으며 '누군가'
가 있다**

유태인 태생의 오스트리아의 실존적 정신의학자였으며 로고테라피
logotherapy; 의미요법의 창시자였던 빅토르 프랑클Viktor Emil Frankl(1905~1997)
의 심리학은 한마디로 말해서 '역경의 심리학'이었다.

그는 2차 세계대전 당시 유태인이라는 신분 때문에 독일군의 유태
인 민족섬멸genocide을 위한 '밤과 안개Nacht und Nebel' 작전에 휘말려
들어 1942년 9월 25일 '테레지엔슈타트 강제수용소Theresienstadt Con-
ceneration Camp(체코)'를 거쳐 1944년 10월 19일 아우슈비츠 강제수용소
Auschwitz Concentration Camp(폴란드), 1944년 10월 25일 다카우 강제수용
소Dachau Concentration Camp(독일)로 이송되어, 1945년 4월 27일 다카우
강제수용소Concentration Camps of Dachau에서 해방될 때까지(부모·처는 분리
수용되고 종전 전에 수용소에서 죽었음) 눈 뜨고는 볼 수 없는 극한 상황에서 인
간이 실현할 수 있는 의미의 가능성을 몸소 체험하였다.

프랑클은 다음과 같이 말한다.

제2장 삶의 의미를 찾는다

인간은 미래를 기약함으로써 생존이 가능하다. 인간의 '자유'는 생물학적·심리학적·사회학적인 제반 조건으로부터의 자유가 아니라 이들 조건에 대하여 어떤 태도를 취할 수 있는가 하는 자유라고 보았다.[1]

이 말은 그가 수용소의 처참한 잠정적인 생존의 체험을 통해서 나온 말이라는 점에서 그 누구의 말보다도 믿음이 가는 말이다. 그가 기적적으로 생환 후 1946년에 강제수용소에서 겪었던 체험을 『한 심리학자의 강제수용소 체험*Ein Psycholog erlebt das Konzentrationslager*』 (1946)이라는 책으로 낸 것은 너무도 유명하다. 불과 9일 동안에 탈고했다는 이 책은 나치의 비인도적 행위를 폭로하기 위하여 썼던 것이 아니라 극한 상황에 처해 있는 인간의 꾸밈없는 진솔한 모습을 체험을 통해 밝히려는 데 있었다.

이 책은 특히 미국의 젊은 세대들에 의해서 열광적인 지지를 받았으며, 18개국에서 번역되었고, 1985년 영문판만으로도 900만 부에 달할 정로로 우리들의 심금을 울렸으며 인생의 깨달음을 주었다.

1991년 미국 국회 도서관의 발표에 의하면, '나의 인생에 가장 큰 영향을 준 책'이라는 조사에서 베스트 10에 들어갔던 책이며 특히 심리학, 정신의학관련 책으로서는 이 책 한 권뿐이었다.

실존 철학자 칼 야스퍼스Karl Jaspers(1883~1969)는 이 책을 "금세기의 가장 중요한 책의 하나이다."라고 절찬했으며, 내담자 중심 요법

---

1) V. E. Frankl. *Man's Search for Meaning*, Revised and Updated, New York : Washington Square Press. 1984. p.94; 본서는 *Ein Psycholog erlebt das Konzentrationslager*, Wien : Verlag für Jugend und Volk, 1947. 독일어판을 영문으로 1959년 Boston : Beacon Press에 의해서 번역된 것이며, 다시 1962년, 1984년에 New York : Washington Square Press에 의해서 출판되었음.

의 칼 로저스Carl Ransom Rogers(1902~1987)도 "이 책은 20세기 후 반세기에 있어서 심리학적 사고 가운데서 가장 두드러진 업적의 하나이다."라고 격찬을 아끼지 않았다.

이 책에는 내게 가장 강한 인상을 주었던 다음과 같은 장면이 있다.

잠정적인 생존에 지나지 않는 수용소 생활에서 살아 갈 희망을 잃고 '이젠 내 인생에서는 아무것도 기대할 수가 없다'고 절망하여 자살을 결심한 두 사람의 수용자(유태인)에게 프랑클은 다음과 같은 대화를 나누었다고 한다.

당신들은 인생에서 이젠 아무것도 기대할 수 없다고 생각하고 있을지 모르겠다. 인생의 최후의 날이 언제 찾아올지도 모르기 때문에 그렇게 생각하는 것도 무리는 아니라고 본다. 나치의 손에 의해서 가스실로 가기보다는 스스로 생명을 끊는 것이 낫다고 생각하는 것은 조금도 이상한 일이 아니다.

그렇지만 인생을 긍정적으로 생각한다면, 인생은 당신에 대한 기대를 버리지 않고 있다. 어딘가에는 '당신을 필요로 하는 무언가'가 있으며, '당신을 필요로 하고 있는 누군가'가 있을 것이다. 그렇기 때문에 그 '무엇'과 그 '누구'는 당신에게 발견되기를 기다리고 있는 것이다.

이 말을 들은 두 사람은 자신의 어리석음을 깨닫고 자살하려는 마음을 바꾸게 되었다고 한다.

한 사람은 외국에서 자기와의 만남을 학수고대하고 있는 딸이 있었으며, 또 한 사람은 과학자로서 한 과학총서의 저작이 자기 손에 의해서 완성되기를 기다리고 있다는 것을 깨달았기 때문이다.

인간이란 자신의 운명을, 그리고 이 운명이 몰고 온 시련을 어떻게 받아들이느냐, 어떻게 자신의 십자가를 메고 가느냐에 따라 가장 어려운 시련에서도 자기의 인생에 보다 심오한 의의를 보태주는 기회를 만들 수가 있으며 사는 이유를 발견할 수가 있다.

그러기에 러시아의 대문호 도스토예프스키Fyodor Mikhailovich Dostoevski (1821-1881)도 '내가 두려워하는 것은 내가 받는 괴로움에서 보람을 찾을 수 있는가 없는가에 있다'고 말하였던 것이다. 이 말은 역경에 처한 사람에게 줄 수 있는 가장 큰 울림의 인생의 교훈이라고 본다.

프랑클의 절대적인 인생긍정의 철학사상과 특히 그의 강제수용소 체험기가 주는 메시지는 실로 반세기에 걸쳐서 인생에 절망한 수많은 사람들에게 삶의 의욕을 주는 에너지원이 되어주었으며 공허와 좌절을 극복할 수 있는 정신을 고무시켰다.

영어간행도서 저자목록 『*Who's Who*』(1991)2)의 편집자 로버트 슐러Robert Schuler의 "선생님의 인생과 업적을 한마디로 요약한다면 무엇이라고 말씀하실 수 있습니까?"라는 인터뷰에서 프랑클은 "나는 다른 사람들이 인생의 의미를 발견하는 것을 돕는 데서 내 인생의 의미를 발견했습니다."라고 말했다고 한다. 참으로 프랑클만이 대답할 수 있는 감동을 주는 교훈이다.

답은 이미 주어져 있다

내게 있어서 프랑클은 단순한 학문적인 '연구대상'이 아니라 그 이상의 의미를 주고 있다. 프랑클은 나에게 어떤 어려운 일이 있을 때면 삶의 정신적 버팀목이 되어 주었으며 그런 의미에 있어서 그는

---

2) V. E. Frankl, How to find meaning in life, *In : Possibilities*, March/April, 1991, pp.8~12.

내게 '특별한 존재'였다.

프랑클은 1997년 9월 2일 현지시간, 심장병으로 인하여 빈Wien 시내의 자택에서 92년의 생애를 마감함으로써 그의 생애가 더욱 빛났음을 절감하였다. 때문에 그의 죽음은 많은 사람들에게 '독특한 상실감'을 안겨 주었다. 단순히 저명한 학자를 잃었다는 기분보다는 초조와 불안 속에서 방황하던 사람들에게 정신적인 기둥이 되어준 분을 잃었다는 점에서, 그의 죽음은 삶의 의미를 찾고자 하는 사람들에게 있어서는 독특한 상실감을 주는 죽음이었다.

참으로 프랑클은 '실존적 공허das existentielle Vakuum' 또는 '실존적 좌절die existentielle Frustration'에 빠져 있고 정신적으로 방황하고 있는 사람들에게 용기와 희망을 주었다. 그가 남긴 말 가운데, 어떤 고통을 주는 극한 상황 속에서도 이를 극복할 수 있는 다음과 같은 말은 천금과 같다.

> 인간이 인생의 의미에 관해서 묻기 전에 오히려 매일 매 시각, 인생으로부터 질문을 받고 있다고 보아야 한다. 절망에 허덕이는 사람들에게 가르쳐 주어야 할 것은 인생에서 무엇을 기대하는 것이 중요한 것이 아니라 인생이 우리에게 무엇을 기대하고 있느냐이다.[3]

그는 또 더 감동적인 명언을 남겼다.

> 인간은 인생으로부터 물음을 받고 있는 존재이다. 자기인생에게 삶의 의미를 물을 것이 아니라, 인생으로부터의 물음에 답을 하지 않으면 안 된다. 그리고 그 답은 인생으로부터 오는 구체적인 물음에 대한 구체적인 답이 아

---

3) V. E. Frankl, *Man's Search for Meaning*, p. 98.

니면 안 된다.[4]

프랑클이 여기서 말하고 있는 것은 무엇일까?

우리는 '무엇 때문에 살고 있는가?', '인생에 의미 같은 것이 있는 것일까?'라고 괴로워하지만 생각하는 관점을 바꾼다면 그런 일에 고민할 필요는 조금도 없다는 것이다.

왜냐하면, 우리가 해야 할 일＝실현시켜야 할 의미와 사명은 우리가 그렇게 고민하든 그렇지 않든 상관없이, '나를 초월한 저너머'로부터 이미 나의 존재 속에 와 있기 때문이다. '우리가 무엇 때문에 살고 있는가?'의 물음에 대한 답은 우리가 그렇게 고민하지 않아도 이미 내 인생에 주어져 있는 것이다.

우리가 해야 할 일은 항상 우리 인생의 기반 속에 이미 와 있는 '의미와 사명'을 발견하고 실현시키는 일이다. '자기의 인생에는 어떤 의미가 주어져 있으며, 어떤 사명이 부과되어 있는가'를 발견하고 실현하는 일이다.

이렇듯 우리는 우리가 발견하고 실현해야 할 '의미와 사명'이 무엇인가의 물음을 인생으로부터 발문당하고 있다는 것이다. 프랑클이 '인간은 인생으로부터 물음을 받고 있는 존재'라고 말한 것도 이러한 의미를 말한다.

이런 점에서, 어떤 사람의 어떤 인생에도 해야 할 사명이 있고 채

---

4) V. E. Frankl, *Ärztliche Seelsorge : Grundlagen der Logotherapie und Existenzanalyze*, Franz Dueticke, 1946 ; *The Doctor and the Soul : From Psychotherapy in Logotherapy*, New York : Afled A. Knopf, Inc. Second expanded edition, 1965 ; paperback edition, New York : Vintage Books, 1977.

워야 할 의미가 주어져 있다는 것을 다시 한번 생각하게 한다.

자기 운명의 기구함을 한탄하는 나약한 태도를 버리고 자기 인생에 이미 주어진 삶의 '의미와 사명'에 눈을 뜨지 않으면 안 된다. 인생과 나와의 이 진실된 관계를 받아들이는 태도야말로 역경을 극복하는 출발점이 될 것이다.

생명력에 눈을 뜨다

어린이를 제외한 모든 사람의 경우, 사람마다 자신에 대해서 내리고 있는 정의가 있고 자신에 대해서 품고 있는 신념이 있다. 이를 자기개념self-concept이라고 한다면, 자신감이나 자존감과 같은 긍정적 자기개념positive self-concept을 갖고 살아가는 사람도 있고 또는 '나는 이젠 틀렸다', '나는 쓸모가 없다'고 생각하는 부정적 자기개념 negative self-concept을 갖고 사는 사람도 있다.

자기개념이란, 거기에 적합한 것만을 받아들이는 선택효과의 의미를 갖고 있기 때문에 자기가 가지고 있는 자기개념을 일층 강화하는 '순환'의 기능 = 자기개념의 '순환효과circular effect of self-concept'를 갖는다는 것을 알아 둘 필요가 있다. 예컨대 자기는 '독서력이 떨어진다'고 생각하는 부정적 자기개념을 가지고 있는 사람은 독서를 가급적 피하려고 하기 때문에 결국은 독서력을 더 저하시키는 경우와 같다.

이 부정적 자기개념의 순환효과는 여러 가지 형태로 나타난다. 심한 경우에는 자기를 위험한 극한 상황에까지 몰고 가서 자살까지 결심하게도 한다.

이런 경우, 자살을 하느냐 아니면 '살아야겠다'고 생각을 하느냐의 갈림길은 의외로 순간적으로 선택된다. 그것은 '자기의 고뇌'에 대한 집착으로부터 벗어날 수 있느냐 없느냐에 의해서 결정된다. 더 나아가서는 자기 존재가 '자기를 초월한 아주 크고도 숭고한 생명의 흐름' 가운데서 마치 대양속의 물방울 같은 아주 미소한 존재지만 자기도 중요한 존재라는 것을 마음속 깊이 절감할 수 있느냐 없느냐에 의해서 결정된다.

사람들 가운데는 살다보면, 어떤 역경 속에서는 순간적으로 '자기를 초월한 어떤 큰 생명력'의 도움을 받아 살고 있는 자기를 발견할 때가 있다. 마치 큰 강물의 흐름과도 같은 또는 대자연, 대우주의 진화 운동과도 같은 '생명운동'의 큰 흐름 속에서 내가 살고 있는 것이며, '나'는 그 크고도 큰 생명운동에 의해서 살고 있음에 지나지 않다는 것을 발견할 때가 있다.

이렇듯 자기를 초월한 생명력에 눈을 뜨게 될 때 '나의 고민·문제'는 정말로 너무도 작아서 아무것도 아니라는 것을 깨닫게 됨과 동시에 자기고민의 집착으로부터 벗어날 수가 있으며 삶의 의욕을 되찾을 수가 있다.

구하면 구할수록 채워지지 않는다 : 행복의 패러독스

프랑클의 인생에 대한 관점을 그대로 받아들이는 일은 현대인의 생활태도나 인생에 대한 가치관의 근본적인 전환을 의미한다.

우리는 통상 인생을 '자기가 하고자 하는 것'을 실현시켜가는 과정이라고 생각하고 있다. 자기의 꿈을 실현하며, 희망과 소망을 실현하고, 목표를 달성해 가는 과정처럼 생각한다.

물론 자기가 하고자 하는 것을 실현시켜 가는 것 자체는 나쁜 일은 아니다. 그러나 '행복해지고 싶다'고 하는 인간의 욕망에는 끝이 없다. 전에 바라던 지위를(제물을) 얻고 나면 이번에는 더 높은(많은) 지위를(재물을) 바라게 되며, 어느 정도 유명해지면 더욱 명성을 얻고자 한다.

이와 같은 욕망의 상승은 사람들이 살고 있는 세태에서 볼 수 있는 너무도 당연한 현상이다. 그러나 문제가 되는 것은 '행복해지고 싶다'고 하는 욕망에 쫓기고 있는 인간은 어디까지 가도 자신의 만족을 채울 수가 없게 된다는 데 있다.

더구나 현대 소비사회가 정보화를 매개삼아 욕망을 자유롭게 창출해가는 사회이고 보면 '적정 필요를 넘어선 욕망'의 무한 공간 속에 살고 있는 우리의 욕망은 넘치는 정보에 의해서 끝없이 자극받고, 부풀어서, 팽창을 계속하고 있다. 때문에 한 욕망을 채움과 동시에 바로 다음의 새로운 욕망에 사로잡히게 된다. 이렇듯 현대사회를 살고 있는 우리는 끊임없이 '무언가 부족하다' '무언가 만족하지 않다'고 하는 '결핍감缺乏感'에 사로잡혀 '영원한 불만 상태'에 떨어지게 된다는 것이다.

이 경우에 행복이란, 그것을 구하면 구할수록 우리의 손으로부터 우리도 모르는 사이에 빠져나가 버리며 멀어져간다고 하는 인생의 역설적인 진실인 행복의 패러독스를 알지 않으면 안 된다. 그러기 때문에 옛부터 철학자들은 이 인생의 진실을 말했으며, 끝이 없는 욕망의 함정에 빠지는 일이 없도록 경계할 것을 당부하였다.

프랑클도 이런 인생의 함정으로부터 사람들을 구제하기 위하여, 굴절된 '인생에 대한 기본적인 태도', '기본적인 인생철학'을 180도 전환할 것을 권장하고 있다.

요컨대 '내가 하고 싶은 것을 하는 것이 인생'이라고 보는 인생관에서부터 '내가 해야 할 것, 내가 이 세상에 태어난 의미와 사명을 실현시키는 것이 인생이다'라고 보는 인생관으로의 전환이 필요하다는 것이다.

이와 같은 생활방식의 전환이야말로 '욕망의 포로'와 '영원한 불만상태'에 사로 잡혀 초조하게 살고 있는 상태에서 탈출하여, '나는 해야 할 때, 해야 할 곳에서, 해야 할 것을 하고 있다'고 하는 '사는 의미'의 감각에 충만한 삶을 살아가기 위해서 필요하다고 프랑클은 말하고 있다.

이런 점에서 프랑클 심리학에서는 인생에 대한 종래의 심리학의 물음에 역행하고 있는 것이다.

지금까지의 심리학에서는 다음과 같이 자문自問하는 것이 관행처럼 되어 왔다. '내가 진정으로 하고 싶은 것은 무엇일까?', '나의 인생의 목표는 무엇일까? 어떤 희망과 소망을 실현시켜야 하는 것일까?'

이와 같은 자문은 '행복의 획득을 목적으로 하는 물음'이다. 이런식의 자문은 욕망을 점점 복돋게 되며 드디어 자신을 '욕망의 함정'에 빠뜨리게 한다.

그러나 프랑클 심리학은 이와 같은 자신에 대한 물음을 다음과 같이 뒤집어서 자문하는 형식으로 바꾸어 설명한다.

'나는 나의 인생이 내게 무엇을 하기를 바라고 있는 것일까?'

'나를 진정으로 필요로 하고 있는 사람은 누구일까? 그 사람은 어디에 있는 것일까?'

'내게 바라고 있는 해야 할 그 무엇과 나를 필요로 하는 사람을

위해서 내가 할 수 있는 것은 무엇일까?'

　프랑클 심리학에서는 끊임없이 이와 같은 자문을 하면서 살아갈 것을 권장한다. 요컨대 프랑클 심리학이 우리에게 바라고 있는 것은 '욕망중심의 생활방식'으로부터 '의미와 사명중심의 생활방식'으로의 전환이다.

　'하고 싶은 것을 하는 생활방식'으로부터 '하지 않으면 안되는 일을 하는 생활방식'으로의 전환에 의해서만, 우리의 인생은 욕망의 집착으로부터 해방된 아주 훌륭하고도 멋진 인생을 만들어 갈 수가 있으며, 사는 '의미와 사명'의 감각에 충만된 인생으로 바꿔갈 수가 있다는 것을 가르쳐 주고 있다.

　이와 같은 '의미와 사명중심'의 생활태도로 바꿔지게 되면 '인생의 문제'와 '고뇌'에 대하는 태도도 달라지게 된다. '욕망중심의 생활방식'이나 '하고 싶은 것만을 하는 생활방식'으로 사는 경우에는 '문제와 고뇌'를 즉시 제거해버리지 않으면 안달이 나서 불안해 한다. 이런 사람은 질병은 빨리 완치되어야 하고, 등교거부의 어린이는 빨리 학교에 가야만 한다는 생각으로 꽉 차있으며, '문제와 고뇌'를 자기 마음과 같이 빨리 처치해버리지 않으면 안 될 대상으로만 생각하게 된다.

　이와는 달리 프랑클이 말하는 '의미와 사명중심'의 생활방식이나 '해야 할 것을 하는' 생활방식으로 바꾼 사람은 자기가 직면한 문제에 대하여 이와 같이 생각할 것이다.

　질병, 인간관계의 부조화, 구조조정으로 인한 실직, 어린이의 등교거부와 가정폭력 등 이와 같은 문제가 일어나게 된 데에는 무언가 거기에 '의미'가 있다고 생각하며, 이들 사건을 통해서 인생이 내게 어떤 물음을 던지고 있다고 생각한다.

이와 같은 사건들은 과연 내게 무엇을 의미하고 있는 것일까? 이들 사건을 통해서 인생은 내게 무엇을 깨닫게 하고, 무엇을 배우도록 하려는 것일까? 라고 말이다.

프랑클 심리학은 이점을 중시하며, 동시에 이런 식의 문제접근을 함축하고 있는 것이 트랜스퍼스널 심리학의 시각이다.

요컨대 인생에서 일어나고 있는 사건들은 설혹 그것이 아무리 힘들고 괴롭다 할지라도, 문제가 일어나게 된 데에는 무언가 의미가 있기에, 무언가에 대해서 '깨닫고' 무언가를 '배우도록' 재촉하고 있는 것과 같다. 인생이란, 우리에게 있어서, 그와 같은 '배움'과 '깨달음'을 얻는 과정이며 정신적 성숙과 영성 성장의 기회이자 '시련'의 장인 것이다.

일하는 데서 찾는 '사는 보람' ― 창조가치
schöpferische Werte : creative value

프랑클은 어느 때나 인생에는 '해야 할 것', '실현해야 할 의미'가 반드시 있기 때문에 이것이 발견되고 실현되기를 기다리고 있다는 것을 말하고 있다.

독자들 가운데는 '그렇다면 내 인생에는 어떤 의미가 숨어 있으며, 그것이 실현되기를 기다리고 있는 것일까?' '나는 나의 인생이 내가 무엇을 하기를 바라고 있는 것일까?'라고 자문하는 사람도 있을 것이다.

바로 이와 같은 자문을 통해서 자기가 실현해야 할 '의미'를 찾으려고 마음먹는 것은 매우 바람직한 일이다. 이 경우에 의미를 찾기 위한 지표로서 프랑클은 '세 가지 가치의 영역'을 제시하였다.

그에 의하면 인생에 있어서 실현해야 할 의미를 찾기 위한 지표로서 창조가치創造價値, 체험가치體驗價値, 태도가치態度價値를 제시하고 있다.[5]

다음은 이 세 가지 가치영역을 염두에 두고 이를 지표삼아 자기가 '실현해야 할 의미', '자기가 해야 할 것'이 무엇인가를 찾아보기 위한 방법이다.

첫번째의 창조가치는 무언가 하는 일을 통해서 실현되는 가치이다. 나에 의해서 이루어지기를 기다리고 있는 일, 나에 의해서 창조되기를 기다리고 있는 예술작품을 통해서 실현되는 가치이다.

이 경우에도 중요한 것은 내게는 내가 하지 않으면 안될, '무언가'가 있으며, 내게는 나에 의해서 실현되기를 기다리고 있는 의미있는 것이 있다는 것을 자각自覺하는 일이다. 왜냐하면 자각할 때만 '내가 하지 않으면'이라고 하는 의욕과 책임의식이 솟아나기 때문이다.

때문에 같은 일을 한다 해도, 소일거리로 일을 하는 경우와 '이 일은 내가 해야 할 일이다'라는 자각 하에서 일을 하는 경우는 전혀 의미가 다르다.

베토벤Ludwig van Beethoven(1770~1827)의 경우와 같이 만년에 난청難聽의 장애를 극복하여 세계 음악사상 불후의 작곡을 남겨 낭만주의

---

5) V. E. Frankl, *The Will to Meaning : Foundations and Application of Logotherapy*, New American Library, 1969 ; "Dynamics, Existence, and Value" *J. exist. Psychiat.*, *2*, 1961a, p.5.

음악의 기초를 닦아 놓은 것은 '창조가치'실현의 대표적인 인생이었다고 볼 수 있다.

프랑클이 수용소의 포로로 잡혀가서, 소독장 가건물 앞에서 모든 소지품을 빼앗길 때에 상의 안감 속에 숨겨 두었던 자신의 처녀작인 『의사에 의한 정신의 치유*Ärztliche Seelsorge : Grundlagen der Logotherapie und Existenzanalyse, Franz Deuticke*』(1946) 원고까지 빼앗기고 나서, '이대로 죽을 수는 없다'는 다짐과 자기가 꼭 완성시켜야 할 '일'이라는 사명감과 집념 때문에 쓰레기장에 버려진 종이 쪼가리에 속기용의 기호로 원고를 복원시켰다고 하는 사실은 너무도 유명한 일화로 우리에게 전해지고 있다. 참으로 감동을 주는 창조가치의 실현이었다.

'자기의 이론이 세상에 알려지기 전에는 이대로 죽을 수가 없다'는 그의 강한 일념이 수용소의 극한 상황 속에서도 프랑클에게 삶의 의욕을 북돋아주었으며, 그의 이 강인한 삶의 의욕이 데뷔작을 출판하게 하였고 세상에 알릴 수 있게 한 '창조가치'실현의 원천이 되었던 것이다.

그러나 '창조가치'의 실현에 있어서 중요한 것은 하는 일의 '활동반경의 크기'나 '직업의 귀천'의 문제가 아니라, 그 사람이 '사명권使命圈을 얼마만큼 충족시키고 있느냐가 중요하다'는 것을 프랑클은 강조한다. 예컨대 어떤 직업에 종사하고 있느냐가 중요한 것이 아니라, 자기에게 주어진 일에서 얼마만큼 최선을 다하고 있느냐가 중요하다는 것이다. 다시 말해서 활동범위의 크기가 문제가 아니라 자기가 하는 일에 얼마나 책임을 갖고 완수해 내려는 정신적 자세를 갖고 있느냐가 중요하다.

그렇다면 독자 여러분이 당신의 인생에서는 무엇이 당신에 의해서 실현되기를 기다리고 있으며, 사명권과 활동반경의 크기 중 자기가 어디에 속해 살아가고 있는가를 성찰해 보는 것은 삶의 의미를 찾는 데 매우 뜻있는 시간이 될 것이라고 본다.

체험을 통한 '삶의 보람' — 체험가치
Erlebniswerte : experiential value

두번째의 가치는 무언가를 체험함으로써 얻는 가치이다. 그것은 자연의 체험이나 예술의 체험, 누군가를 사랑함으로써 실현되는 가치이다. 진·선·미의 체험이나 사람과의 만남을 통해서 무언가 깊은 뜻을 내면화시킴으로써 실현되는 가치라고 볼 수 있다.

하루의 일과를 마치고 집으로 돌아가는 길에 서산에 펼쳐지고 있는 현란한 낙조현상의 아름다움을 보았을 때의 감동, 설악산 정상에 올라서서 내려다보이는 자연의 아름다움에 압도당하는 심미적 감정, 음악회에서 연출되는 심포니에 감동되어 있는 심취心醉 상태 등, 이런 순간에 누군가가 자기에게 '인생에 의미는 있습니까?'라고 물었을 때, 이때의 대답은 오직 하나 '이 순간을 위해서 태어났다'고 대답할 수밖에 없는 체험을 통해서 맛볼 수 있는 가치이다.

이 경우의 체험은 인간학적 심리학humanistic psychology의 길을 열어 놓은 에이브러험 메슬로Abraham Harold Maslow(1908~1970)가 말하는 절정체험peak experience과 같은 것이다. 이 지고지상至高至上의 감정은 누군가를 사랑하는 체험에 있어서는 더욱 숭고하게 빛나게 된다.

프랑클은 다음과 같은 사례를 들어 설명하고 있다.

중증장애아를 키우고 있는 어느 어머니가 어린이를 '신처럼 높이어 소중히 여겼고 한없이 사랑했다'는 예를 인용하고 있다.

어머니의 아낌없는 희생과 무조건적인 사랑의 보살핌에도 불구하고, 어린이는 걸을 수도 말할 수도 없게 되었다. 그러나 어머니는 포기하지 않고 사랑의 힘으로 어린이를 위해서 밤낮을 가리지 않고 열심히 일했으며, 여기서 번 돈으로 약을 사서 정성껏 치료하고 어린이를 품에 안아 즐겁게 해주었을 때, 어린이가 미소짓는 얼굴과 부드러운 손으로 어머니의 얼굴을 어루만졌을 때 어머니는 이렇게 말했다고 한다.

"이때가 가장 행복하였다. 어떤 힘든 일이 있어도 한없이 행복하였다."[6]

이렇듯 자기를 필요로 하는 누군가를 사랑한다고 하는 행위는 사랑하는 사람 자신의 삶의 의욕과 의미에 연결된다고 하는 것을 생각할 때 정말로 지고지순한 체험의 가치가 아닐 수 없다.

또 하나는 어느 병원에 입원한 할머니의 사례이다.

이 할머니는 3개월밖에 살 수 없다는 의사의 진단을 받은 사람으로서, 살날이 얼마 남지 않았음을 안 그녀는 갈수록 자기중심적 태도가 심해졌으며, 병문안 온 가족이나 회진하는 간호사에게도 거친 태도를 보이기 시작했다. 뿐만 아니라 외모와 몸가짐에도 전혀 관심을 갖지도 않았다. 그러던 그녀가 어느 날 아침 창밖을 보고 있을 때, 그녀의 눈에 문득 초췌한 샐러리맨들의 모습이 비쳤다.

할머니는 여기서 '인생에서 절망하고 있는 것은 나만이 아니다'라

---

6) V. E. Frankl, …trotzdem Ja zum Leben sagen, Franz Deuticke, 1946.

는 생각에 눈을 뜨게 되었으며, 다음 날부터 할머니는 간호사의 도움을 받아 용모도 단정히 하고 휠체어를 타고 밖으로 나가서 출근을 서두르는 샐러리맨들에게 미소짓는 얼굴로 아침 인사를 하는 등 삶의 의욕이 되살아났다.

여기에 재미를 붙인 할머니는 매일 아침 밖에 나가서 인사하는 것이 하루 일과의 시작처럼 되었다. 이런 생활에서 사는 보람을 찾았던 할머니는 예정보다 3개월 더 살 수가 있었다고 한다.

앞에서 든 사례는 사람을 사랑하며 사람에게 즐거움을 주고 있는 데서 즐거움을 찾는 생활이 그 사람 자신의 삶의 의욕을 키우는 좋은 예라고 본다.

최근 붐을 타고 있는 자원봉사 활동도 이 '체험가치'가 기초가 되고 있다. '자기를 필요로 하는 사람이 있다', '자기가 하는 일을 기쁘게 생각할 사람이 있다', '자기도 사람들에게 필요하다'라는 생각이 체험가치를 만들게 한다. 이와 같은 의식이 자원봉사를 하는 사람의 마음을 채워줌으로써 삶의 의욕을 높여주며 삶의 의미를 체험하게 된다고 볼 수 있다.

그렇다면 독자 여러분은 당신의 인생에서 누가 당신을 필요로 하고 있는 것일까 한 번쯤 생각해 보는 시간을 갖는 것도 의미있는 삶의 출발점이 되리라고 본다.

'운명'에 대한 태도에 있어서의 삶의 보람 ― 태도가치
Einstellungswerte : attitude value

자기에게 주어진 운명에 대해서 또는 어떻게 바꿀 수도 없는 운명에 직면했을 때 여기에 대해서 취하는 태도에 의해서 실현되는 가치이다.

'바꿀 수가 없는 운명'이란 죽음과 질병, 각종 장애와 같은 비극적 상황만이 아니다. 어떤 집에 태어났으며, 어떻게 성장했고, 어떤 학교를 졸업했으며, 어떤 회사에 근무했고, 어떤 사람과 결혼을 했는지 등, 이와 같은 여러 가지 과거 요인이 그 사람의 바꿀 수 없는 운명을 만들게 된다.

이렇듯 모든 사람은 자기가 짊어지지 않으면 안될 과거를 갖고 있으며 바꿀 수 없는 운명을 가지고 있다. 인간은 이 운명에 대해서 스스로 어떤 태도를 취하며, 자기 운명을 어떻게 받아들이며, 여기서 자기 인생을 어떻게 만들어 갈 것인가에 대해서 인생으로부터 물음을 당하고 있는 존재인 것이다. 이 물음에 대해서 취하는 태도에 의해서 실현되는 가치가 태도가치態度價値인 것이다.

프랑클은 "사람에게는 이 태도가치가 있기 때문에 인생에 의미가 있다는 것을 결코 부정할 수가 없다. 창조가치와 체험가치를 다 빼앗긴 사람이라 할지라도 이 태도가치만은 빼앗아 갈 수가 없다."[7]고 본 것이다.

이런 관점에서 프랑클은 세 가지 가치군 가운데서 태도가치를 가장 중요시한 것이다. 그러기에 그는 '수난의 의미suffering meaning'를 강조했던 것이다. 때문에 인간의 '자유'는 조건으로부터의 자유가 아니라 조건에 대하여 어떤 '태도'를 취할 수 있는가의 자유라고 말한 것이다.[8]

---

7) V. E. Frankl, *The Will to Meaning : Foundations and Applications of Logotherapy*, New American Library, 1969.
8) V. E. Frankl, *Mans Search for Meaning*, p.153.

프랑클은 '태도가치'를 설명하기 위하여 자기가 젊었을 때 근무했던 병원의 입원 환자의 사례를 들고 있다.

"중증의 척수종양으로 입원하고 있는 한 젊은 광고디자이너는 마비 때문에 창조가치를 실현할 수 없게 되었다. 그러나 그는 다른 환자들과 정신적인 깊은 대화를 나누며, 오히려 그들을 위로하고 용기를 주며, 많은 양서를 읽고 라디오로 좋은 음악을 감상하는 등 풍부한 체험가치 실현의 기회를 가졌다. 그러나 병세가 악화되어 리시버를 귀에다 꼽을 수도 없게 되었다. 그럼에도 불구하고 그는 절망하지 않고 이를 태도가치 실현의 기회로 바꾸었던 것이다.

죽음이 다가온 전날 그는 이미 죽음을 예견하고 있었다. 당직의사가 통증이 심할 때면 진통제로 모르핀을 주사하게 되어 있는 것을 알고서 오후의 회진의사에게 석양에 주사를 끝내 주도록 부탁했다. 이는 의사가 자기 때문에 심야에 자다 일어나지 않아도 괜찮도록 하기 위한 깊은 배려에서였다. 이 얼마나 여유 있는 사람의 태도인가. 다른 사람은 자신에 대한 슬픔이나 두려움에 가득 차 있어도 이 젊은 디자이너는 전혀 이상하게 생각하지 않고 죽음 직전까지도 남을 위해 배려하는 태도결정은 고귀함 바로 그것이라고 말할 수밖에 없다. 이와 같은 초연한 태도야 말로 태도가치의 진수인 것이다.[9]

프랑클은 이 젊은 환자의 운명 수 시간 전에 보여준 다른 사람을 배려할 정도의 마음의 여유와 의연한 태도에 대해서 말하기를 인생

---

9) V. E. Frankl, Fragments from the logotherapeutic treatment of four cases. In Arthur Burton(Ed.), *Modern Psychotherapeutic Practice : Innovation in Technique*, Palo Alto : Science & Behavior Books, 1965, p.45.

의 가장 훌륭하고 의미있는 업적이라고 보았으며, 이는 직업상의 업적이 아니라 인간의 가장 숭고한 아름다움에서 우러난 그 어떤 것과도 비할 때 없는 업적이라고 보았다.

앞에서 든 사례가 말해주고 있는 바와 같이 인생은 죽는 순간까지도 의미를 잃어버릴 수는 없다. 숨을 거둘 때까지 삶에 의해서 '실현되어야 할 의미'는 없어지는 것은 아니다. 인생이 끝날 때까지 '의미'는 끊임없이 그 사람과 관계를 맺고 있으며 그 사람에게 발견되고 실현되기를 기다리고 있는 것이다. 이런 점에서 프랑클은 자살행위를 단호히 부정하였다.

프랑클에 의하면 '자살'은 장기將棋; chess를 둘 때에 궁지에 몰려 어떻게 하면 좋을지 모르는 사람이 장기판을 뒤집어 버리는 것과 같은 것이라고 보았다. 자살행위는 장기를 두는 룰의 위반인 것처럼 '인생의 룰을 위반하고 있는 사람'이라고 보았다.

장기를 둘 적에 수단 방법을 가리지 않고 이기는 것은 잘한 일도 아니거니와 결코 이를 허용하지도 않는다. 오직 규칙의 범위 내에서 승부를 가리기 위하여 최선을 다하지 않으면 안 된다. 이와 마찬가지로 인생의 룰도 수단 방법을 가리지 않고 인생의 승리자가 되는 것은 허용되지 않으며, 인생의 룰의 범위 내에서 최선을 다하는 의미있는 의지의 실현만이 허용된다.

사람들 가운데 자기의 인생에는 이미 실현할 수 있는 어떤 의미도 없는 것처럼 단정해버리는 이도 있다. 그리하여 '이런 인생, 이젠 살아봤자 기대할 것 하나도 없다'고 자포자기해버린다.

태도가치 실현과 밀접한 관계를 맺고 있는 방법으로서는 카운슬링의 기법에 '리프레이밍[10])'이라는 기법이 있다. 이 기법은 변경 불가능한 '운명', '사태', '문제'에 대한 '태도'와 '의미부여'를 바꾸게 할 수 있다는 것을 전제로 한 기법이다.

프랑클도 실존적 공허를 치료하기 위한 '실존적 대화existential dia-logue'에 있어서, 환자 자신의 운명에 대한 '부정적 의미부여'를 '긍정

---

10) reframing이란 어떤 '사실'에 대하여 의식적 또는 무의식적으로 자기의 과거 감각체험이나 선행지식에 근거하여 생각하고 있는 부정적인 '의미부여'를 희망적인 의미로 바꾸기 위하여 그 사람이 갖고 있는 사고의 틀frame을 재구성하는 체계적인 '개입 intervention'의 기법이다. 의미가 바뀌지고 재정의redefining되면 그 사람의 반응이나 행동은 변하게 된다. 요컨대 문제가 되었고 부정적으로 생각해 왔던 것을 그 사람의 '내적 자원resource'(과거에 만족했고 즐거웠던 시각적·청각적·체감각적인 일들)의 상태로 변환·회복(재생)시키는 기법이다. 이 기법은 대부분 패러독시컬한 과제를 수행시킬 때 유용하다. 또한 '구성주의constructivism―진리와 현실은 '찾아내다discover'이기보다는 '발명하다invent', '만들어내다construct'의 관점에서 관찰자의 참여에 의한 의식의 구성적 내용contents을 강조하는 인식론적 입장―의 관점에서 현대 가족치료법의 중심적인 연구과제로 되어 있다.
이 기법은 특히 신경-언어학적 프로그래밍Neuro-Linguistic Progra-mming(NLP)의 이론에 기초한 심리치료의 기법으로 연구 개발되었으며, 이는 종래의 전통적인 정신의학이나 임상심리학의 관점―긍정적인 것과 부정적인 것, 정상과 이상의 이원론에 근거한 사고방식이나 병태의 배제와 절단을 유일한 방법이라고 생각한 관점―과는 대극적인 지향성을 갖고 있음과 동시에 종래의 수준을 초극하고 있다.
NLP는 1970년대 중반 미국의 리차드 밴들러Richard Bandler와 존 그린더John Grind-er에 의해서 개발된 커뮤니케이션communication의 방법론이며 심리학적 어프로치에 대한 프로그램화 된 모델이다. 기실은 Bandler와 Grinder도 게슈탈트 치료Gestalt therapy의 창시자 프릿츠 펄스Fritz Perls(1893~1979), 가족치료family therapy의 제일인자 버지니아 사티어Virginia Satir(1916~1988), 정신과 의사로서 독창적 최면치료가인 밀톤 에릭슨Milton Erickson(1901~1980) 등의 치료과정에 대한 연구와 해석을 NLP의 기반으로 삼았다. 현재 NLP는 심리학·의학·카운슬링·교육관계자들을 비롯하여 경영자·변호사 등, 효과적인 커뮤니케이션을 필요로 하는 직업에 종사하고 있는 사람들로부터 관심과 지지를 얻고 있다. 요컨대 리프레이밍은 액세싱accessing(밖으로부터 입력된 정보를 처리하며 의식으로 표명해 가는 과정)의 변화에 도움을 주는 기법으로서, 또는 마음다스리기의 방법으로서도 널리 이용되고 있다. 이런 점에서 성공적이며 창조적인 삶을 사는 사람은 그렇지 못한 사람에 비해서 성공적·창의적인 방식으로 입력된 신경-언어학적인 프로그래밍의 내용에 따라 사는 사람이다. 다음 책을 참고할 것.
Richard Bandler & John Grinder, *Reframing : Neuro-Linguistic Programming and the Transformation of Meaning*, Moab, UT, Real People Press, 1981

적 의미부여'로 바꾸게 하는 역전의 발상에다 중심을 두었다.

예컨대 치료 불가능한 환자에게 질병을 제거하기 위하여 그것과 싸우는 '투병'보다는 태도를 긍정적인 방향으로 바꾸어 '병과 더불어 살아가면서' 치료하게 하는 것도 리프레이밍의 방법이기도 하고, 로고테라피logotherapy; 의미요법의 방법 중 하나이기도 하다. 이런 점에서 리프레이밍은 역설적인paradoxical 방법으로 문제를 해결하는 데 특히 효과적이다.

일반적인 관점에서 본다면 질병에 걸렸을 때는 당연히 병과 싸워서 건강을 회복하려는 태도는 필요하다. 그러나 만성화된 질병, 동맥경화·고혈압·당뇨병·만성류마티스 관절염 등은 태도를 바꿀 필요가 있다.

왜냐하면, 하루의 생활이 오직 투병으로 시작해서 투병으로 끝나게 되면 남은 여생이 음울한 투병의 연속이 되어버릴 뿐만 아니라 환자의 체력도 소모되어 병을 악화시키기 때문이다. 어느 유명한 암전문의가 암을 공격의 대상으로 보지 말고, 자기자신을 질병에 적응시켜 '공존'의 대상으로 보라고 한 말도 로고테라피의 역설지향paradoxical intention의 기법이나 리프레이밍에 근거한 말이다.

서울대학병원장을 지낸 H씨는 자신이 간암과 폐암에 걸려, 이를 완치하고 나서 이렇게 말하였다. "내게 있어서 병은 다스림의 대상일 뿐, 근절의 대상은 아니었다. 어느날 문득 내 몸에 찾아와서 살다가 때가 되면 돌아가는 손님같은 존재이다. 싸우지 말고 다스려라."[11] 이와 같은 체험담도 '암을 바라보는 태도'를 중요시 한데서

---

11) 한만청, 암과 싸우지 말고 친구가 돼라, 서울 : 중앙 M&B, 2001.

한 말이다.

사람이 태도를 바꾸게 되면, 어떤 경우에나 인생에는 의미가 없는 것이 아니라 다만 그 의미를 발견을 하지 못했을 뿐이라는 것을 알게 된다. 어떤 인생에나 의미는 반드시 있는 것이다.

때문에 우리는 인생을 결코 포기해서는 안 되며 포기할 필요도 없는 것이다. 당신이 당신의 인생에서 실현시켜야 할 의미는 반드시 어딘가에 있다는 것을 믿기 바란다.

켄 윌버에게 배우다

생사의 의미가 진화하는 우주의 흐름 속에 있다

우주에는 '자기진화의 힘'이 작용하고 있다.
그리고 인간은 우주의 자기진화의 일부임을 자각하고,
그 사명을 완수할 수가 있는 유일한 존재이다.
요컨대 자기의식을 갖는 인간은
'우주가 스스로를 보는 눈'이다.
우리의 생사를 통해서 우주가 꽃을 피우며,
우주의 의미가 만들어져 간다.

인간 생사의 의미는 우주의 자기진화의
흐름 속에 있다

'우주 속의 자기'라고 하는 감각

자기를 끝없는 대우주의 일부라고 하는 사실을 받아들이게 되면 우리는 우주로부터 삶의 의미의 감각과 에너지를 받을 수가 있을 것으로 본다. 예컨대 이와 같은 경우를 가상해본다.

하루의 직장생활을 마치고서 지친 몸을 이끌고 귀가하는 경우, 일은 뜻대로 잘 풀리지 않아 이를 고민하며 힘없이 터벅터벅 걸어가면서 내가 '무엇 때문에' 사는지를 실감할 수가 없어서 자기라고 하는 존재가 다만 주어진 일만을 기계적으로 처리하는 '로봇'처럼 생각되는 초라한 자신을 발견하는 경우를 가정해 보자.

이럴 때, 잠시 걸음을 멈추고 하늘을 쳐다보면서 다음과 같은 것을 생각한다고 하자.

끝없이 이어지는 이 무한한 우주 속에서 '지금·이 시대·이 지구의·이 나라의·이 곳에, 왜 '내'가 서 있게 되었는가?'

일견 우연하게 보이는 이 사실도 생각해보면, 끝없이 이어지는 시간과 공간 속에서, 딴 장소, 딴 시간도 아닌 바로 '지금·여기'에 내가 서 있게 된 데는 무언가 의미가 있다는 것을 생각하지 않을 수가 없다. 결코 우연이 아니라 인因과 연緣에 의해 그렇게 될 수밖에 없는 필연성에 의해서 내가 지금 여기에 있는 것이다.

우리는 무엇을 해도 좋고 안 해도 상관없는 그런 편리한 존재는 아니다. 또는 이곳에 있어도 좋고 있지 않아도 상관없는 그런 쓸모없는 존재도 아니다.

어떤 사람의 어떤 인생에도 의미가 있다.

우리는 모두 이 끝없는 대우주 속에서 각자 자기가 '해야 할 일', '실현시켜야 할 의미'와 더불어 지금, 여기에 존재하고 있다. 어느 누구에게나 그 사람이 생애에 완수하지 않으면 안 될 독자적인 '사명과 역할' = '그 사람이 이 세상에 태어난 의미'와 더불어 존재할 수 있도록 대우주 속에서 특정 시간과 공간이 주어지고 있는 것이다.

이와 같은 점을 이해하게 될 때 우리는 삶의 의미를 찾는데 있어서 크게 고무된다. 또 실의와 좌절에 빠졌던 마음에 점차 생기가 돌아 '있어야 할 상태'로 되돌아가는 것을 느끼게 된다.

트랜스퍼스널 심리학은 그 기초를 닦았던 에이브러햄 매슬로도 '우주에 중심을 둔 심리학'이라고 말했을 만큼, '우주 속의 자기'라고 하는 감각, 나아가서는 '우주와 나는 하나이다'라고 하는 감각을 매우 소중하게 생각하였다.

일찍이 중국(후진後秦)의 승조법사僧肇法師(374? 384?-414)도 그의 『조론肇論』에서 "천지는 나와 같은 뿌리에서 나왔고, 만물은 나와 한몸이다"(天地與我同根 萬物與我一體)라고 하였다.

이렇듯 트랜스퍼스널 심리학에는 동양 정신문화의 지혜가 많이 스며있다. 요컨대 동일한 우주로부터 태어난 '이 지구와 생태계와 인류는 하나이다'라고 하는 감각, 우주 만물과의 '연결감각'을 중요하게 생각한다.

이를 실제 현실적 감각을 살려서 좀더 사실적으로 생각해본다면 다음과 같이 말할 수가 있다.

우리는 통상 나는 살고 있다, 나는 생명을 가지고 있다고 생각하지만 엄밀히 생각해 보면 그렇지 않다. 오히려 대우주 전체에 스며 있는 '보이지 않는 힘의 작용'='큰 생명의 운동'이 먼저 있고 나서, 그 작용이 구체적인 모습으로 나타난 것이 '나'인 것이다.

하나의 큰 우주 수준의 '생명의 작용'이 먼저 있고 나서 그것이 구체적으로 '나'의 모습, '꽃'의 모습, '새'의 모습으로 나타난 것이다. 즉, '영원한 생명'이 '나'를 있게 하고, '꽃'을 피게 하고 '불'을 있게 한다. 이렇듯 하나의 큰 근원적인 생명이 차례로 변전만화變轉萬化하여 구체적인 모습을 낳았다고 본다.

만물의 본체는 이 영원한 '생명의 작용' 다시 말해서 구체적인 형상을 갖기 이전의 '작용 그 자체', '보이지 않는 차원의 작용', '우주 그 자체로 볼 수 있는 작용'이며, 이런 생명의 차원과 작용에 눈을 돌리게 되면 우주의 만물은 결코 분리시킬 수가 없는 '하나'임을 이해하게 된다.

이와같이 만물의 본체를 이해하게 되면 우리의 정체성 identity의 감각에도 변환이 일어나게 된다. 이 정체성 감각의 변화에 대해서 아인슈타인Albert Einstein(1879~1955)도 '인간은 우리가 우주라고 부르는 전체의 일부이며, 시간과 공간의 한계 속에 있는 일부이다. 인간은 자기 자신, 자신의 사고와 감정을 다른 것으로부터 분리된 것처럼 경험하지만 이는 일종의 착각이다'라고 말하고 있다.

우주에 작용하는 자기진화의 힘

설명에 들어가기 전에 먼저 독자에게 양해를 구하고자 하는 것이 있다. 그것은 우주에 관해서 생각할 때 우주를 인간으로부터 분리해서 생각해서는 안 된다는 점이다.

'우주宇宙'라고 하면, 우리는 흔히 밤하늘에 별들이 반짝이는 '저 높은 창공의 우주'를 생각해 버리곤 한다. 그래서 우리와는 별도로 저 멀리 떨어져 있는 세계와 같은 우주를 생각한다. 때문에 이런 우주를 생각할 때면, 우리는 그 우주를 인간과는 관계도 없고 어딘지 모르게 물질적이고 물리적인 것으로 이미지화 시킨다.

그러나 생각해보면, 이 지구도, 지구상의 각종 다양한 생명도, 식물도, 동물도, 나아가 지성과 정신성을 갖춘 인간도 역시 대우주의 중요한 일부인 것이다. 그러기에 우주에는 나와 너도, 꽃과 짐승도, 새와 물고기도 그밖에 만물이 함께 숨쉬고 있는 것이다.

우주의 이와 같은 점을 간파한 켄 윌버Ken Wilber(1949~)는 우주에 대한 의미를 다음과 같이 보고 있다.

"우주Kosmos의 본래 의미는 물질에서부터 마음 및 신神에 이르는 존재의 전영역이 본질에 걸맞게 형상화된 것이었으며 또는 그 과정을 의미하였다. 우리가 일반적으로 사용하는 '코스모스cosmos'와 '유니버스universe'가 의미하고 있는 것과 같은 물질적인 우주physical universe는 아니다.[12]

---

12) K. Wilber, *A Brief History of Everything*, Boston, Mass : Shambhala Pub. Inc., 1996, p.16.

이와 같은 관점에서 윌버가 말하는 코스모스Kosmos는 우주cosmos 또는 물질권物質圈; physiosphere, 생물권biosphere, 마음psyche 또는 정신 nous의 심권心圈, noosphere, 신권神圈, theosphere 또는 신성영역 divine domain을 포괄하는 의미의 우주이다. 그는 고대 그리스의 철학자 이자 종교가인 피타고라스Phythagoras(BC 570경~?)의 사상을 이은 피타 고라스 학파the Pytagoreans가 사용했던 용법을 인용하여 대문자의 K 로 시작되는 Kosmos를 사용하여 일반적으로 사용하는 cosmos와 구별하고 있다.[13]

대저 우주란 아무것도 없었던 곳에 우주생성 때의 대폭발인 빅뱅 big bang에 의해서 시작되었다고 생각되고 있다.[14]

빅뱅 가설에 따르면, 120억년부터 135억년 전에 아주 작게 응축 된 에너지의 덩어리가 폭발적으로 확대되기 시작한 것이 우주의 출 발로 되어 있다.

이 빅뱅의 가설이 옳다고 하여도, 그 후 100수십억 년 간, 우주는 단지 물질로서 닥치는 대로 운동해 왔던 것은 아니다. 확산의 방식 이 불균형적이었기 때문에 다양한 물질의 결합의 농도에 불균형이 생김으로써, 성운nebula星雲이 생기고 은하계·태양계·지구가 생겼으 며, 다시 지구에서는 물질을 초월한 다양한 생명이 태어났으며, 마 음과 정신과 영혼을 갖는 존재로서 인간이 태어난 것이다. 또한 소 립자素粒子로부터 원자·분자·고분자·세포·기관器官으로 점차 복잡 성을 띠우게 되고 보다 고차원적인 질서가 만들어졌다.

---

13) *ibid.*
14) Steven Weinberg, *The First Three Minutes*, New York : Basic Books, 1977.

이 같은 현상들이 단순히 '우연'에 의해서 생긴 것이었을까?

일상적 사고思考 수준에서 생각한다면, 물질은 어디까지나 물질일 뿐이지, 물질로부터 어떤 현묘玄妙한 순간에 '생명'이 생겼으며, '생명'으로부터 신비스러운 계기에 '마음'이 생겨나고, 여기서 다시 '정신'과 '영혼'이 생겨났다고 하는 것은 이해하기 어려울 것이다. 그렇다는 것은 여기에는 분명히 '질적인 차이'가 있고, 어떤 성질의 '비약'을 상정하지 않으면 안 되기 때문이다.

그러나 이와 같은 현상들이 일어나는 것은 우주 자체에 있는 일정한 방향으로 작용하는 '힘'이 있기 때문이라는 것을 알면 이해의 실마리가 풀릴 것이다.

우주 자체에는 끊임없이 복잡하고 새로운 그 무엇을 창조해가는 '자기진화自己進化의 힘'이 작용하고 있기 때문에 우주의 자기진화의 과정에서 물질로부터 이를 포유包有하며 넘어서 생명이 태어나고, 생명으로부터 이를 포유하며 넘어서 정신·영혼이 태어나는 진화의 '질적인 차이'가 있고 '비약'이 있다는 것을 이해하게 될 때, 진화의 순서는 '우연'에 의해서 생기는 것이 아니라는 것을 알게 될 것이다.[15]

우리가 살고 있는 '지구'만을 생각해보아도 '우연'의 결과로 돌리기에는 너무도 완벽하게 되어 있다고 하는 것을 이해하게 될 것이다.

만약에 우리가 살고 있는 지구가 조금이라도 태양에 가깝다거나, 멀리 떨어져 있었다고 한다면 이 지구상에 생명은 존재할 수가 없었을 것이며 또한 태양의 주위를 완전한 평형을 유지하면서 돌고 있

15) Lynn Margulis and Dorion Sagen, *Microcosmos : Four Billion Years of Microbial Evolution*, New York : Summit Books, 1986

는 지구가 단 1도라도 어긋난 상태로 1년 동안 계속한다고 하면 인간은 검게 타버리든가 얼어 죽게 될 것이다. 이를 어찌 우연의 산물이라고 볼 수 있단 말인가.

트랜스퍼스널 심리학 최대의 이론가인 켄 윌버는 우주의 자기진화는 결코 우연이 아님을 말하고 있다.

대자연에는 우연 이외의 자기 진화의 힘이 작용하고 있으며, 신비적이며 현묘玄妙한 질서가 있다는 것을 이해하지 않으면 안 된다. 놀랄 수밖에 없도록 정밀하게 유기적으로 조직되어 있는 인간의 신체도, 마음도, 정신도 그리고 영혼도, 이 전우주의 장대한 진화 과정 속에서 중요한 일부로서 태어난 것이다.

예수나 불타 같은 각자覺者와 소크라테스Socrates, 노자老子같은 위인이 역사에 등장한 것도 우주진화 과정의 일부로서 등장한 것이다.

이러한 사건들은 '단순한 우연'에 의해서 일어날 수는 없다. 우주는 그 자체 목적과 질서를 가지며, 어떤 방향을 향해서 진화를 계속하고 있는 것이다. 즉, '자기진화'하고 있는 것이다.

예수와 불타의 숭고한 뜻을 포유하고 있는 우주는 역시 우주 그 자제가 숭고한 뜻을 가지며 숭고한 생각과 목적을 가지고 어느 방향을 향해서 나아가게 된다고 윌버는 말하고 있다.

'우주 그 차제가 자기진화하고 있다'고 보는 윌버의 관점은 결코 기발한 발상도 아니며, 그것은 현대과학의 큰 흐름과도 거의 일치하고 있다.

예컨대 엔트로피entropy[16]가 증대하게 되면 질서가 붕괴되고 혼돈 상태에 떨어져서 결국 정지상태에 이르게 된다고 말하는 종래의 '엔트로피 증대의 법칙'과는 달리, 생명계와 비생명계를 이원적으로 대립시키지 않고 자연계를 전체적인 일련의 질서형성의 기반으로 보아, '혼돈chaos 그 자체는 새로운 질서에 앞선다'고 하는 『혼돈으로부터 나오는 질서Order out of Chaos』의 이론을 논한 일리야 프리고진Ilya Prigogine(1917~2003)[17], 진화를 자기 초월적 과정self-transcendenting process으로 보아 우주는 선행한 것을 넘어서는 놀라운 힘을 가지고 있다고 생각하며 '자기 조직화 하는 우주self-organizing universe'를 논한 에리히 얀츠Erich Jantsch(1929~1980)[18], '자기 창출성autopoiesis(그리스어에서 '자기'를 뜻하는 autos + '만들어내다'를 뜻하는 poiein의 합성어/자기보존)[19]의 이론을 제기한 프란시스코 바렐라Francisco Varela(1946~)[20], 개인의 마음이나 사

---

16) 독일의 물리학자 클라지우스(Rudolph Julius Emmanuel Clausius, 1822~1888)에 의해서 1865년에 도입된 열역학 제2법칙을 의미한다. 그리스어에서 변화, 변환을 의미하는 tropē에서 유래하였다. 그는 이 개념을 사용하여 '우주의 엔트로피는 최대치를 향한다'고 하는 엔트로피 증대의 법칙을 공식화하였다. 요컨대 물질과 에너지는 한쪽 방향으로만, 이용 가능한 것에서부터 이용 불가능한 쪽으로, 사용 가능한 것에서부터 사용 불가능한 쪽으로 또는 질서화 된 것에서부터 무질서화 된 상태로 변화한다는 것이다. 즉, '제2의 법칙'은 우주를 체계와 질서·가치로부터 시작해서 끊임없이 혼돈과 황폐를 향해 나아간다고 설명한다.

17) I. Prigogine & I. Stengers, *Order out of Chaos*, New York : Bantam(Originally published French in 1979), 1984.

18) E. Jantsch, *The self-organizing paradigm of evolution*, Oxford : Pergaman Press, 1980.

19) 오토포이에시스(autopoiesis)는 신경생리학자 마트우라나(Humberta R. Maturana, 1928~)에 의해서 착상되고, 사회학자 루만(Niklas Luhmann, 1927~)에 의해서 일반 시스템 이론으로 보편화 된 개념이다. 시스템이 요소를 산출하며, 요소간의 관계가 시스템을 재산출하는 순환 관계에 의해서 집합이 설정된다고 보는 점이 기본관점이다.

20) F. Varella, H. Maturana and K. Uribe, "Autopoiesis : The organaization of Living system" *Biosystem, 5*, 1974, pp.187~196.

회도 자기창출적인 시스템이며 서로 어떤 세계를 공동창조하면서 '공진화共進化'한다고 말한 니클라스 루만Niklas Luhmann(1927~1998)[21]의 이론 등, 소위 '복잡성의 과학science of complexity'(복잡성 : 유기체의 자기조직화 과정에는 수많은 화학반응이 비선형적으로 연결되어 일어난다는 사실을 설명하는 신과학 용어 이다. 복잡성 이론은 종래의 과학적 인식의 틀을 벗어나 선형이 아닌 비선형非線型, 부분이 아닌 전체, 기계론이 아닌 관계와의 상호작용, 연속성이 아닌 불연속성, 환원이 아닌 종합을 통해서 사물을 인식하고자 하는 것이 그 특징이다)으로 지칭되는 현대과학의 성과가 지시해주고 있는 방향성이 윌버가 '자기진화하는 우주'로 보는 아이디어의 중요한 근거 중 하나가 되고 있다.

우주에 인간이 태어난 의미

우주의 진화사 가운데서, 인류가 우주에 등장했다고 하는 것은 과연 무슨 의미가 있는 것일까?

이 물음에 대한 답은, 인간이 우주의 자기진화의 역사 가운데서 처음으로 자기 자신에 대한 의식 = '자기의식'을 갖게 되었다는 데 의미가 있다고 윌버는 생각한다.

'자기진화력'을 가졌으며 목적과 생명을 갖고 있는 우주의 자기진화 가운데서 그 일부로 태어난 인류가 그 전의 다른 생명과 다른 최대의 특징은 바로 '자기의식self-consciousness'을 갖었다는 데 있다.

전우주의 진화의 과정에서 처음으로 '자기 자신에 대한 의식'을 갖고 스스로를 돌이켜 볼 수 있게 된 존재가 인류인 것이다. 인간에게 있어서 '자기의식'의 발생은 ─ 인간은 우주의 일부이기 때문에 물론 ─ 우주

---

21) N. Luhmann et al., *Social System*, Stanford Univ. Press, 1985.

그 자체가 스스로를 처음으로 인식하기 시작했음을 의미한다. 인류의 탄생과 '자기의식'의 발생은 '우주 그 자체의 자기인식의 시작'이 되었으며 이는 우주의 진화사에 있어서 매우 획기적인 사건이었다.

요컨대 인간의 '자기의식'의 진정한 의미는 우주의 일부인 자기의식을 통해서, 우주 그 자체가 우주 스스로를 돌이켜 보는 '인식장치'를 갖게 되었다는 점에 있다.

좀 쉽게 말한다면, '우주 그 자체가 자기를 직시할 수 있는 눈'을 처음으로 갖게 되었다는 사실이 우주의 역사에 있어서 발견할 수 있는 인류등장 최대의 의미라고 월버는 말하고 있다.

이와 같은 관점은 양자우주론자量子宇宙論者에서도 찾아 볼 수가 있다. 양자우주론자들은, 우주의 물리적 조건은 인간이 태어나기에 가장 알맞게 되어 있었다고 보며, '우주는 인간을 탄생시키기 위하여 자기진화를 해왔다'고 생각한다. 요컨대 우주에는 '인간원리'가 존재하고 있다는 것이다. 물론 여기에는 찬반양론이 있다.

그러나 어쨌든, 인간이 우주의 역사 가운데서 처음으로 '자기의식'을 갖게 된 존재라는 점과 인간의 '자기의식'의 발생은 '우주의 일부가 스스로를 돌이켜 보는 눈'을 처음으로 갖게 되었다고 하는 점에 대해서 인간이 태어난 의미를 부여할 수가 있다는 것이다.

때문에 인간은 스스로가 우주의 자기진화의 일부임을 '자각自覺'하면서 그 사명을 완수할 수가 있는 유일한 존재이다. 그러기에 우리가 이 세상에 태어난 의미와 인간 생사生死의 진정한 의미는, 우리 자신이 우주진화의 일부임을 '자각'하고, 우주의 자기진화의 과정 속에서 스스로 수행해야 할 역할 또는 천명天命을 알고 추구해 가는 데 있다.

인간이 '우주의 눈이 되어 우주 자신을 본다'는 것과 우리의 생사를 통해서 우주가 진화하고 우주의 의미가 생성 발전되고 있다는 것을 자각하면서 사는 점에 인간이 우주에 태어난 의미가 있다는 것이다.

인간 생사의 진정한 의미도 여기에 있으며, 그렇기 때문에 인간은 우주의 진화에 있어서 자기 존재의 의미와 사명을 '자각'하여, 적극적으로 이 진화의 과정에 참여하면서 살아가야 한다는 것을 월버는 말하고 있다.

일찍이 독일의 철학자이며 신학자였던 니콜라우스 쿠사누스Nicolaus Cusanus(1401~1464)가 인간의 탄생을 '모든 인간은 우주가 인간으로 화한 것이다'라는 말로 그 의미를 부여한 것도 우리에게 시사하는 바가 크다. 이 말은 인간 속에서 우주가 감정과 이성을 가진 생명체라는 특별한 형태로 재현된다는 뜻이다.

우리는 아직 우리 자신이 '인간으로 화한 우주자연'라는 사실을 깨닫지 못하고 있다. 이 점을 자각하게 되면 우리는 오늘날의 경제 체계나 학문에 대해 결코 만족할 수 없을 것이다. 왜냐하면 오늘날 경제와 학문은 자연과 사회가 절대적인 대립항이라는 생각을 바탕으로 하며 자연이 아닌 인간과 인간이 아닌 자연이 서로 대립되고 있기 때문이다.

오늘날 자연의 위기를 초래한 경제 체계와 학문구조에서 벗어나는 길은 인간이 자연우주의 일부라는 사실을 인식하는 일에서부터 시작된다. 뿐만 아니라 오늘날의 산업사회가 과연 미래에도 살아남을 것인지, 멸망할 것인지도 우리가 자연우주에 속한다는 사실을 깨닫느냐, 즉 '인간으로 화한 자연이라는 사실을 깨닫고 그에 맞게 행동하느냐 못하느냐에 달려 있다.

인간은 살아 있다는 것만으로도 위대하다

인간은 오직 인간만이 이 우주의 역사 가운데서 특별한 의미와 가치와 사명을 떠맡은 존재이다. 그러기에 인간은 그저 살아 있다고 하는 사실만으로도 위대하다.

이를 이해하기 위해서 우리는 '우주 그 자체의 입장'에 서 볼 필요가 있다. 즉, '우주 그 자체의 마음'으로 돌아가 인간을 직시할 때, 우주의 자기진화의 역사 가운데서 인간의 존재가 얼마나 소중한 의미를 가지고 있으며, 살아있다는 것만으로도 얼마나 가치 있는 존재인가를 알 수가 있다. 특히 무엇보다도 우주 가운데서 오직 인간만이 '우주 그 자체의 눈'이 되어 자기 자신을 볼 수가 있다는 점에서 인간은 살아있다는 것만으로도 위대하다.

이와같이 생각하면 생명의 중요성을 새삼 실감하게 된다. 때문에 자살을 한다거나 자기를 학대하는 행위는 바로 '우주의 의사에 위배된 행위'라고 볼 수도 있다.

앞에서, 인간은 살아 있다는 것만으로도 위대하고 가치 있는 존재라고 했다하여 인간은 아무것도 하지 않아도 된다는 것을 의미하는 것은 아니다.

자기의식을 가졌으며 지성을 발달시켜, 정신과 영혼까지 가질 수 있게 된 인간은 우주의 자기 진화의 최선단에 위치하고 있는 존재라는 점에서 위대한 것이다. 때문에 인간은 우주에 있어서 자신의 그와 같은 위치와 스스로의 사명과 역할을 충분히 '자각'하여 가능한 한 자기 성장에 힘써야 할 것이다. 이것이 윌버의 관점이다.

그리고 윌버는 말한다.

인류에게 예수나 불타 같은 선각자가 있었으며 이분들은 어떻게 해서 그런 경지에 이르렀는가를 보여 주고 있는 본받을 만한 자료를 남겨 놓았다. 그렇지만 집단을 이루고 있는 인류는 평균적으로 겨우 자아수준自我水準에 달한 성장단계에서 만족하며 여기서 보람을 찾고 있는 것이 범인들의 의식상태이다.

서구 심리학의 이론에서는 자아ego를 개인의 사고와 행동과 감정을 조절하는 주체로 보기도 하며, 프로이트Sigmund Freud(1886~1939)의 정신분석의 이론은 자아를 본능적 욕구인 이드id와 초자아super ego의 욕구와 외적인 현실의 요구라고 하는 3자의 압력을 조절하는 기능의 주체로 생각한다. 그리하여 자아에는 조절기능의 통합성·통일성이 있는 것으로 인식되고 있다.

그러나 이는 우주 전체의 통일성에다 비한다면 전포괄적 실재의 극히 보잘것없는 미세한 부분에 지나지 않다. 어떻게 생각하면, 자연은 수십억 년 동안이나 겨우 이런 자아를 태어나게 하는 것만을 위해서 작용해 왔단 말인가라고 회의를 할 수도 있게 한다.[22]

여기서 우리는 다음과 같은 것을 생각해 볼 수가 있다.

인간에게는 예수나 불타의 수준에까지 상승할 수 있는 불성佛性이나 신성神性의 '성장가능성'이 잠재하고 있지만, 성장에 수반하게 될 시련과 고난을 기피한 나머지 대부분의 현대인은 자기를 높은 수준

---

22) K. Wilber, *The Atman Project*, Wheaton, Ill : Quest, 1980.

으로 높여줄 수 있는 가능성을 거부하고 있으며, 모처럼 애써 인간으로서 이 세상에 태어난 사명을 태만히 하고 있기 때문에 결국 '자아'수준에서 안주하고 있다고 생각해 볼 수가 있다.

요컨대 현대인은 '인류규모의 발달 정지 및 발달 거부'에 떨어져 있다. 권력·부·명예에 포장된 풍요롭고 편리한 사회에서 살고 있으면서도 많은 사람들이 초조와 불안으로부터 벗어나지 못하고, 각종 사건과 문제를 일으키고 있는 것도 인간으로서 이 세상에 태어난 사명을 게을리 했거나 인류 규모의 발달을 거부한 데서 연유한 것이다.

생물학의 상식 수준에서 볼 때, 발달을 거부한 생물은 반드시 기형화奇形化의 운명을 겪게 된다고 한다. 이 법칙이 인간의 정신에게도 그대로 들어맞는다고 한다면 인간의 정신도 결국 기형화될 것임에 틀림없을 것이다.

이미 이런 기형화된 조짐은 여러 가지 양상으로 나타나고 있다. 예컨대 현대문명의 잘못된 조건화conditioning에 의해서 만들어지고 있는 '인간성의 해체' 및 '병든 정신세계'와 젊은이들을 필두로 현대인에 만연되어 가고 있는 유치증幼稚症infantilism(일종의 피터 팬 증후군; Peter Pan syndrome)23) 같은 병리현상도 정신이 기형화 되어가고 있는 한 단면이

23) 피터 팬 신드롬은 스코틀랜드의 작가 제임스 바리(James M. Barrie; 1860~1937)의 대표작인 『피터 팬Peter Pan』(희극적 동화) 속에 묘사된 주인공 피터 팬과 같은 성격특성이나 행동양식을 가지며, 사회적·심리적인 문제를 안고 있는 사람을 실존심리학자인 카일리(Kiley)에 의해서 『Peter Pan Syndrome』(1983)을 임상사회심리학적으로 분석하여 붙여진 명칭이다.
피터 팬이란, 연령적으로는 어른인데도 행동은 어린이 같은 남성을 말한다. '어른어린이 (manchild)를 말한다. 이런 사람은 정신적인 질병이라고까지는 볼 수 없지만 사회인으로서 역할을 원만하게 하지 못하므로 심리적 건강을 잃은 나머지 각종 번뇌에 사로잡히게 된다. ① 감정마비, ② 나태성, ③ 사회성 미숙, ④ 사고의 미숙, ⑤ 마마보이, ⑥ 아

라고 볼 수 있다.

이와 같은 문제들이란 퍼스널리즘의 한계를 보여준 것이며, 켄 윌버는 이를 사람들이 '현세적this-worldly'이어서 차원의 '상승ascending'을 피하고 '내세적otherworldly'인 것을 멀리한 나머지 '하강descending'의 길을 선택한 결과로 보았다. 그렇지만 동서의 위대한 영적 전통 가운데는 '상승'의 길과 '하강'의 길의 양자를 통합하려는 길이 있음을 발견하고, '초월transcendence'과 '내재immanence' '일자the one'와 '다자the many', '공śūnya'과 '형상form', 열반nirvana과 윤회samsara, 하늘 heaven과 땅earth의 평형과 통합의 길이 열릴 것을 바라고 있다.[24]

만물의 근원적 평등성

우리가 '우주에 있어서 인간의 위치'에 대하여 생각할 경우에는 먼저 우주에 있어서의 만물의 '근원적 평등성'과 '상대적인 질적 차이'를 알고 들어가지 않으면 안 된다.

이중에서 어느 하나라도 빠뜨리게 되면 균형잡힌 설명이 될 수 없을 뿐더러 우주에 있어서 인간의 위치를 잘 이해할 수도 없게 될 것이다. 이와 같은 근원적 평등성根源的 平等性과 상대적인 질적 차이質的 差異를 소중하게 생각하고 있는 사상이 윌버 사상의 장점이다.

버지에 구애되는 마음, ⑦ 섹스에 대한 콤플렉스의 기본적 심리경향을 가지며, 사회적으로 자립하지 않으면 안 될 23~26세의 '위기적 단계'에서 그 경향이 현저하게 나타난다. 에릭슨(Erik H. Erikson)의 발달단계에서 말하는 청년기의 '자아정체성 확산증후군(ego–identity diffusion syndrome)'의 하나라고 볼 수 있다.

24) K. Wilber, *A Brief History of Everything*, Boston : Shambhala Publications. 1996, p.27.

우주에 있어서 만물의 '근원적 평등성'이란 무엇인가?

이를 이해하기 위해서는 앞에서 이미 언급한 '생명'에 대한 것을 상기한다면 도움이 될 것이다.

사람마다 존재의 근저에는 자기 자신보다 더 큰 어떤 힘이 작용하고 있다. 이 작용을 굳이 이름 붙인다면 '생명의 작용'이라고 말할 수가 있으며, 이 '생명의 작용'이야말로 '나의 진실된 주체이며 '나'란 이 '생명의 작용이 이루어 놓은 하나의 형상形象'에 지나지 않다.

좀더 구체적으로는 생명의 작용이 먼저 있고 나서, 이 생명 작용이 어떤 때는 '꽃이 되고' 어떤 때는 '새가 되고' 또 어떤 때는 '침팬지를 있게 한다'. 이렇듯 생명력은 차례로 변전만화變轉萬化하여 서로 다른 형상을 갖추게 되지만, 근본 '생명'은 처음부터 불생불멸不生不滅로서 본래 '하나'이다.

생명은 이런 점에서 '존재存在'로 볼 수도 있고, '영혼'으로 볼 수도 있다. 『반야심경prajñāpāramitā-hrdaya-sūtra』을 좋아하는 윌버는 이를 '공śūnya空'이라는 표현을 사용하고 있다. 이밖에도 '에너지', '우주에 스며드는 생명 에너지'등 여러 가지 표현방식이 있지만, 어느 표현을 사용해도 상관은 없다.

요컨대 생명은 일체의 '언어'로는 표현할 수가 없는 '작용 그 자체'인 것이다. 이 세상, 우주의 만물은 하나의 큰 작용자체가 만들어 놓은 '형상形象=일시적 모습'이며, 그 근원적인 작용이 있는 곳에 우주의 모든 것은 서로 연결되어 있다고 보기보다는 오히려 '하나'인 것이다.

여기에는 '꽃'도 '새'도 '인간'도 길바닥에 뒹굴고 있는 '돌멩이'도 모두가 서로 연결되어 있어서, 본래 동일한 '하나의 작용 그 자체'인 것이다. 이점이 우주에 있어서 만물의 '근원적 평등성'인 것이다. 물론 이 경우에는 각종 구체적인 '형상'의 차이는 모두 사라지게 된다.

이를 잘 설명해주고 있는 것이 아인슈타인Albert Einstein(1879~1955)이 총애했던 양자물리학자 데이비드 봄David Bohm(1917~1992)이 소립자의 불가사의한 움직임을 설명하기 위해서 생각해낸 '홀로그래피 우주 모델holographic universe model25)이다.

그에 의하면 우주는 이중구조二重構造로 되어 있으며, '눈으로 볼 수 있는 차원'의 물질적인 우주드러낸 질서(explicate order) 또는 펼쳐진 질서(unfold order)의 배후에는 또 하나의 '보이지 않는 차원'의 우주감추어진 질서(implicate order) 또는 접힌 질서(enfolded order)가 존재하고 있다.

후자의 '보이지 않는 차원의 우주'에는 모든 물질·정신·시간·공간 등이 접혀 있어서 불가분리의 전일성이 내재하고 있다. '눈에 보이는 차원'에서는 따로 따로 흩어져 있는 것처럼 보이는 돌·빌딩·새·인간도 '보이지 않는 차원'에서는 일체가 녹아서 '하나'인 것이다.

뿐만 아니라, 내가 너이자 그녀이며 동시에 꽃이며 새이며 빌딩이

---

25) holography는 hologram을 만들어 내는 사진술이며, hologram은 홀로그램 사진술에 의해 만들어진 빛의 간섭무늬를 담고 있는 사진건판으로서, 어원적으로는 그리스어의 '전체'를 뜻하는 holos 와 '도형'을 뜻하는 gram의 합성어이다. holography 특징의 하나는 필름을 절단하여 잘게 분해해서 그 단편을 가지고도 전체의 모습을 재현할 수 있다는 데 있다. 이뜻이 전용(轉用)되어 '부분 속에 전체가 집약되고 있는 것'을 holographic 하다고 지칭하게 되었다. 따라서 홀로그래피를 모델로 하는 과학이론을 홀로그래픽 패러다임(holographic paradigm)이라고 하며, 봄은 홀로무브먼트(holomovement)의 관점에서 '우주는 그 자체가 일종의 거대한 유동하는 홀로그램'이라는 이론을 제시하였다. D. Bohm. *Wholeness and the Implicate Order*, London : Routledge & Kegan Paul, 1980.

며, 달이며, 태양이며, 우주이기도 하다. 요컨대 원자 이하의 소립자의 수준에서 본다면, 모든 물질은 '어디에도 존재하고 있지 않다'고 할 수도 있고 '모든 곳에 존재하고 있다'고 할 수도 있는 비국소적非局所的인 '안개'와 같은 것이다. 여기서는 시간이나 공간의 개념도 통용될 수가 없는 차원이며, 물질도 정신도 '에너지'로서 접히어 있다고 봄은 말하고 있다.[26]

그렇다면 우리의 신체나 눈에 보이는 물질이란 무엇인가? 봄에 의한다면, 소립자素粒子는 '보이는 차원'과 '보이지 않는 차원' 사이를 끊임없이 왔다 갔다 하다가, 어떤 '의미의 장場'에 이르게 되면 결착된 '형상'이 이루어져서 눈에 보이게 된다는 것이다. 이것이 말하자면 물질인 셈이다.

그러나 '보이지 않는 차원'에서는 물질과 정신과의 차이도 존재하지도 않으며, 오직 만물은 '근원적으로 평등하다'고 보게 된다. 평등할 뿐만 아니라 본래부터 분리가 불가능한 것이다.

이렇듯, '보이지 않는 차원'에다 초점을 대고 보면, 우주만물의 근원적 평등성과 더불어 모든 것이 분리될 수 없도록 연결되어 있는 전일성을 가지고 있다는 것을 이해하게 된다.

이와 같은 '연결 우주론'이란 바로 『반야심경』에서 말하는 '색즉시공色卽是空 : what is form that is emptiness/ yad rūpam sa śūnyata(색·형상rūpa인 이 세상의 형태를 갖는 모든 존재의 진상眞相은 인간의 이성을 초월하여 거기에 하등 집착할 것이 없는 공śūnya의 존재이다)'을 그대로 잘 표현表現하고 있다.

---

26) *ibid*, p.205.

장대한 진화의 구조도

앞에서 우주의 만물에는 '근원적 평등성'이 있으며 만물은 서로 '연결되어 있어서'불가분한 관계에 있기 때문에 그것은 본래 동일한 '하나'의 작용 그 자체임을 말하였다.

그러나 윌버의 의하면, 우리가 사는 의미와 가치를 추출해 내기 위해서는 '만물의 근원적 평등성'만을 이해해가지고서는 부족하며, 물질을 '포유하면서 초월하여'생명이 태어나고, 생명을 '포유하면서 초월하여' 마음이 태어나고, 마음을 '포유하면서 초월하여' 정신과 영혼이 태어난 우주의 자기진화의 구조를 이해할 필요가 있다. 이렇듯 윌버는 진화를 계층적으로 포유하면서includes 초월transcends하고 이를 다시 포유하면서 초월하는 연속적인 과정으로 본 것이다.[27]

'만물은 우주의 현현顯現에 있어서 평등하다'고 하는 면에만 주목할 것이 아니라, 물질과 생명, 생명과 마음, 마음과 정신/영혼 사이에 있는 '상대적인 질적 차이 = 불가역적인 '계층적 질서'가 있다는 것을 인정하지 않으면 안 된다. 그렇게 함으로써 우리가 사는 의미와 가치, 우리가 앞으로 어느 방향을 향해 나아가야 할 것인가의 향방을 제시받을 수가 있다.

윌버는 우주의 자기진화에 수반하는, 물질로부터 생명으로, 생명으로부터 마음으로, 마음으로부터 정신·영혼으로 진화하는 '질적 차이', '계층적 질서'를 설명하기 위하여 아서 케스틀러Arthur Koestler(1905~1983)[28]가 제시한 바 있는 홀론holon(그리스어의 전체를 뜻하는

27) K. Wilber, *A Brief History of Everything*, p.27.
28) 헝가리 태생의 저널리스트·작가·과학평론가, 시오니즘(Zionism), 공산주의를 거쳐서 스페인 내란 때는 인민전선편에서 싸웠다. 1948년 영국으로 귀화하여 소립자론, 심리학,

holos에, 입자·부분을 시사하는 양자proton와 중성자neutron에서 딴 첨자添字 on을 합성시켜 만들었음)의 이론을 사용하고 있다.

홀론이란 '그 자체로서 완결된 전체이면서 동시에 보다 큰 것 속에서의 부분이며 요소라는 의미를 갖는다. 캐스틀러는 "'부분'과 '전체'에 대한 일반적인 습관적 사고를 부정하고 절대적인 의미의 '부분'이나 '전체'는 생물 영역이나, 사회조직 또는 우주 전체 영역에도 전혀 존재하지 않는다'[29]고 보았다.

이렇듯 그는 전체를 부분의 집합에 귀착시키는 환원주의reduction-ism에 반대함과 동시에 다른 것으로부터 완전히 독립한 존재도 부정하였으며 일체의 존재는 낮은 차원의 존재의 집합에서 그치지 않는 전체성을 지님과 동시에 보다 높은 차원의 전체의 부분이 된다는 것을 생각해 낸 것이다. 이와 같은 만물의 존재양식을 그는 홀론이라 보고, 계층주의적인 세계관을 제창하였다.

홀론의 관점에서 본다면, 원자는 전체로서의 분자의 부분이며, 분자는 전체로서의 세포의 부분이며, 다시 세포는 전체로서의 생명체의 부분인 것처럼, 이 세상 우주의 만물은 홀론으로 이루어져 있으며, 뒤의 것이 앞의 것을 '포유包有하면서 넘어선다'고 하는 방식으로 진화하고 있음을 이해할 수가 있다.

윌버는 케스틀러의 이와 같은 세계관에 근거하여 우주는 홀론의 계층구조hierarrchy = 인 홀라키holarchy(holon+hierarchy)로 이루어져 있

생물학, 대뇌생리학에서부터 경제학, 조직론에 걸친 홀리스틱한 업적을 남겼음. 1983년 3월 부인과 함께 자살했다. 그의 대표작 『야누스Janus』(1978)는 인간 정신의 진화, 창조성, 병리를 새로운 인간학의 관점에서 다루었다는 점에서 너무도 유명하다.
29) A. Koestler, Janus, New York : Random House, 1978, p. 27.

다고 본 것이다.[30)]

따라서 물질을 '함유含有하며 초월하는' 양상의 생명이, 생명을 '함유하며 초월하는' 양상의 마음이, 마음을 '함유하며 초월하는' 양상의 정신과 영혼이 생겨난 것도, 우주가 이 홀론의 계층＝홀라키로 되어 있기 때문이라고 윌버는 본 것이다. 요컨대 홀론은 홀라키적으로 출현한다고 본 것이다.

윌버는 '홀라키적으로 나타나며, 자기진화하는 우주'의 매력적인 사상을 그의 역저 『성·생태환경·영성Sex, Ecology, Spirituality』(1995)과 그 요약판 『만물의 역사A Brief History of Everything』(1996)에서, 물리학, 시스템과학, 진화학, 인류학, 역사학, 서구철학, 인도의 베단타Vedanta(인도 아리안 인종의 지적 원천의 성전聖典인 베다Veda의 최종교설을 말하며 우파니샤드Upaniṣad라고도 함. '지식'을 뜻하는 Veda에 '말미', '최종'을 뜻하는 anta의 의미가 합성된 것이며 베다의 최종 교설을 뜻한다) 사상, 불교사상, 현대과학의 성과, 사회학, 발달심리학 등, 필요한 모든 지知를 총동원하여 장대한 스케일로 펼치고 있다.

여기서 그가 설명하고 있는 우주의 진화사는 [그림 2-1]에서 보여 주고 있는 바와 같이 '개적 내면interior-individual'(좌상), '개적 외면exsterior-indiviual'(우상), '집합적 내면interior-collective'(좌하), '집합적 외면exsterior-collective'(우하)의 네 상한象限; four quadrants의 모습으로 나타낼 수 있다고 보고 있다.

윌버에 의하면, 이 네 상한은 각각 상대적인 독립성을 갖고 있기 때문에 서로 환원할 수는 없다. 예컨대, 마음의 모든 현상을 뇌로 설명하는 것도 무리가 되지만, 반대로 뇌의 기능을 무시하고 마음

---

30) K. Wiber, *A Brief History of Everything*, p.24.

124   제2장 삶의 의미를 찾는다

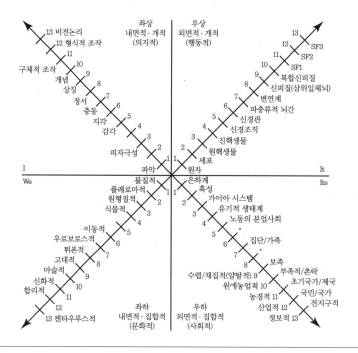

그림 2-1 우주진화의 네 상한 상세도

을 설명하는 것도 무리가 되는 것처럼, 각 상한은 별도의 진실성의 기준을 가지고 있기 때문에 어느 한쪽의 언어로 다른 상한을 완전하게 설명할 수가 없다는 것이다.

[그림 2-1]이야 말로 윌버가 그린 장대한 우주의 자기진화의 축도縮圖라고 볼 수 있다. 요컨대, 이 그림은 개인의 의식, 사회와 역사, 물질과 생물의 진화 등 모든 진화에서 공통되는 '진화 구조의 조감도'라고 볼 수 있다.

윌버는 이 조감도를 지침삼아서 과거의 위대한 선인들의 삶을 단서로 이용한다면 우리들이 이제부터의 인류로서 어느 쪽을 향해 나아가야 할 것인가도 예측할 수 있을 것이라고 말하고 있다.

이렇듯 윌버의 사상은 문자 그대로 우주 규모의 스케일을 가지고 있으며, 그렇다고 해서 결코 근거도 없는 허무맹랑한 발상에 근거한 것도 아니며, 오히려 자연우주에 친근감을 느끼게 하며, 상식적인 수준을 넘어서 세계중심적·보편적 전망에서 삶을 구상하고 만물을 보게 하는 이론이다.

여기서 네 상한을 잘 관찰해 본다면, 현대 문화 가운데서 압도적으로 우측 영역의 과학기술에 근거한 산업사회가 우세하고, 좌측 영역의 개적individual · 집합적collective 내면을 거의 지배하고 있다는 것을 이해할 수 있다.

윌버는 이런 상황을 '산업적 격자産業的 格子industrial grid'가 지배하는 '단면적 세계單面的 世界flatland'라고 하는 아주 명쾌하고도 적절한 말로 표현하고 있다. '단면적 세계'란 윌버가 '진·선·미', '진화', '성장'의 수직적인 가치의 일체가 부정되고 억압된 세계, 깊이도 없고 일면밖에 없는 세계이며, 모더니티가 만들어 놓은 황량한 단색單色 monochrome 사회의 취약성을 지적한 용어이다.

그는 단면적 세계를 거부함으로서만이 진·선·미가 통합할 수 있으며 진정한 환경윤리도 수립되고 파괴적인 문화적 간극도 메꿀 수가 있으며, 이런 문화 속에서 개인마다 자신이 갖고 있는 가능성을 자유롭게 신장시킬 수가 있다는 것을 말하고 있다.[31]

윌버는 또한 홀론의 네 상한을 '빅 쓰리big three'라고 하는 세 가지 개념을 사용하여, 우측의 두 상·하 상한을 비인칭의 '그것it'으로, 좌상左上을 '나'로, 좌하左下를 '우리we'라는 지칭을 사용하여 다음과

---

31) K. Wilber, po. cit., p.307.

나(좌상)	의식, 주관성, 자기, 자기실현(예술과 미학을 포함) : 진실성, 성실성.
우리(좌하)	윤리와 도덕, 세계관, 공통된 맥락, 문화 : 상호 주관적 의미, 상호 이해, 적절성, 공정성.
그것(우측)	과학과 기술, 객관적 자연, 경험적 형태(뇌와 사회제도를 포함) : 서술적 진리(단일적 및 기능적 적합성).

그림 2-2 Big 3의 다양한 형태

같이 요약하고 있다.[32]

여기서 그는 근본적인 계몽주의 패러다임fundamental enlightment para-digm이 '나'와 '우리'를 단순히 비인칭적인 '그것'으로 환원시켜 버렸다는 점을 비판하고 있다. 계몽주의는 모든 실재實在; reality를 '그것'의 언어로 기술할 수 있다고 생각했으며, 의식과 윤리나 도덕을 과학 기술의 언어로 환원시킬 수 있다고 본 것이다. 요컨대 좌측의 차원을 모두 우측의 대응물로 환원시킬 수 있다고 본 것이다(그림 2-2 참조).

이 점에 관해서 윌버는 'Big3'의 통합 없이는 균형잡힌 새로운 변용은 불가능하다는 것을 힘주어 말하고 있다.

Big3의 분리는 모더니티의 실패에 의해서 우리들의 의식에 남겨진 큰 상처이기 때문에 포스트모던의 새로운 변용은 이와 같은 '단편fragment'을 통합하는 데 있다고 보았다.[33]

윌버의 이와 같은 발상은 영국의 과학철학자 칼 포퍼Karl Raimund Popper(1902~1994)가 말하는 3세계, '객관'그것, '주관'나, '문화'우리에 대응하고 있으며, 또한 하버마스Jürgen Habermas(1929~)가 제시했던 세

---

32) *ibid.*, p.112.
33) op. cit., p.307.

가지 타당성의 기준three validity claims인 '객관적 진실성', '주간적 성실성', '간주간적 공정성'에, 그리고 칸트Immanuel Kant(1724~1804)의 3부작 『순수이성비판』(객관적 과학), 『실천이성비판』(도덕), 『판단력 비판』(심미적 판단과 예술)에 대응되고 있음을 말하고 있다.[34]

다음은 윌버의 단면세계와의 결별을 강조한 글의 한 부분이다.

경험 및 기술적인 과학의 폭발적인 진전이 '나'와 '우리'의 영역을 덮어씌우고 전도시켜 버렸다. 과학이 의식과 도덕을 추방하고 말았다. 새로운 패러다임의 어프로치는 계몽주의적 패러다임을 극복하는 데 있으며, 모더니티가 빅 쓰리big three를 대규모의 형식으로 차이화 하는 데 성공했다고 한다면 포스트 모던의 임무는 빅 쓰리를 통합하는 데 있다. …… 단면세계를 거부함으로서만이 인종과 영토와 부를 둘러싼 전쟁에 피투성이가 된 자기중심적, 자민족중심적, 민족주의적 제국주의로부터 탈중심화 된 대화와 소통의 장에서 전지구적인 공통 사안에 대해 자유롭게 대처할 수가 있다. 단면세계를 거부함으로서만이 본래적인 환희intriesic joy의 표현을 통해서 틀림없이 물질권physiosphere, 생물권biosphere, 심권noosphere의 통합을 지향한 비전-논리Vision-logic(다양한 시각perspective으로부터의 맥락을 통합적으로 보는 능력)의 진정한 잠재 가능성을 펼칠 수가 있다.[35]

우리는 여기서도 윌버의 통합적 진리관이 일관되게 흐르고 있음을 이해할 수가 있다.

예술·도덕·과학 또는 자기·문화·자연의 차이화를 극복하여 이들을 통합해가는 의식의 진화evolution of consciousness야말로 인간이 우주에 태어난 의미를 깨닫게 하며, 자기 삶의 진정한 의미를 찾게 하는 하나의 큰 패러다임을 시사해 주고 있다.

---

34) *ibid.*, p.112.
35) op. cit., pp.307~308.

제 3 장

자기의 취약점과 마주 대한다

카운슬링의 대가 칼 로저스의 삶에서

힘들고 견디기 어려울 때는 '약점'과 '단점'을 솔직하게
시인하고 이를 꾸밈없이 토로하자.
사소한 체면이나 자존심에 구애될 필요는 없으며,
주위 사람들에게 도움을 청하자.
일찍 '약점'을 토로하고 '사람에게 도움을 청하는 것'도
이 어려운 시대를 살아 넘기는 데 필요한 '능력'의 하나이다.

약점을 토로하고 도움을 청하는 것도
살아가는 '능력'의 하나이다

로저스의 카운슬링은 왜 탄생하였는가?

칼 로저스Carl Ransom Rogers(1902~1987)는 미국이 낳은 대표적인 상담 심리학자이자 '인간 중심치료법person-centerd therapy'을 정립시킨 심리치료 전문가로서, 카운슬링에 관심을 갖고 있는 사람에게는 너무도 유명하게 잘 알려진 사람이다.

그가 1902년 1월 8일 일리노이주 시카고 외곽에 있는 오크 파크의 한 근본주의 프로테스탄트 가정에서 태어났을 때 아버지는 부유한 농장을 경영하였으며, 그는 남달리 가족의 결속력과 근면의 미덕이 강조되는 완고한 종교적·윤리적 분위기가 지배적인 가정에서 성장하였다. 극장에 간다거나 카드놀이조차도 허용되지 않는 부모 밑에서 소년기를 보냈다. 이렇듯 감성의 자유로운 요인이나 사회성의 발달을 좋게 생각하지 않는 부모중심의 '억압가족'의 분위기 속에서 성장했다.

때문에 아동기와 소년기의 그는 지나친 간섭과 지시에 순종한 나머지 자기주관을 갖지 못한 '어른 같은 소년'이 되어 버렸다. 그래서 지속적인 인간관계를 맺는 데도 서툴렀으며, 친구도 없이 거의 방관자의 입장에서 소외된 관계 속에서 독서에서나 만족을 찾는 내성적이며 고독하지만 착실한 소년이었다.

이와 같은 소년시절을 보냈던 로저스가 후일에 진솔한 마음과 마음의 '만남encounter'과 대화를 소중하게 생각하는 상담과 인연을 맺게 되었다고 하는 것은 아동기 청소년기에 결핍된 사회성과 감성적인 체험을 보상하려는 심리와도 관계가 있을 것으로 본다.

로저스는 1920년 위스콘신대학교 농학부에 입학하여, 2학년 때 전공을 사학으로 전과하였으며, 1924년 22세에 졸업한 후, 다시 유니온 신학교에서 2년간 재학한 후, 콜롬비아 대학교 대학원(1927~1938)에서 교육심리학과 임상심리학을 수학하고 1928년부터 1939년까지 뉴욕주 로체스터Rochester의 '아동학대방지협회'의 '아동생활지도상담소'에서 상담을 실습하면서 박사과정을 이수하여 1931년 콜롬비아 대학교에서 임상심리학의 학위를 받을 때만 해도 사람들과 '노는 것도 서툴렀으며', '자기 감정도 잘 나타내지'를 못했을 뿐만 아니라 '남과 친밀한 관계를 맺는 데도 능숙하지를 못했다'고 하는 비사교적인 성격을 가지고 살 수밖에 없었다(로체스터 시대/1928~1939).

이렇듯 로저스는 아직도 성격적으로 완고하고 융통성도 없는 적응성 부족한 사람이었다. 이런 그가 과감하게 부모에 매어 있는 마음의 유대를 끊어버리는 것부터 시작하여, 부모의 맹렬한 반대를 뿌리치고 단행한 대학 1학년 때 교제하였던 헬렌Hellen과의 결혼과 경제적 독립, 목사 지망에서부터 심리학자로의 전환, 정신의학보다는 임상심리학의 선택, 내담자 중심치료법client-centered therapy이라는 새로운 접근법의 도입 등은 그의 인생의 큰 전환점이 되어 주었다. 이는 그가 비로소 자기선택과 결정에 의해 삶을 살아가는 진정한 자기실현의 길에 들어섰다는 점에서 그의 인생에 있어서 큰 의미가 있다.

그는 지금까지는 부모가 닦아 놓은 길을 걸어가는 식의 삶을 살수밖에 없었으며, '부모로부터 물려받은 자기'밖에 가지고 있지 않았던 적응성 없는 사람이었다. 그러던 그가 '이것이 바로 나다'라는 '참나'로 태어날 수 있는 계기를 맞이하게 되었던 것이다.

그중에서도 가장 큰 계기가 된 것은 '자기'를 탐구해왔던 그 자신과의 싸움의 과정 속에서, 자기와 똑같은 문제 때문에 애태우고 있는 '다른 사람을 돕는 것이 '자기실현'으로서 가장 숭고한 의미가 있는 삶이라고 생각하기에 이르렀다는 점이다. 이는 그에게 있어서는 이른바 상담심리학이라고 하는 새로운 분야를 개척할 수 있는 계기가 되어 주었다.

알고 보면, 로저스가 고안해낸 '내담자 중심 치료client-centered therapy'나 상담이론의 '기본적 가설[1]'도 이러한 로저스의 생애와 불가분의 관계가 있다.

이 때문에 상담심리학을 공부하려는 사람에게 있어서는 로저스의 생애를 이해하고, 그가 어떤 필연성으로부터 인간학적 접근법의 상담을 생각해 낸 것인가를 이해하는 일은 상담치료의 실제와 본질을 이해하는 데 있어서 크게 도움이 될 것이라고 본다.

---

1) ① 인간은 성장·건강·적응을 이루려는 기본적 욕구를 가지고 있다.
　② 적응의 지적 측면보다 정서적 측면을 중시한다.
　③ 유년기의 심적 외상psychic trauma의 경험보다 현재의 직접적인 상황을 강조한다.
　④ 치료적 관계 그 자체가 성장의 경험이다.

로저스의 중년기 위기체험의 교훈

인간에게는 누구나 정도의 차이만 있을 뿐 생애에 있어서 위기적인 시기라고 하는 것이 있다. 예컨대 하는 일도 순조롭게 풀려 왔고 나름대로 남부럽지 않은 가정을 이루어왔지만 우연한 계기에 지금까지의 인생에서 자기가 해왔던 일에 무의미함을 느낀 나머지, 자기가 아무 가치도 없는 무능한 인간처럼 느끼게 되는 경우도 있다.

이와 같은 위기적인 체험은 40대에서부터 50대에 걸쳐서 하는 사람이 적지 않다. 이른바 '중년기의 위기'이다. 그러나 이 위기는 이를 정면으로부터 직시하고 극복할 수만 있게 되면 인간적인 면에서나 생업면에서 비약적으로 성장할 수 있는 계기가 될 수도 있다.

사람이란 발달단계에 따라서 이에 걸맞는 풀어야 할 과업이라는 것이 있어서, 일반적으로 가정이나 직장에서 중년기에 풀고 극복해야 할 과업이 그 이전의 어느 때보다도 힘들 때나 심리적 장애로 인하여 중년기 위기를 맞이 하게 된다.

로저스에게 있어서도 '중년기의 위기'는 그가 전성기를 맞이하고 있었던 시카고 대학 시절(1945~1956), 연령적으로는 40대 중반에서부터 후반에 이제 한참 일할 시기에 찾아왔다.

앞에서 말한 바와 같이 로저스는 로체스터 시대를 끝내고 1940년 오하이오 주립대학에 초빙되었으며, 여기서 1942년 『카운슬링과 심리치료counseling and psychotherapy』를 저술하여 '내담자Client'라는 용어를 처음 사용하였고 비지시적 카운슬링을 제창하였다(오하이오 시대/1940~1944). 다시 1945년에는 시카고 대학에 초빙되어 동대학 카운슬링센터 소장으로 자리를 옮겼다. 여기서 그는 『내담자 중심치료법client-centered therapy』(1951)과 『심리치료법과 퍼스낼리티의 변화psycho-therapy and personality change』(1954)를 발표하여 내담자 중심치료법을 확립시켰다.

시카고 시대(1945~1956)의 로저스는 40대 중반의 나이로 미국 심리학회American psychological Association(APA)의 회장이 되는 등, 바야흐로 전성기를 맞이한 로저스는 40대 후반에 '중년기의 위기'와 부딪치게 되었다.

그 첫번째의 위기는 1946년부터 47년에 걸쳐서 미국심기학회APA 회장을 역임하고 있었던 때의 일이다. 학회장이 된 로저스는 임상 훈련방법과 직업심리학의 시험위원회를 결성하는 데도 정신을 쏟았으며, 정신의학과 심리학 사이의 긴장해소를 위해서도 노력하는 등 동분서주하였다.

게다가 자리를 옮긴 지도 얼마 되지 않는 로저스는 대학상담소의 운영, 학생지도, 연구, 강연, 연수회, 임상활동 등 잠도 제대로 잘 수 없을 만큼 바쁜 생활을 해야 했다. 그 결과 과로로 인하여 자연적인 생리의 리듬이 깨짐으로써 발기불능이라는 타격을 받게 되었다는 것이다. 요컨대 이 시기의 로저스는 본래의 생활리듬을 무너뜨릴 수밖에 없을 정도로 바쁜 생활이 생리적인 위기를 가져다주었다.

두번째의 보다 본격적인 '중년기의 위기'는 1949년에서부터 1951년에 걸쳐서 그가 47세에서부터 49세 사이에 일어났다. 그 동기는 로저스가 오하이오 주립대학 재직시에 상담해 왔던 여성분열증 환자가 시카고에까지 찾아왔다는 것에서부터 시작된다. 그녀는 주週 3회의 상담을 요구하며, 심지어는 로저스가 살고 있는 집 현관에까지 찾아올 정도로 극성스러웠다.

로저스는 그녀가 내담자로서 인간적인 온정과 진실성 있는 관계를 바라는 것은 이해했지만 내담자의 상태로 보아, 어떤 때는 다정하게 어떤 때는 '직업적'으로 대해 주는 등, 일관성 없이 대해 주었다. 이 때문에 내담자는 자기에게 의존과 애정이 복합된 언짢은 감정을 보여 왔다고 한다.

이와 같은 상황에 처한 로저스는 자기에게 있어서 이 여성 내담자와의 접촉은 '고통'일 뿐만 아니라 '치료적 의미를 이미 잃고 있다'고까지 생각하고 있었음에도 불구하고, 중단할 수도 없고, 다른 치료자에게 의뢰할 수도 없어서 '치료자인 내가 돕지 않으면 안 된다.'고 하는 책임감 때문에 악화일로에 있는 치료적 관계를 지속시켜 왔던 것이다.

결국 로저스는 더 이상 버티지 못하고 자신이 없어 돌연 이런 상황으로부터 도피하고 싶은 생각에 사로잡히게 되었다. 로저스는 자기 상담소에 근무하고 있는 젊은 정신과의사인 루이스 조든Luis Jorden 박사에게 내담자와 한 시간 정도의 상담을 부탁하고 아내 헬렌과 2, 3개월 동안의 여행을 떠났다고 한다. 이렇듯 그는 믿을 만한 사람에게 솔직하게 도움을 요청하는 것도 문제해결의 한 능력으로 본 것이다.

이때 헬렌은 로저스의 이러한 처신에 대해서 조금도 비난하지 않았으며 언제나 위로하고 수용적인 태도로 대해 준 배려에 힘을 입어 그는 다시 대학으로 돌아오게 되었다.

그렇지만 그가 집에 돌아왔을 때도, 그는 자기가 아직도 치료자로서 불충분한 상태에 있으며, 인간적인 면에서도 부족한 점이 많다고 생각하여, 심리학자로서 또는 심리치료자로서의 역할을 할 때가 아니라고 생각하였다고 한다.

로저스는 시카고 대학에 있을 때만 해도 과거의 유·소년기에 깊게 묻혀 있던 부정적인 자기상自己像으로부터 완전히 해방되어 있지 않았던 상태였다.

때문에 그의 내면에는, 어려서부터 고독이나 슬픔 같은 인간의 연약한 감정 표현 같은 것을 좋게 보지 않았고, 오직 부모의 마음에만 드는 '착한 어린이'가 되기만을 강요했던 가정에서 길러진 성격의 기초가 그대로 남아 있는 상태였다. 이와 같은 성격도 그의 위기를 가져오게 한 중요한 원인의 하나이기도 하였다.

실제로 로저스는 자기 자신에 대해서 생각하기를 "내가 한 것을 좋아하는 사람은 있어도, 나 자신을 좋아하는 사람은 아무도 없었다"고 말할 정도로 내면적인 갈등이 심했던 것도 중년기의 위기와 무관하지 않았다.

이 위기를 극복하기 위하여 로저스는 자기의 내면적 갈등과 고민을 솔직히 털어놓고 다른 사람의 도움을 청하기로 마음을 정리하였다. 그리하여 로저스는 당시 카운슬링센터에 재직하고 있었던 올리브 보운Oliver Bown의 상담을 받음으로써 이 위기를 극복할 수가 있었다.

이런 일이 가능했던 것도 로저스가 체면이나 자존심에 구애되지 않고 진솔하게 자신의 처지와 취약점을 겸허하게 받아들였으며 올리브 보운의 상담 제의에 흔쾌히 응했기 때문이다.

로저스는 올리브 보운과의 상담을 통해서 서서히 정상적인 상태로 돌아가기 시작했다. 그는 이 위기의 체험을 통해서 비로소 부정적인 자기상negative self-image의 굴레로부터 벗어남으로써 진정한 의미의 자기를 수용할 수가 있었으며 진정으로 사람을 사랑하고 사람으로부터 사랑받을 수 있게 되었다.

이런 위기를 극복하고 난 로저스는 공동연구자인 젠들린E. T. Gend-lin과 더불어 다시 새로운 위스콘신 시대(1957~1962)를 맞이하여 정신의학과 심리학의 겸임교수로서 봉사하였다. 특히 1957년에 실시한 '위스콘신 프로젝트Wisconsin Project'는 연구규모에 있어서 세상 사람들의 이목을 끌기에 충분하였다. 그것은 로저스와 젠들린을 중심으로 트루악스C. B. Truax, 키슬러D. J. Kiesler 등의 위스콘신 대학 정신병연구소의 '심리치료연구부Psychotherapy Research Group' 사람들과 더불어 각계 각층으로부터 도와준 성금으로 실시한 '맨도타 주립병원 Mendota State Hospital'의 분열병 환자에 대한 대규모의 심리임상적 연구였기 때문이었다.

이 연구결과를 정리하여 세상에 내놓은 책이 바로 『치료적 관계와 그 영향The therapeutic relationship and It's Impacts』(1967)[2]이다. 이 연구의 의의는 종래의 신경증 환자를 중심으로 사용해 왔던 내담자 중심치료법이 분열병 환자에게도 적용할 수 있는가 없는가를 검증해보는 데 있었다. 요컨대 내담자 중심치료법의 한계를 확인하려는 도전적인 시도였다. 그러나 이 연구에 대해서 로저스는 성공적이었다고 보지 않았다. 하지만 분열병역의 환자를 포함하는 중증 심리장애자의 치료의욕이 없는 사람들의 임상에는 큰 영향을 주었다. 또한 '체험과정'의 개념이나 '과정척도' '치료자의 조건측정법'의 발전

---

2) C. R. Rogers, et al., *The therapeutic relationship and its impact*, Madison : University of Wisconsin Press, 1967.

에는 도움을 주었다.

이 책을 읽는 독자 여러분은 로저스의 중년기 위기의 극복을 통해서 훌륭한 업적을 남긴 것을 이해함으로써 여러 가지 교훈의 시사를 받을 수가 있을 것으로 본다.

만약에 로저스가 자존심이나 체면에 구애받고 일개 직원인 올리브 보운의 상담에 응하지 않았더라면 그는 어떻게 되었을 것인가? 아마도 우리가 알고 있는 업적은 남기지 못했을 것이다.

사람이 어떤 위기에 직면했을 때는 자기의 있는 그대로를 진솔하게 보이면서 적기에 도움을 줄 수 있는 사람에게 도움을 구하는 태도는 인생의 위기를 극복하고 '자기다움'의 인생을 살아가기 위해서 매우 중요하다는 것을 로저스는 가르쳐주고 있다.

위스콘신 프로젝트(1957)에서 만족을 얻지 못한 좌절 속에서 그의 다섯번째 저서 『인간론On Becoming a Person(1961)』은 기대 이상으로 세인의 이목을 끌었으며, 로저스로 하여금 새로운 길을 갈 수 있는 용기를 주었다. 여기서 그는 전통적인 학문적 환경이 이젠 나에게는 더는 도움이 안된다고 생각하고 오히려 이런 환경이 나의 변화를 제약하고 소원하게 만든다는 것을 깨달았다. 그래서 1963년에 종신 교수직을 버리고 캘리포니아의 라 호야La Jolla에 신설된 '서부행동과학연구소Western Behavioral Science Institute'로 자리를 옮겼으며 다시 1968년에는 사람들의 원조를 직업으로 하고 있는 비영리단체인 '인간연구센터Center for the Studies of the Person(CSP)'의 설립을 도왔다.

여기서 그는 자기자신과 대인관계의 변혁을 통한 참다운 '인간적만남의 운동encounter movement'의 보급과 활성화를 위해 적극적으로 참여했다. 사회가 발달되어 감에 따라서 소외감과 심적인 장애가 증대되어가고 있는 현실 사회에서 이와 같은 인간회복을 위한 참다운 인간적인 만남의 운동에 대한 사회적 반향은 기대 이상이었다. 그것은 그가 출간한 『칼 로저스의 참만남집단*Carl Rogers Encounter Group*』(1970)의 명성이 잘 말해주었다. 그에게 있어서 CSP는 만년의 남은 생을 구상하고 연구하는 산실이 되어주었다.

이때부터 그는 종래의 관심의 대부분을 차지했던 개인적 치료의 내담자 중심의 인간관계로부터 벗어나 세계 공동체가 직면하고 있는 문제들에 대해서 관심을 기울이게 되었다. 이와 같은 의식의 변화로 인하여 그는 정치·사회 체제 문제 해결에 있어서 혁신적 의미를 갖는 '인간중심person-centered'의 상황에 눈을 돌리게 되어 처음으로 인간중심이라는 용어를 사용하게 되었다.

로저스의 이와 같은 사상적 변화가 추구하고자 하는 비전을 보여주고 있는 것이 『존재의 방식*A way of being*』(1980)이다 이 책은 그가 영적이며 정치적인 쟁점들에 대한 탐구에 참여할 수 있도록 용기를 주었으며, 교육의 인간화·국제분쟁·인종문제의 완화, 세계평화와 유지를 위한 세계 각지에서의 워크숍의 개척 등 생을 마칠 때까지 열심히 그리고 보람 있게 살 수 있는 힘의 원천이 되어주었다. 그의 인생에 있어서 참으로 '라 호야 시대'(1963~1967) '인간연구센터시대'(1968~1987)에서의 생활은 인간학적 실존적 심리학의 발전에도 영향을 주었다. 아깝게도 그는 1987년 2월 4일 85세를 일기로 생애를 마감하였다. 참으로 그는 인생의 후반기에 갈수록 서산의 현란한 노을처럼 생을 아름답게 마친 사람이었다.

죽음에 성급한 사람들

자살은 인생의 룰을 위반한 사람의 행위이며 그것이 이타적 자살altruistic suicide, 이기적 자살egoistic suicide, 아노미적 자살anomic suicde, 어떤 자살이 되었든 정상적인 죽음이 아니라는 점에서 결코 바람직한 것이라고 볼 수는 없다.

일반적으로 자살은 학업지진과 학업부진으로 인한 극도의 열등의식과 비관, 부채와 사업부진의 생활경제 문제 또는 결혼의 실패가 가져다주는 스트레스 및 우울증, 장기적인 경제 불황과 구조조정으로 인한 실직과 고용불안 등, 이와 같은 여건을 이겨낼 만한 의지와 인내심이 부족하여 절망과 공허감으로부터 벗어나지 못할 때 최후의 수단으로서 선택하게 된다.

어떤 점에서는 자살을 선택하는 사람이란 자기에게 가해지는 충격을 완화시킬 수 있는 정신적인 완충장치bumper가 결여된 사람이라고도 볼 수 있다.

통념상 자살 증가의 원인을 말할 때면 불황이라고 하는 경제적인 요인에만 귀인시키는 경우가 많지만 이런 관점은 균형을 잃은 태도이다. 물론 불황이나 구조조정 같은 경제적인 요인이 자살을 유발하는 요인으로서 의미는 가지고 있으나, 이것이 직접적인 원인이 아니라 자살에 직결하는 것은 오히려 구조조정이나 환경의 변화에 의해서 야기된 '급성 정신질환'인 경우가 많다.

정신과적으로 말한다면 자살은 통합실조증integration dysfunction syndrome(정신분열병의 변경된 명칭), 성격장애personality disorder, 알코올 의존증alcohol dependence, 우울증depression 등 정신질환과 관련되고 있으며,

이중에서도 자살의 60%가 우울증에서 발생한다고 한다.

우리가 일상생활에서 본다면 아무리 살기가 힘들고 남이 보기에 아주 절망적이어도 낙천적으로 사는 사람이 있는가 하면 그렇게 문제가 큰 것도 아닌 데도 심한 우울증 때문에 자살을 택하는 사람도 있다. 이런 것을 본다면, 자살의 직접적인 요인은 경제적 불황과 같은 외적인 조건이 아니라 외적인 환경의 변화에 의해서 야기된 정신적인 장애mental disorders라고 볼 수 있다.

자살문제를 성격심리면에서 생각해보자.

예컨대 성실하고 책임감이 강하며, 모든 일을 혼자서 처리하지 않으면 직성이 풀리지 않는 사람이 있다고 하자. 이런 사람은 'A는 A', 'B는 B'라고 하는 직선적인 사고방식을 갖고 있는 사람이며 뿐만 아니라 일이 순조롭게 추진되고 있을 때는 실력을 유감없이 발휘할 수가 있지만, 조금이라도 능력에 차질이 생기거나 장애에 부딪히고 수세에 몰리게 되면 쉽게 취약성을 들어내고 좌절하고 만다.

이와는 달리 성실하고 책임감도 어느 정도 있으면서도 일을 혼자서 떠맡지 않고 여러 사람과 더불어 분담할 수 있는 사람, 'A는 분명히 A이지만 때와 장소에 따라서는 B일 수도 있다'라고 하는 복안적 사고複眼的 思考가 가능한 사람은 예측하지 못했던 해프닝이 일어난다거나 일이 순조롭게 진전되지 못하여 수세에 몰려도 그런 대로 원만하게 사태를 수습할 수가 있다.

우리가 힘들고 어려운 시대를 살아가기 위해서는 생활방식의 전환이 절실하게 요구된다. 요컨대 우리에게는 단단하면서도 약한 강철과 같은 생활태도에서부터 유연하고 신축성있는 생활태도에로의 전환이 필요하다.

돌발사나 사건을 그런대로 원만하게 흡수하여 새로운 에너지로 전환시키는 생활태도, 매사를 'A는 A'라고 단정적으로 일면에서만 보는 것이 아니라 'A이기도 하고, B이기도 하다'라는 다면적이며 복안적으로 보는 탄력성이 있는 태도와 부드러운 표정을 지닌 생활방식으로의 전환이 필요하다고 본다.

요컨대 단면적斷面的 사고밖에 못하는 사람보다는 탄력적인 유연한 사고를 할 수 있는 사람이 죽음의 위기를 더욱 잘 극복할 수가 있다는 것이다.

우울 상태를 체크해 보자

성격적으로 보아 무슨 일에서나 성실하고 책임감이 강하며 모든 일을 자기 혼자 떠맡아서 하려는 유형의 사람들이 걸리기 쉬운 마음의 질환에 우울증depression[3]이라는 것이 있다.

증상을 중심으로 본다면, 우울증은 억울 기분(마음이 가라앉는다. 자신을 잃는다), 정신운동제지(주의 집중이 안 된다. 간단한 결정이 잘 안 된다), 불안초조

---

3) 현대의학에서는 우울증을 관습적으로 ① 내인성(內因性;정신병성) 우울증 ② 반응성(反應性) 우울증 ③ 신경증성 우울증(억울 신경증)으로 나누어 설명한다. 내인성 우울증이란, 유전과 체질이 중시되고 증상도 중증으로 나타난다. 반응성 우울증이란, 급격한 심리적 충격 때문에 내인성 우울증과 같은 상태를 보인다. 그러나 내인성 우울증에 비해서 증상이 비교적 가벼우며 예후도 좋은 점에서 구별되지만, 최근에는 내인성 우울증과 반응성 우울증을 구별하지 않고 동일 질환으로 진단, 치료하는 의사가 늘어났다. 신경증성 우울증이란, 엄격히 말한다면 우울증이 아니라 신경증(neurosis)이다. 우울증이란, 생명의 흐름이 정체되어 생명적 감정이 저하되고 있는 상태이며, 임상적으로 볼 때 일회적인 발병의 '단발성single-activness'도 있고 조상태(繰狀態; mania)와 울상태를 되풀이 하는 '순환성circularity'도 있고, 같은 병상(病狀)을 되풀이하는 '주기성periodicity'을 갖는 우울증으로 구분된다.

감(마음의 안정이 안 된다. 초조 등), 자율신경증상(수면곤란, 식욕부진 등) 등이 주가 되어 나타나며, 이밖에도 두통, 눈의 흐림, 심장의 두근거림, 미열, 쉽게 피로하는 등 다양하게 증상이 나타난다.

통계적인 보고에서도 자살자의 60% 정도가 정도의 차이만 있을 뿐 '우울'증세가 있었다고 하며, 또한 알코올 의존증의 60%가 우울증에 걸려 있었다고 한다.

*

회사에 다니던 어느 중년 남성은 최후까지 자기 임무를 완수하려고 하였지만 뜻을 이루지 못하여 지나친 죄책감 때문에 유서에 이렇게 써놓고 죽었다고 한다.

"원망하려거든, 나와 회사를 원망하라"

이 중년 남성은 오직 충성과 능률만을 강요하는 기업의 분위기에 부응하려다가 저질러진 자살이다. 능률과 업적 지향적인 회사와 근로자와의 관계 속에서 지나친 책임감 때문에 회사를 원망하고 자기를 책망한 나머지 삶의 의욕을 잃은 한 성실한 근로자가 선택한 죽음이다. 이렇듯 병적이리만큼 양심을 의식하고 성실일변도로 살려는 사람은 우울질환에 걸리기 쉽다.

지나치게 내성적이며 양심적이고 성실밖에 모르는 사람은 정신병원에 갈 가능성이 높고 지나치게 외향적이며 사교적이고 요령본위로 사는 사람은 교도소에 갈 가능성이 높다고 한 시사적인 말은 우리에게 매우 의미있는 것을 생각해 보게 한다.

실제로 자살까지는 가지 않는다 하더라도 우울증 때문에 많은 사람들이 침울한 나날을 보내고 있다는 것은 통계적인 숫자를 들지 않더라도 이미 잘 알고 있는 사실이다. 특히 만성적 질환을 가지고 있는 사람들의 상당수가 우울증에 걸려 있음에도 불구하고, 대부분의 사람들은 자신이 우울질환에 걸려 있다는 것도 모르고 치료를 늦춤으로써 병을 더 악화시키고 있다는 것은 매우 중대한 문제가 된다.

이와 같은 문제는 정신건강 관리상 매우 중대한 정보로서 이를 널리 계몽시켜야 할 문제라고 본다. 설마 우울증은 아니겠지 생각하고 오직 내과치료만 해오다가 결국 죽음을 선택해버리는 사람도 적지 않다.

우울증이라고 듣게 되면 일생 동안 완치될 수 없는 정신병처럼 생각하는 사람도 있다. 이것은 잘못된 선입견이다. 아직도 우리 사회의 일각에는 정신과의를 찾아가는 것을 정신분열증 환자나 찾아가는 곳으로 생각하는 잘못된 통념이 잔재하고 있다.

그러나 이것은 착각이다. 우울증은 정신병psychosis이 아니라 '기분장애mood disorders'의 하나이다. 조기에 발견하여 치료하게 되면 대부분 완치될 수 있는 질병이다. ① 휴식, ② 약물치료, ③ 카운슬링을 착실히 받게 되면 초기의 경증세인 경우에는 충분히 치료될 수 있는 마음의 질환이다.

좀 달리 표현한다면, 가벼운 우울증은 '마음의 감기'와 같은 것으로 생각하는 것이 좋을 것이다. 감기증세도 약을 쓰지 않고 내버려두면 악화되어 폐렴, 중이염, 기관지염 등 다른 여러 합병증으로 인하여 심할 경우에는 생명을 잃어버리는 경우와도 같이 가벼운 우울증이라 하여 방심하게 되면 증세를 악화시켜 목숨을 잃을 수도 있다.

때문에 가벼운 우울증이라 할지라도 이를 우습게 보아 방심하게 되면 일생을 두고 삶을 망가뜨릴 수 있는 병이 우울증이다. 이런 점에서 자신을 위해서도 그리고 가족을 위해서도 이웃과 사회를 위해서도 자신의 우울상태를 체크하는 것도 현대인의 교양이라고 본다.

*

어느 정신과의는 우울증을 '조간신드롬'으로 보고 있다. '조간신드롬'이란 아침에 일어나서 신문을 읽을 때의 기분이 무엇에 눌린 것처럼 무겁고, 매사가 귀찮은 것이 그 특징의 하나이며, 때문에 전에는 편안한 마음으로 아침신문을 읽던 사람이 우울증세가 있게 되면 조간신문을 읽는다는 것이 귀찮은 일로 생각하게 된다는 것에서 붙여진 이름이다.

그러나 오후가 되면 서서히 기분도 명랑해지며, 활동적인 감정으로 달라지기도 한다. 이 정도의 우울증은 우울증의 초기 증세이기 때문에 자가 상담 내지는 정신수련 또는 전문의의 도움을 통해서 깨끗이 치료할 수가 있다.

다음은 독자들의 정신건강에 도움이 되고자 미국 정신의학회에

표 3-1 우울증의 진단기준(DSM-IV)

우울증의 진단기준
• 우울한 기분이 거의 매일 나타날 때
• 흥미(관심)나 즐거움이 거의 없어졌을 때
• 체중의 현저한 저하
• 불면 또는 과면
• 정신운동적인 초조감이나 정신운동억제일 경우
• 피로감 및 에너지 상실감을 매일 느낀다.
• 의미없는 또는 부적절한 죄악감을 갖는다.
• 의식의 집중이 안 된다. 결정이 안 되는 상태가 매일 나타난다.
• 때때로 죽고 싶은 생각을 한다.
※위에서 최저 다섯 가지에 해당하며, 그것이 2주간 이상 지속될 때

의해서 제정된 「정신질환의 진단, 통계 메뉴얼 제4판Diagnostic and Sta-
tistical Manual Disorder Fourth Edition 7/DSM-IV」(1994) 〈표 3-1〉을 소개한 것이
다. 여러분들은 이 진단기준표를 이용하여 자신의 정신장애mental
disorder를 체크해 보기 바란다.

위의 진단기준에 비추어 다섯 가지 기준에 해당하는 것이 2주간
지속될 때에는 자신을 위해서나 가족을 위해서, 그리고 이웃과 사
회를 위해서 용기를 내어 정신과의를 찾아가 도움을 구하는 것도 현
대를 살아가는 능력의 하나라고 본다.

필요할 때 도움을 청하는 것도 소중한 '능력'의 하나다

우울증에 걸리기 쉬운 사람의 성격은 대체로 '성실하고', '꼼꼼하
며', '완벽주의적'이고 '자기를 책하며', '다른 사람에게 마음을 쓴다'
고 하는 특징을 가지고 있다. 이런 성격을 갖는 사람은 다른 사람에
게(친근한 사이의 사람에게도) 자신의 딱하고 어려운 처지를 진솔하게 말하
지도 못하며, 도움을 구하는 일에 아주 서툴다.

이와 같은 사람을 가리켜 카운슬링 심리학에서는 '피원조 지향성'
이 낮은 사람이라고 하며, 이를 어떤 방법으로 높일 수 있을 것인가
가 카운슬링에서는 중요한 과제로 되어 있다.

카운슬링counsling이라고 하는 용어도 알고 보면 라틴어의 '콘술레
레consulere'에 그 어원을 두고 있으며, 콘술레레에는 조언을 받다to
take counsel, 상담하다to consult, 조언을 구하다to ask counsel of의 의미가
내포되어 있다는 어의적 관점에서 보아도 카운슬링은 '목적을 가진
전문적 대화'를 통해서 문제해결에 도움을 주고 보다 차원 높은 바
람직한 사회적응과 개인의 통합된 발달을 도와서 충분히 기능하는

사람fully functioning person이 되도록 돕는 데 있다고 볼 수 있기 때문에 카운슬링에서 도움을 구하고 도움을 주는 과정이란 카운슬링의 근원적이고 본질적인 과정이라고 볼 수 있다.

특히 도움이 의미가 있는 것은 남의 도움을 받아서 문제를 해결하고 나면 이것이 학습learning으로서의 의미가 있다는 점이다. 왜냐하면 도움을 받아 문제를 해결하고 나면 그 사람은 다음의 그와 같은 문제와 유사한 문제까지도 해결할 수 있는 능력을 새로 획득하기 때문이다.

또한 문제해결에는 지적인 요인만이 작용하는 것이 아니라, 정서적인 요인, 사회적인 요인, 신체적인 요인, 심미적인 요인, 종교적인 요인 등, 문제의 성격에 따라서 복합적 요인이 작용되기 때문에 카운슬링은 살아 있는 종합적인 학습과정으로서 매우 큰 의미를 갖는다.

도움을 받는다고 하는 것을 단순히 의존적依存的인 시각에서만 볼 것이 아니라 필요한 도움을 통해서 없었던, 새로운 능력을 하나 얻는다고 하는 측면에서 의미를 찾아야 한다.

상담의 실제에서 중요한 것은 도움이 의존성을 키우게 되느냐, 아니면 새로운 능력의 획득으로 이어지느냐에 있다. 이는 도움을 받는 사람의 성격과도 관계가 있을 것이다.

똑같은 실패나 좌절이라 할지라도 실패의 원인을 다른 사람이나 환경에 귀속attribution시키는 사람도 있고, 자기 성격·태도·능력의 탓으로 돌리는 사람도 있다. 이 경우에 내적인 '내탓으로' 돌리는 사람은 자기 이외의 외적 요인(부모, 운수, 환경 등)에 돌리는 사람에 비해서 한 번 받은 도움을 의미있게 받아들임으로써, 다음에 발생하는 문제를 자신있게 해결할 수 있는 능력의 소유자가 된다.

　문제는 도움을 새로운 능력의 학습으로 연결시킬 수 있는 사람의 성격이 '피원조 지향성'이 낮다는 이율배반성에 있다.

　때문에 카운슬러는 내담자의 '피원조 지향성의 높이=필요'를 알아서 여기에 맞추어 도움을 준다는 것도 생각할 필요가 있다. '피원조 지향성'이 낮은 사람은 직장동료나 동창은 고사하고 가장 가까운 부부간에도 자신의 고충을 토로하지 못하는 사람도 있다. 이쯤되면 부부관계가 그렇게 원만한 단계는 아니라고 볼 수도 있다. 이런 경우에는 부부 카운슬링marital counseling의 도움을 구할 것을 권한다.

　사실 인생은 문제해결의 연속적인 과정이며, 때에 따라서는 심리적인 긴장이나 스트레스의 위기에 직면하게 된다. 그런데 이 위기를 가져오는 조건에는 두 가지가 있다. 하나는 인간의 성장과 발달에 따라 필연적으로 직면하게 되는 위기(입학·사춘기·취직·결혼·자녀 출생·자녀 결혼·갱년기·정년 등 예상할 수 있는 위기)와 예상할 수 없는 위기(실업·파산·이혼·교통사고·급성질환·친지의 사망 등)가 있으며, 그때마다 가장 적절한 '대응기제coping-mechanism'를 취하는 일이 필요하다.

　이 경우에 카운슬러는 바로 적절한 대응행동을 취할 수 있도록 도움을 주는 데 있다. 카운슬러는 내담자를 대신해서 문제를 해결해 주는 데 있지 않으며 도움을 받아 내담자 자신이 주체가 되어 문제를 해결하도록 돕는 데 있다. 왜냐하면 문제해결의 열쇠는 내담자에게 있기 때문이며, 상담은 학습의 의미가 있어야 하기 때문이다.

　다음은 위기의 원인이나 특징에 관계없이 위기를 효과적으로 대응하는 행동 유형과 비효율적으로 대응하는 행동 유형을 소개한 것이다. 도움이 되었으면 한다.

효율적으로 대응하는 데 필요한 행동

① 현실적 문제를 적극적·긍정적으로 탐색하고 대응에 필요한 정보를 수집한다.
② 부정적 감정, 긍정적 감정을 모두 표현하고 좌절에 대해 대범한 태도를 갖는다.
③ 다른 사람으로부터의 도움을 적극적으로 구한다.
④ 문제를 작은 문제로 세분하여 생각하고, 한 문제씩 해결해 나간다.
⑤ 위기로 인한 정서적인 불안을 긍정적으로 받아들인다.
⑥ 비관이나 그밖의 부정적 감정을 적극적으로 소화시키고 피할 수 없는 사태에 대해서는 긍정적인 의미를 부여(리프레이밍reframing의 기법)하여 융통성있고, 긍정적인 태도를 취한다.
⑦ 자기 자신과 타인에 대해서 신뢰하고 앞으로의 전망에 대하여 낙관적인 태도를 갖는다.

비효율적 대응행동

① 현실보다는 욕구 충족적 사고나 관념에 근거를 두고 판단을 내리거나 문제를 회피하며 인정하지 않는다.
② 긍정적 감정을 회피하거나 부인하며, 부정적 감정이 생길 때는 남을 원망하거나 감정을 투영한다.
③ 자기 자신을 통제하기가 힘들기 때문에 과민성 행동을 하거나 행동이 위축된다.
④ 다른 사람으로부터의 도움을 구하지 못하게 되고, 도움을 제의해 와도 이를 수용하지 못한다.
⑤ 문제에 대해 비현실적으로 반응하게 되며, 문제 자체에 압도당하고 있다는 생각을 하게 된다.

요컨대 심리적 위기를 극복하기 위한 대응행동對應行動은 스트레스의 원천과 위기 상황을 현실적·합리적으로 판단하여 가장 효과적으로 문제를 해결하고 긴장을 해소시켜 가는 적극적이며 적응적인 행동이 필요하다. 결코 무의식적인 방어기제defense-mechanism에 의해

서 유발되는 위기로부터의 도피나 위기의 전면적인 부정은 바람직한 대응행동이 되지 못하며, 위기의 근본적 해소에 조금도 도움이 되지 못한다. 이런 사람일수록 전문가의 도움을 필요로 한다.

내담자의 입장에서 이해한다

내담자 중심 카운슬링의 중심적인 가설은 '도움을 주는 사람의 진실성realness, 보살핌caring, 깊고도 풍부한 감수성과 단정적이지 않는 이해deeply sensitive nonjudgmental understanding를 체험하는 관계 속에서 내담자의 '성장 잠재력'이 신장된다고 하는 것이다.[4]

이 가설은 그의 인간학적 접근법에 근거하고 있는 로저스의 자기이론self theory에서 잘 나타나고 있다. 자기이론은 카운슬러뿐만 아니라 교양으로서도 일반인에게 필요한 이론이다.

왜냐하면 일반인도 상황에 따라서 도움을 받을 수도 있고 도움을 줄 수도 있기 때문이다. 그렇다면 자기이론이란 어떤 이론적 기반에 근거하고 있는가?

① 개인의 퍼스낼리티(그 사람 특유의 행동양식과 사람 됨됨이를 규정하는 정신적 에너지)를 외부로부터 어떤 외적 기준을 사용하여 판단하는 것이 아니라, 그 사람이 지각知覺하고 있는 사실 그대로를 존중하여 지각의 내면세계로부터 이해한다.

이는 도날드 스니그Donald Snygg(1904~1967)와 아서 콤스Arther W. Combs (1912~)가 '인간의 행동을 지각perception의 함수'로 본 현상학적 접근

---

4) B. D. Meador & C. R. Rogers, Client-centered therapy In. R. Corsini (ed.), *Current Psychotherapies*, Itasca, III. : F. E. Peacock, 1973.

법phenomenological approach⁵⁾에 의거하고 있는 입장이다.

왜냐하면 인간의 외적 행동이나 내면적 행동을 규정하고 있는 가장 중요한 요인은 그 사람의 내적·현상학적 세계이기 때문이다. 이점에서 로저스는 카운슬링에서 내담자의 '내적 준거internal frame of reference'에 대한 '공감적인 이해empathic understanding'의 체험을 중시한 것이다.

② 인간은 자기를 성장시키고, 자기실현을 지향하는 가능성을 가지고 있는 존재이다. 이 이론은 인간 유기체에 대한 신뢰를 전제로 하고 있다.

이 점에서 로저스의 자기이론은 프로이트Sigmund Freud(1886~1939)가 인간을 현실원칙reality principle과 초자아superego와 쾌락원칙pleasure principle이 끌어당기는 압력 상황 속에 있는 존재로 본 것과 비교할 때, 인간을 끊임없이 성장을 향해 나아가는 긍정적인 방향성을 가지고 있는 존재임을 강조하는 입장이다.

이렇듯 로저스의 자기이론은 '현상학적 자기'의 중시와 인간유기체에 대한 신뢰의 관점에서 인성의 변화를 접근해 가려고 하는 데 있다. 여기서 '자기이론'을 응용함에 있어서 이해해 두어야 할 몇 가지 중핵적인 요점을 지적해 두고자 한다.

'현상학적 자기phenomenological self'란, 자기에 대한 이미지나 정의와 같은 자기개념self-concept에 의해서 만들어지며, 이 자기개념이 너무도 완고할 때는, 유기체적인 경험organismic experience 또는 감각적 내장적 경험sensory and visceral experience이 '자기self' 속에 들어갈 수 없게 된

---

5) A. W. Combs & D. Snygg, *Individual behavior : A personal approach to behavior*, New York, Harper & Bros, 1959.

다는 것이다. 그리하여 자기개념과 모순·대립하는 경험은 부정되거나 왜곡하여 지각해 버리게 된다. 이 상태를 로저스는 자기불일치self incongruence 또는 '부적응 상태maladjustment'로 보았다.

그러나 완고한 자기개념도 유기체적 경험을 받아들이고 안들이고와는 상관없이 그것이 아무런 불이익이나 위협이 안 될 때는 생각을 바꾸어 자기개념과 불일치, 모순된 유기체적 경험도 받아들이게 된다는 것을 이해할 필요가 있다.

요컨대 치료자나 카운슬러는 내담자가 자기개념을 유기체적 경험과 일치시켜 가는 방향으로 변화, 성장해 가고 있는가 없는가에 대해서 조심성 있게 살피면서 상담을 하는 태도가 중요하다는 것이다. 그리고 '현상학적 자기'의 정립이 삶의 의미를 찾는 데 있어 매우 중요한 역할을 한다는 것도 유의하지 않으면 안 된다.

유진 젠들린에게 배우다

포커싱을 통해 '느낌'의 의미를 듣는다

그것도 나, 이것도 나.
내 안에는 여러 '감성적 느낌의 의미(나)'가 있다.
때문에 여러 가지 일에 관하여
내가 느낀 의미를 들어볼 수가 있다.
들을 수 있는 한 무엇이든지
'내적인 나'의 소리에 귀를 기울이도록 하자.

약한 나, 무능한 나, 어떤 나도 소중한 나

'포커싱'의 창안자 젠들린에 관하여

포커싱은 자신의 내면에 있는 또 한 사람의 자기를 위해 감정과 신뢰 관계를 갖고 좋은 경청자가 되기 위한 수단이다. 이런 생각을 하게 된 것은 우리 몸 안에는 다양한 지혜가 숨어 있고 이를 들어 주기 바라는 감성이 있기 때문이다. 즉, 우리에게는 '신체화된 인지 embodied cognition'(신체성과 지성 및 감각은 일체화되어 있기 때문이다)와 신체화된 마음embodied mind이라는 것이 있기 때문이다.

이런 점에서 우리가 내적 체험(감성)과 신뢰 관계를 맺고 몸이 가지고 있는 지혜에 귀를 기울인다면 우리 몸의 감성은 인생을 어떻게 살아가면 좋은지, 보다 자기다움을 발휘하려면 무엇이 필요한지, 무엇에 가치를 두며 무엇을 믿으면 좋은지, 무엇이 기분을 상하게 하며, 어떻게 하면 이를 치유할 수 있는지 등 다양한 지혜를 가르쳐 준다.

포커싱은 이와 같은 것들을 위한 심리학적인 자기원조의 기법self-help skill이며 체감을 사용하여 자기의식self-awareness을 촉진시켜 마음을 치유해 가는 자기치유의 과정이다.

포커싱(초점 만들기)의 창안자 유진 젠들린은 1926년 12월 25일 오스트리아 빈에서 태어나, 12세까지 빈에서 성장했다. 그 후 미국으로 이주하여 시카고 대학교에서는 찰스 모리스Charles William Morris(1901~1978) 밑에서 철학을, 칼 로저스Carl Ransom Rogers(1902~1987) 밑에서는 심리학을 사사하였다.

특히 그는 실존철학을 수학하였으며, 청년기에는 현상학자로서의 길을 갈 것을 다짐했다고 한다. 그 결과 1950년의 석사논문[6]에서는 비합리주의적인 생의 철학Lebensphilosophie의 창시자 딜타이Wilhelm Dilthey(1833~1911)의 '정신과학적인 인간 이해'를 위해 발표한 『정신과학 서론Einleitung in die Geisteswissenschaften』(1983)에 매료되어 자연과학적인 인간 이해의 '문제점'에 대하여 논할 만큼 인간의 '현상학적 세계phänomenologische Welt'를 중시하였다.

젠들린은 일찍이 딜타이의 『정신과학 서론』에서 강조하고 있는 인간의 내적 체험innere Erfahrung을 근거로 한 정신과학Geisteswissenschaften과 인과관계를 설명하는 자연과학을 구별한 점, 인간을 오성존재Verstandeswesen로만 파악했던 전통철학의 주관을 비판하고 충동·감정·의지에 의해 지배되는 정신력의 총체Totalität der Seelenkräfte(체험-표현-이해)를 강조한 점에 공명하였다.

이 점에서 젠들린의 철학적 배경에는 심리학은 정신과학의 기초가 되어야 한다고 본 딜타이의 '정신과학적 심리학Geisteswissen-schaftli-che Psychologie' 또는 '이해심리학Verstende Psychologie'의 사상이 내재하

---

6) Eugene T. Gendlin, Whilhelm Dithey and the problem of comprehending human significance in the science of man, Unpublished MA Thesis, Deparment of Philosophy, Univerisity of Chicago, 1950.

고 있음을 엿볼 수 있다.

이렇듯 딜타이의 영향을 받은 젠들린은 1958년에 「상징화에 있어서 체험 과정의 기능The Function of Experiencing in Symbolization」으로 시카고 대학교에서 철학박사 학위를 받았다. 특히 시카고 대학교에서 의미 있었던 것은 자신의 철학이론을 심리학 영역에서 제대로 실천하고 있는 사람을 만나게 되었다는 점이다. 그 사람은 바로 후일 그에게 학문적인 영향을 주게 되는 칼 로저스였다.

그는 스승인 로저스의 시카고 시대(1945~1957)와 위스콘신 시대(1957~1963)에 걸쳐 로저스의 공동 연구에 참여하여 시카고 시대는 『심리치료법과 인성 변화Psychotherapy and Personality Change』(1954)를, 위스콘신 시대는 그의 처녀작 『체험 과정과 의미의 창조Experi-encing and the Creation Meaning』(1962)를, 또한 분열병 환자에 대한 연구인 '위스콘신 프로젝트'를 통해서는 철학과 심리학의 관계에 대해 심혈을 기울여 집필한 『치료적 관계와 그 영향The Therapeutic Relationship and Its Impact』(1967)이라는 대표적인 연구를 남겼다.

뿐만 아니라, 실존철학을 배경으로 한 그의 독특한 사고의 산물인 '체험 과정 심리치료법experiential psychotherapy'을 펼치기도 하였다. 그러나 그의 '체험과정이론[7])'과 이 이론이 로저스에 미친 영향에 대해서는 학계의 인식과 평가에 있어서는 다소 미흡한 점도 없지 않다.

특히 1963년에는 미국심리학회American Psychological Associa-tion(APA)의

---

7) Eugene T. Gendlin, Values and the process of experiencing, In A. R. Mahrer (Ed.), The goals of psychotherapy, New York : Appleton−Century Crofts, 1967, pp. 180−205.

심리치료 부분의 전문지『심리치료법 : 이론과 연구와 실천Psycho-
therapy : Theory, Research and Practice』을 처음으로 만들어냈고, 1976년까
지 편집을 맡아 왔으며, 그의 학술적 공헌이 높이 평가되어 1970년
에는 APA로부터 임상심리학 부문의 '우수심리학 심리치료상Distin-
guished Award in Psychology and Psychotherapy'이라는 전문직상을 수상하였
다. 그리고 2000년에는 포커싱 연구소와 더불어 인간성 연구 부문
의 상을 받았고, 2010년에는 심리학에 대한 탁월한 이론적·철학적
문헌으로 최고상을 받았으며, 2008년에는 오스트리아 빈 시의 빅토
르 프랑클가 재단Viktor Frankl Family Foundation으로부터 빅토르 프랑클상
Victor Frankl Prize을 받았다.

또한 1970년대에는 젠들린과 시카고 대학교의 대학원생을 중심으
로 '포커싱 경청법focusing listening'을 배우고자 하는 시카고 지역사회
사람들로 만들어진 '체인지스changes'라는 단체는 상호 간의 인간적
성장을 지원할 수 있다는 점에서 지역사회로부터 각광을 받기도 했
다. 또 젠들린은 내담자가 자각의 한계점limitation in awareness이나 체험
의 가장자리에서 '에지로 사고한다thinking at the edge(TAE)'8)고 하는 것
을 들어 주고 도와줌으로써 내담자의 효과적인 촉진자가 될 수 있
다는 자신의 철학을 창조적인 사고 영역에 응용하는 연구 업적을
남기기도 하였다.

이 밖에도 후기에 집필한 그의 철학 논문「프로세스 모델process
model」9)에서는 현상을 정적靜的인 실체로서 정의하는 내용 개념(또는

---

8) Eugene T. Gendlin, Introduction to thinking at the edge,. in the Folio, Vol 19 No 1,
   2004, pp. 1–8.
9) Eugene T. Gendlin, A process model, Unpublished manuscript. 1996. (In eight

뉴턴적 개념Newtonian Concept)과는 달리 현상의 동적인 과정적 측면을 말하는 '과정' 개념의 중요성을 주장한 점으로 보아 젠들린은 역시 실존철학에 기반을 둔 심리학을 추구하였다고 볼 수 있다.

그는 1998년의 포커싱 국제회의 석상에서 "나는 철학자이지만 심리치료라는 옆길을 돌아서 오고 말았다. 불과 40년 동안이었지만……."이라고 지난날을 후회하지 않는 회고의 일단을 말한 바 있다. 그의 농담 섞인 말에서도 알 수 있듯이 그의 심리치료의 기저에는 철학적인 관점이 깔려 있다. 역시 철학자로서의 젠들린다운 본심이 드러나고 있는 것을 엿보게 한다.

젠들린의 철학과 사상

젠들린의 사상은 현상학이나 실존철학자들(후설Edmund Husserl, 하이데거Martin Heidegger, 사르트르Jean Paul Sartre, 비트겐슈타인Ludwig Wittgenstein 등)의 사상을 계승하면서도 이들을 넘어서려는 정신에서부터 출발하고 있다. 실존주의자나 현상학자는 다음과 같이 주장한다.

> 인간의 '체험' 그 자체는 과학적으로 환원시킬 수가 없는 대상이다. 삶의 과정이란 이론이나 도식 이상의 것이다. 인간의 체험은 정적靜的으로 고정시킬 수는 없다.

'체험'은 개념의 틀로 포착할 수도 없고 과학적으로 환원시킬 수도 없는 것이라면 우리는 이를 정확히 기술할 수 없다는 것인가? 또는 역으로 각 개인이 자의적으로 아무렇게나 말할 수 있는 것이 아

---

parts, 422pages),

닐까? 그렇다면 체험 기술의 정확성의 근거를 어디서 찾아야 할 것인가? 젠들린은 이와 같은 물음에 대하여 다음과 같이 말하였다.

표현된 언어만으로는 그 표현이 체험을 정확히 기술한 것인지의 여부를 확인할 수단은 못된다. 좀 귀찮은 일이기는 하지만 체험은 그것이 표현된 순간에 미묘한 기미를 예감케 함으로써 새로운 체험이 되어 변하게 된다. 요컨대, 표현 행위에 의해서 언어와 체험 사이에 상호작용이 일어나게 된다.

그러나 이런 상호작용의 과정에는 정확하게 정해진 국면이 있다. 그것은 표현 다음에 지속적으로 일어나는 정확한 변화의 과정 그 자체가 기술記述의 정확성의 근거가 된다. 자신의 체험을 정확하게 표현했느냐 못했느냐는 사전을 뒤져서 말의 의미를 알게 되는 것이 아니라 그 말에 의해서 언어와 체험에 상호작용이 일어나서 그 결과 얻어지는 가슴이 메고 폐부를 찌를 만큼의 신체감각의 변화로 알게 된다.10)

유럽의 근대철학에서는 인간의 인식은 '개념 장치conceptual appara- tus'를 통해서 입력된 것만 파악할 수밖에 없으며, 그 밖의 것, 즉 '감각기관을 통해서 느낄 수 있는 것'은 기껏 혼돈밖에 없다고 생각하였다. 그러나 젠들린은 이를 부정하고 다음과 같이 말하였다.11)

우리의 신체 조직 체계가 매우 정밀하게 조직되어 있는 것처럼 '신체 감

---

10) Eugene T. Gendlin, *Experiencing and creation of meaning*, New York : Free Press, 1962. (Paperback Northwestern University Press, 1996)
11) Eugene T. Gendlin, The Wider Role of Bodily Sense in Thought and Language, In M. Sheets-Johnstone (Ed.), *Giving the body its due*, Albany : State University of New York Press, 1992, pp. 192~207.

각'bodily sensation'을 통한 외계와의 상호작용에도 정확한 질서order가 있다. '신체감각'에는 혼돈이 있을수가 없다. 이와 같은 관점에서 젠들린은 환경이 어떻게 해서 우리의 인식의 세계에 들어와 우리가 여기에 어떻게 대응하느냐, 요컨대 감지할 수 있는 것이 어떻게 기능하며, 전개되는가를 제시한 것이다.

'진리'란 한 국면을 정적으로 잘라 내서 얻어지는 것이 아니다. 상호작용의 동적인 과정이야말로 '진리'인 것이다. 젠들린은 종래의 개념 장치, 즉 과학적인 '환원론'이나 그 대극점에 있는 전포괄적인holistic 모델의 그 어느 쪽도 부정하지 않는다. "우리는 컴퓨터의 은혜도 생태학의 은혜도 받고 있다. 진리는 하나만은 아니다."라고 말한다.

우리가 노력해서 지금까지 쌓아올린 방법론을 부정하는 것이 아니라 여기에 새로운 방법을 첨가할 것을 제안한 것이다. 한 사람 한 사람이 실제로 느끼게 되는 변화의 과정을 근거로 한다면 여러 가지 진리는 있을 수 있다고 본 것이다. 젠들린의 사상은 어디까지나 인간 중심, 더욱이 그것도 내용 중심의 인간이 아니라 생동적인 과정으로서의 인간을 철저하게 존중하고 있다고 말할 수 있을 것이다.[12]

상호작용의 과정에 대해 착안하여 내용이 아니라 여기서 나타나는 '질서'를 제시한 젠들린의 철학은 다양한 분야에 응용할 수가 있다. 그가 로저스와 공동 연구를 하면서도 자신의 철학을 심리치료의 영역에 응용하여, 실증 연구를 통해서 증명된 변화의 과정을 심리치료를 넘어서 누구나 사용할 수 있는 매뉴얼로 만든 것이 자기원

---

12) Eugene T. Gendlin, A philosophical car for focusers, Unpublished manuscript, 1999.

조self-help의 기법으로서의 '포커싱'인 것이다.

포커싱의 이론

심리치료의 연구에서 로저스가 '경험experience(=감각적 내장적 경험sensory and visceral experience)' 및 '자기개념과 유기체적 경험의 일치, 즉 자기일치self-congruence'의 용어로 인성의 변화를 이해하려고 한 것과는 달리 젠들린은 '체험 과정experiencing'의 '추진carrying forward'이라는 개념을 도입하였다.

체험 과정이란 '지금 – 여기서' 느낄 수가 있는, 가슴이 벅차오름이나 마음이 개운치 않은 상태와 같이 직접 검토해 볼 수 있는 '느낌'이다. 이것은 이미 개념화된 내용의 집합에 의해 성립되는 것은 아니며 개념화되기 이전의 체험의 흐름인 것이다.

이와 같은 체험의 흐름 속에는 풍부한 의미가 들어 있어서, 이 체험의 흐름으로부터 언어와 이미지 등이 상징화되어 감으로써 인성의 긍정적인 변화를 보이게 된다고 본 것이다.

이렇듯 젠들린은 인간이란 자기 내면에 숨어 있는 '내용content'으로서만 존재하는 것이 아니라 환경과의 상호작용에 기반을 둔 '과정process'으로서 산다고 보아, 사람은 과정으로서의 감정이나 체험을 끊임없이 상징화하며 살게 된다는 '인간관'을 가지고 있다.

이와 같은 인간관의 관점에서 젠들린은 종래의 인성론에서 말하는 '내용 모델content model' '억압 모델repression model'로는 인성 변화의 과정을 설명할 수 없다는 것을 지적하고 내담자 중심 치료만이 아니라 모든 치료 이론에 적용할 수 있는 변화의 과정으로서 '포커싱(초점

만들기)의 과정'을 제시하고 있다.[13]

이 과정에는 다음과 같은 네 가지 국면이 있다는 것을 전제하였다.

- 개념적으로는 명료하지 않지만 느낄 수 있는 것과 감각의 의미를 직접 대조가 가능하다(direct reference).
- 몇 가지 국면의 상징화와 전개가 가능하다(unfolding).
- 마음에 짚이는 사안이나 문제가 떠올라서 넓게 적용할 수 있다(application).
- 느낌의 변화와 이동이 가능하다(referent movement).

젠들린은 로저스와 더불어 심리치료의 성공 요인에 관하여 적극적으로 연구하였다. 그중에서도 특히 '분열병' 환자의 연구였던 '위스콘신 프로젝트'[14]는 장기간에 걸친 대규모의 공동연구였으며, 여기서 그는 독자적인 치료 이론을 펼쳤다. 특히 '체험과정척도'를 사용한 연구에서는 체험 과정이 통계적으로도 심리치료법의 성공과 관계가 있다는 결과를 얻기도 했다.

또한 그는 계속적인 연구를 통해 심리치료에 의해서 체험 과정을 받아들일 수 있는 능력이 길러진다라기보다는 오히려 체험 과정을 받아들이는 능력은 '심리치료의 전제조건'이라는 것을 알게 되었다.

---

13) Eugene T. Gendlin, A Theory of Personality Change, In Worchel and Byrne (Eds.), *Personality Change*, New York : Wiley, 1964, pp. 100–148.
14) C. R. Rogers, E. T. Gendlin, D. J. Kiesler, & C. B. Traux (Eds.) *The Therapeutic Relationship and Its Impact : A Study of psychotherapy with schizophrenics*, Madison, Milwaukee, and London, The Univ. of Wisconsin Press. 1967.

여기서 힘을 얻어 '체험 과정experiencing'을 수용할 수 있는 능력이 낮은 내담자에 대해서 '심리치료'를 보다 효과적으로 하기 위한 기법으로 연구 개발된 것이 '포커싱'이다.

포커싱의 발견

앞에서 이미 젠들린의 '철학과 사상', '포커싱의 이론'이 시사하고 있는 바와 같이 포커싱은 지적인 측면에서 본다면 그의 철학(실존철학·현상학)에서 나왔다고 젠들린도 말했다. 그러나 일찍이 그는 인도의 간디Mohandas Gandhi(1869~1948)의 종교사상의 근본인 아힘사ahimsa(비폭력·불상생의 계)와 청교도Puritan의 일파인 퀘이커 파Quakers의 영향, 자신의 유대적 전통의 영향도 받았음을 고백하였다. 그러나 포커싱 발견에 이론적인 뒷받침이 되어 준 것은 그의 철학적인 처녀작 『체험 과정과 의미의 창조Experiencing and the Creation of Meaning』(1962)였다.

여기서 그는 유의미한 것이지만 아직 언어화되어 있지 않은 경험과 개념·논리·과학적 연구와의 관계를 논한 철학적 이론에서, 체험 과정이 어떤 형태로 상징화되어 표현된다는 것이 자신을 이해하는 데 필수적이라고 보았다. 또한 자기가 체험한 것이 자신에게 있어서 어떤 의미를 가지는가를 이해하는 과정, 즉 체험 속에서 의미를 창조해 가는 과정이 자기를 만들어 주게 되고, 변화 발전시켜 주게 된다고 본 것이다.

1958년 시카고 대학교에서 받은 학위의 논문도 「상징화에 있어서 체험 과정의 기능」이었다는 점에서 포커싱 발견에는 이와 같은 철학적 영향이 컸음을 이해할 수가 있다. 그러나 직접적으로 포커싱은 성공적인 심리치료법에 대한 조사 연구를 통해서 얻어졌다.

그것은 사실 젠들린은 1960년대 초부터 시카고 대학교와 위스콘신 대학교에서 15년이란 장기간에 걸친 실증적인 공동 연구로 '치료 관계의 영향'과 '왜 심리치료에서 효과가 있는 사람과 효과가 없는 사람이 있는가'라는 문제, 치료에 성공적인 환자의 결정적인 요인은 치료자의 기술이 아니라 환자가 마음으로 체감한 것을 밖으로 어떻게 표현하느냐에 있을 것이라는 가설에 대한 검증이었다.[15]

젠들린과 동료 연구자들은 먼저 수백 가지 치료 장면의 녹음테이프를 검토하였다. 때문에 각각 다른 수많은 치료자와 내담자의 치료 상담도 첫 회부터 최후 세션까지 전 과정을 녹음했다. 그리고 치료자와 내담자에게 그 치료가 어느 정도 성공했는가를 묻고, 각각 별도의 심리검사를 실시하여 유효한 변화가 있었는가 없었는가를 측정했다.

여기서 상담자의 '응답'과 내담자의 '응답' 그리고 개별적으로 실시한 심리검사 '결과', 이 '세 가지' 모두의 평점이 일치한 것만을 연구 자료로 채택했다. 그 결과 녹음테이프는 성공한 사례와 실패한 사례의 두 집단으로 분류되었다.

다시 연구자들은 테이프를 비교하여 성공과 실패의 차이를 결정해 주는 것이 무엇인가를 조사했다. 먼저 두 집단의 테이프에서 치료자 부분을 들어 보았다. 상식적으로는 치료자의 방법 여하에 의해서 치료의 성공·실패가 결정된다고 생각하게 된다. 분명히 성공

15) Eugene T. Gendlin, J. Beebe, J. Cassens, M. Klein, & M. Oberlander, Focusing ability in psychotherapy, personality, and creativity, In J. M. Shlein (Ed.), *Research in psychotherapy* (Vol. 3), Washington, D.C. : American Psychological Association, Paperback edition, 1969, pp. 217–238.

한 치료는 치료자가 보다 공감적이며 보다 솔직하고, 보다 수용적이며, 보다 날카로운 재기オ氣가 있기 때문이라고 생각하기 쉽지만, 그러나 실제 연구에서는 치료자의 행위로부터 '유의미한 차이'는 볼 수가 없었다.

어느 테이프에서나 치료자들 대부분의 말을 들어 보면 대체로 치료자는 최선을 다한 편이었다. 그래도 호전되어 가는 내담자도 있는가 하면 그렇지 못하는 내담자도 있었다. 다음에 연구자들은 내담자의 테이프를 들었을 때 무언가 고무적이며 중요한 점을 발견하였다. 그것은 치료가 성공적이었던 내담자와 실패했던 내담자 사이에는 차이가 있었다는 사실이었다.

그리고 그 차이는 처음 1, 2회의 세션에서 내담자 부분을 듣기만 해도 치료의 성공을 예측할 수가 있다는 것을 발견했다. 즉, 내담자가 말하는 것을 들어 보면 치료가 최종적으로 성공할 수 있을지의 여부를 말할 수 있게 되었다. 그렇다면 연구자들이 테이프를 듣고 나서 치료가 성공할 수 있을지 없을지를 '예측prediction'할 수 있게 해 준 것은 무엇이었을까?

그들이 발견한 것은 다음과 같은 것이었다. 치료가 성공적이었던 내담자는 상담 중 어딘지 모르게 말하는 것이 '차분하고' 깊이 생각하면서 하는 말처럼 '말이 좀 분명치 않으며' 그때그때 느끼고 있는 것을 표현할 말을 찾기 시작한다는 것이었다. 즉, 그 테이프를 듣게 되면 다음과 같이 말하는 것을 이해할 수 있다는 것이다. 예컨대, '글쎄요, 무엇이라고 할까요. …… 마치, 이 근처에 있는 것 같습니다만 …… 그것은 …… 저 …… 그것은 …… 화가 나 있다는 것과는 다르며 …… 좀 그렇습니다'와 같은 발언이다. 때로는 느낌을 몸으로 느낀다고 말하는 내담자도 있다. 예컨대, '그것은 가슴 쪽에 무엇이 있는 것 같다.'든가 '위 부위가 무언가 이상한 느낌이 듭니다.'와 같은 표현이다.

요컨대, 성공한 치료자의 내담자들은 상담 과정에서 직접 몸으로 느끼고 있는 체감을 말로 표현하기 어려운 막연한 '신체적인 의식body awareness'을 체험하였다는 점이다. 이와는 반대로 상담이 성공적이지 못했던 내담자들은 상담을 시작해서 끝날 때까지 말이 막히는 데가 없이 말하였다는 점이다. 이런 사람은 '머리로 생각하는 수준'에 머물러 있기 때문에 직접 몸으로 느끼지를 못하고 있음을 알 수가 있었다.

이 점은 매우 중요한 의미를 시사하고 있다. 그것은 2008년 미국 에모리대학의 심리학교수인 로렌스 바살로우Lawrence Barsalau의 「연간 심리학평론Annual Review of Psychology」에 실린 논문에서, "뇌가 세상을 이해하기 위해 몸의 경험을 모의模擬simulation하기 때문에" 마음의 인지기능이 '몸에 메인embodied' 것으로 볼 수 있다고 발표한 바가 있기 때문이다. 이런 점에서 신체성과 지적 인지와 감각은 '일체화'되어 있다는 '신체화된 인지embodied cognition'라는 이론도 있는 것이다.

요컨대 신체화된 인지, 의미 있는 느낌의 체험이 없거나 부족한 내담자는 치료자가 문제에 대해 아무리 다양하게 분석하고, 성의를 다해 설명하고, 이해하고, 눈물을 흘려도 결국 치료는 성공하지 못했다. 여기서 유진 젠들린은 치료를 성공과 실패로 나눌 수 있게 된 이 차이를 어떻게든 기법으로써 가르칠 방법을 발견하고자 결심하였다.

젠들린은 치료자로서 그냥 수수방관만 하고 어떤 내담자는 성공하고 어떤 내담자는 실패하는 상황을 그대로 두고만 볼 수는 없었다. 그는 어떤 사람에게나 도움이 되는 사람이 되고자 생각했다. 그리하여 강력하고도 효과적으로 마음을 치유할 수 있는 기법을 가르칠 방법을 발견하였으며, 그는 이 방법을 '포커싱'이라고 이름하였다.

처음에 그는 포커싱을 단지 심리치료의 개선에 유용한 방법으로만 생각하였다. 그러나 그 후 사람들은 그 이외의 목적으로 포커싱을 가르쳐 주기를 바라게 되었다. 즉, 심리치료법 대신 자기원조self-help의 기법으로 사용한다든가, 어떤 의사 결단을 내리려고 할 때나 창조적인 일의 계획 수립creative projects에도 도움이 되게 하는 것을 바라게 되었다.

이와 같은 그동안의 실증적인 연구의 결실로 젠들린은 1978년『포커싱Focusing』이라는 제목의 책을 출판하게 되었으며, 이 책은 수십만 부나 팔릴 만큼 포커싱에 대한 관심을 높였다. 그리하여 젠들린은 수많은 포커싱 워크숍을 열게 되었을 뿐만 아니라 세계 여러 나라에 확산되어 있는 포커싱 애호가들의 네트워크를 지원하기 위해 포커싱 연구소를 설립했다.

다행히도 포커싱은 사람들이 태어날 때부터 몸에 내재되어 있는 생득적인 기능이기 때문에 발견된 것이지 발명된 것은 아니다. 다만, 그것은 사람들을 바람직한 방향으로 변화시켜 주고 있는 것을 관찰하는 가운데 발견되었을 뿐이다.

우리는 인생의 순간순간마다 자신이 어떻게 느끼며, 그 의미 감각을 알 수 있는 능력을 가지고 태어났다. 그렇지만 거의 대부분은 어린 시절부터 또는 문화의 영향을 받아 상처받거나 소외받은 경험 때문에 신체나 감정에 대한 신뢰를 상실한 채 살고 있는 것이다. 이런 점에서 우리는 잃어버린 생득적인 능력을 찾아주기 위하여 '포커싱을 재학습re-learn focusing'할 필요가 있음을 절감한다.

1) 젠들린의 6단계 포커싱[16]

우리의 마음 가운데는, 몸으로 느끼고는 있지만, 너무 막연해서 말로 표현하기가 어려운 여러 가지 감정이 있다. 그리고 이 감정들은 마치 시냇물의 흐름과도 같아서 어떤 때는 세차게, 어떤 때는 잔잔하게 끊임없이 흐르게 된다. 게다가 이 내면적인 흐름은 누구 한 사람도 똑같지 않으며 시시각각 상황에 따라서 천차만별이다.

더욱이 이를 시각적인 이미지나 언어로 표현할 수 있는 감정은 그 가운데서도 극히 제한된 일부에 지나지 않을 만큼 우리의 마음 속에서는 다양하고도 풍부한 감정체험이 일어나며 그것이 내장되고 있다.

이 경우에 우리는 감정의 흐름에 주위의 초점focus을 만들어가면서도 그 흐름에 말려들거나 너무 멀어지지 않고 적당히 거리를 두어 느낌의 흐름에 접해가면서 거기에 포함되어 있는 암묵적인 의미를 '상징'으로 바꿔놓음으로써 그 의미를 분명히 이해하게 된다.

이와 같은 시도가 한 번 끝날 때마다 다시 다른 국면의 의미를 찾기 위한 일련의 과정을 '초점 만들기', 즉 포커싱focusing이라고 한다.

요컨대 포커싱은 감정의 흐름과 상징과의 상호작용의 과정이며, 이 과정이 원활하게 체험됨으로써 이것이 자기실현과 문제해결에 이

---

16) Eugene T. Gendlin, *Focusing*, Second edition. New York : Bantam Book, 1981, Pocket Books, pp. 38–71.

어지게 된다는 데 의미를 두고 있다.

1단계 : 공간 정리

꾸밈이 없는 진정한 자기 자신으로 되돌아가 무거운 마음의 짐을 내려놓고, 문제 '속'으로 말려들어가지 않고 문제 '곁'에 있으면서 감정과 문제와 '적당한 마음의 거리'를 두고 좋은 관계를 맺도록 노력하라. 이는 몸과 마음의 감수성boday-mind receptivity을 촉발시켜 줄 수 있는 적극적인 심신의 자세set를 갖추는 데 도움이 되기 때문이다.

이는 복잡한 감정을 변화시키며 '느낌a feeling'의 의미를 얻는 출발점이 된다. 그리고 자기 안에 있는 또 한 사람의 자기를 위한 따뜻한 경청자가 되어라. 왜냐하면 당신의 내면에는 평가받지 않고, 비판받지 않고, 조언받지 않고, 빈틈없이 경청해 주기를 바라는 '느낌'의 부분이 있기 때문이다. 마치 소중한 친구를 만났을 때 안부를 묻듯이 기분은 어떠한지, 현재의 생활은 어떠하며, 무엇이 가장 문제인지를 물었을 때 거기서 어떤 반응이 나오는지 기다리기 바란다.

결코 서두르지 말고 몸으로 느끼면서 그 느낌 속에서 천천히 그 의미를 의식하기 바란다. 이때 무언가 마음에 걸리는 것이 있을 때는 문제 속으로 말려 들어가지 않도록 마음을 다스리기 바란다. 요컨대, 마음에 걸리는 문제와 자기와의 사이에 가깝지도 멀지도 않는 적당한 거리(공간)를 두기 바란다.

그러고 나서 또 다른 무언가를 느낄 수 있는가를 물어보자. 이럴 때도 마음에 떠올랐던 문제를 큰 것이든 작은 것이든, 중요한 것이든 사소한 것이든, 조금 뒤로 물러나서 적당한 거리에서 그것들이 무엇인지 구체적으로 느껴 보도록 하자. 이때도 잠시 기다렸다가 느끼기 바란다. 역시 이때도 몇 가지 반응이 떠오를 것이다.

젠들린이 말하는 '공간 정리cleaning a space'란 이렇듯, 복잡한 느낌의 짐을 내려놓고 어질러진 공간을 정리하듯이 문제(내면)에 말려들지 않고 적당한 심리적 거리를 두고 '체감bodily sense'에 집중할 수 있도록 준비하는 단계다. 또는 자기 몸의 자극에 감응하는 말초신경인 수용체proprioceptor의 감각이 깨어 있도록 감각의 민감성이 기능할 수 있도록 준비하는 의미도 있다. 요컨대, 공간 정리는 자기 내면에 있는 감정의 흐름에 집중할 수 있도록 준비하는 과정이다.

2단계 : 문제에 대해 느낀 의미 감각

이 단계에서는 그동안 마음에 늘어놓았던 문제들 가운데서 개인적으로 마음에 걸려 가장 초점 삼아 보고 싶은 것을 하나 선택하라. 이때도 선택된 문제 속으로 들어가지 말고 좀 떨어져서 무언가를 깊이 느껴 보게 되면 바로 언어화할 수 없는 복잡성을 느끼게 될 것이다. 그리고 복잡한 느낌을 일괄해서 느껴 보게 되면, 마음에 걸리는 것이 무엇인지 전체적인 문제에 대한 자신의 기분이 어떠한 것인지 그 느낌을 발견하게 될 것이다.

이 점에서 이 단계는 포커싱의 가장 특색 있는 중심 단계다. 즉, 이 단계는 자신이 느낀 바를 적절한 말로 표현하기 전의 개념 이전의 '느껴진 의미' 또는 '의미있는 느낌'을 탐색하는 단계다. 바꿔 말한다면 '전개념적 체험 과정preconceptual experiencing'의 단계다. 앞에서 말해 왔던 '실감'의 단계를 말한다.

요컨대, 젠들린이 말한 '느껴진 의미 감각a felt sense(어떤 의미를 가지고 있는 신체감각)'의 단계이며, 어떤 의미를 갖고 있는 신체 감각이며, 당신에게 전달하려는 의미있는 메시지가 담겨 있는 감각 느낌의 단계다. 때문에 느낀 의미 감각이 무엇인지, 어떻게 생겼는지를 알기 위해서 자신의 신체 반응에 대한 느낌을 좀 더 구체적으로 섬세하게 느껴 보도록 하라.

예컨대, '불안'이라면 무엇이 자신을 가장 불안하게 하는지, 어떤 분위기를 느끼게 하는 불안인지, 실제의 감촉에 집중하여 어떤 촉감의 불안인지, 그 정도는 어느 정도인지, 신체 감각으로는 어떻게 느껴지는지 등 느낌을 다양한 관점에서 구체화시켜 보도록 한다. 이로 인하여 다음 단계에서 이미지나 단어로 표현하기 어려운 감각의 느낌을 집중적으로 탐색하면서 새로운 단어나 느낌이 떠오르는지 살펴보도록 한다.

3단계 : 단서의 발견

이 단계는 전 단계에 이어서 의미 감각의 '느낌'을 언어로 표현할 수 있는 적절한 언어나 이미지를 탐색하는 단계다. 때로는 의미 감각의 느낌의 분위기에 따라서는 의성어나 의태어(톡톡·펄펄·찐득찐득·철철 등), 그림 같은 것도 상관없다. 이 단계에서 중요한 것은 감각 느낌에 가장 잘 맞아떨어지는 단어나 이미지의 '단서handle'를 발견하는 데 있다. 그렇다고 해서 느낌에 억지로 단어나 이미지, 그림 같은 표현 수단을 맞추려고 해서는 안 된다. 감각 느낌 그 자체의 본질에서 일어나는 변화에 맡기는 것이 좋다.

때문에 가장 중요한 것은 서두르지 않아야 한다는 점이다. 그리고 분석하려는 것도 금물이다. 당신이 발견해야 할 것은 감각을 통해 '느낀 의미의 핵core of the felt sense'이며 '그 전체의 핵심crux of all that'이다. 그것은 의미 감각 느낌 전체의 핵심에서 나오는 특질이 필요하기 때문이다. 그러나 적합한 단서를 찾는 데에만 정신을 쓴 나머지 자기 몸이 느끼고 있는 것을 놓칠 수도 있다는 것을 명심하라.

4단계 : 단서와 의미 감각 느낌을 서로 대조한다

의미 감각의 느낌과 이를 표현하는 용어(또는 이미지·그림) 등을 몇 번이고 마음속에서 그것들이 서로가 잘 어울리는 것인지를 검토해 보는 단계다. 요컨대, 느낌과 단서가 서로 잘 들어맞는다고 느껴지는지, 그리고 서로가 공명할 수 있는 느낌을 다시 가져 보기 바란다. 만약 이때 순간적으로 '바로 이것이다!'라고 의미 감각이 변화하게 되면 그 변화에 초점을 맞추기 바란다.

이런 현상을 '느낌의 전환felt shift'이라고 한다. 이런 현상이 발생하면 지금까지 걱정되던 문제에 대한 새로운 발상의 문이 열려서 해방감을 가져다주며 몸의 이완도 수반하게 된다.

감각 느낌의 '전환'이란 의도적인 포커싱을 하지 않아도, 사람들이 창의적인 두뇌를 짜낼 경우에도 있을 수 있다. 예컨대, 무언가 문제 해결의 방법을 찾아내기 위해 의미있는 브레인스토밍을 하는 과정에서 '아, 알았다! 바로 이것이다!'라고 깨달을 경우와 같다.

감각 느낌과 단서의 매치가 만족스러울 때는 잠시 동안 이를 몸으로 느끼는 것이 중요하다. 이때의 느낌은 단서를 체크하고 매치했다고 하는 의미보다는 자신의 몸이 지금 변화하고 있다는 데 더 큰 의미가 있다. 이 변화와 해방감이 진행되고 있는 한 그대로 두는 것이 좋다. 이 시점에서 서두르기보다는 해방과 변화를 체험하기 위하여 1~2분 정도의 시간을 갖는 것이 중요하다.

5단계 : 물어보기

단서를 이용하여 다음과 같은 질문을 통해서 의미 감각의 느낌에게 그 핵심을 이루고 있는 것이 무엇인가에 대해 물어본다.

- 의미 감각 느낌 가운데서 무엇이 '단서' 같다고 봅니까?
- 이 '단서'의 느낌은 무엇을 필요로 하고 있다고 봅니까?
- 이 '단서'의 느낌이 내게 무언가를 가르쳐 주고 있다고 본다면 그것은 무엇일까요?
- 단서의 발견에서 가장 안 좋았던 것에는 무엇이 있습니까?
- 의미 감각을 의식하려면 무엇이 필요한지요?

여기서 중요한 것은 묻고 난 다음이다. 묻고 나서는 두뇌로 생각하지 않고, 즉 두뇌상의 이해를 강요하지 않으면서 '의미 감각'으로부터 무언가 새로운 것, 이해의 수준에는 없는 것이 떠오르는 것을 기다리는 마음가짐이다.

그것은 두뇌로부터 나온 '응답'과 의미 감각으로부터 나온 '응답'은 다르기 때문이다. 두뇌적인 답은 매우 빨라서 젠들린은 이를 '사고의 쾌속열차rapid trains of thoughts'라고 표현했다. 이런 심적인 상황에서는 감각 느낌과의 접촉을 직접 할 수가 없기 때문에 지나가는 것들은 그대로 두고 다시 한 번 단서를 이용해서 감각 느낌에 접촉해서 물어야 한다.

포커싱 가운데서 매우 중요한 수순의 하나는 '자유 문답식 질문 open question'으로 묻는 형식이다. 그러나 질문은 하지만 의식적 사고과정을 거쳐서 답하려고 하는 생각은 삼가야 한다. 이 점은 매우 중요하다. 왜냐하면 머리를 써서 나오는 답과 감각 느낌에서 나오는 답은 다르기 때문이다.

만약 의식적 사고 과정을 통해 답할 수 있는 것이나 답이 정해져 있는 질문을 하게 된다면 어떻게 되겠는가? 결과적으로는 자신이 묻고 자신이 답하게 되는 '수사적 질문rhetorical question'이 되어 버린다. 의미 감각 느낌에 대해서는 이런 식으로 질문해서는 안 된다. 감각 느낌에 물을 때는 남에게 물었을 때처럼 묻고 나서 기다려야 한다.

6단계 : 받아들이기

초점 만들기 과정에서 감정의 흐름과 상징과의 상호작용이 어떤 의미 감각을 느끼게 하고 감각의 전환이 찾아오더라도 그것이 무엇이든 환영하여야 한다. 그리고 당신의 체감bodily sensation이 당신에게 말하는 것이 '무엇이든' 이를 기쁘게 생각하는 태도를 가져야 한다. 이로 인해 아직 문제는 해결되지 않았지만 긴장이 풀리고 느낌a feeling이 좋아진다면 이는 매우 의미있는 '감각 전환'이다. 체감이 어떤 말을 걸어온다는 것은 하나의 '전환'이며 최종적인 결론은 아니라도 문제 해결의 일보 진전의 의미있는 변화다.

체감으로부터 오는 '몸의 메시지body-message'를 친절하게 받아들이려는 생각을 하게 되면 또 다음이 찾아오게 된다. 그리고 다음에 찾아오는 변화의 단계에 기쁜 마음으로 따라가게 되면 다시 여기에 이어지는 어떤 변화가 일어나게 된다.

한 가지 문제에는 한 가지 감정만이 아니라 다양한 감정을 수반하기 마련이다. 이 다양한 감정은 초점 만들기를 통해서 다양하게 변화된다. 때문에 처음에 초점이 있던 감정에만 매이지 말고 문제와 관련된 다른 감정의 변화에 대해서도 주목해야 한다. 이때 느낌의 변화가 작아서 만족하지 않더라도 이를 소중하게 받아들이고 발전시켜 가는 태도가 필요하다.

우리가 '받아들이기receiving'라는 태도를 가질 수 있게만 되면 포커싱을 통해서 느낄 수 있는 것은 무엇이든 그것이 당신을 압도하지는 못한다. 체감의 전환을 통해서 나타난 것들은 그것이 무엇이든 환영하면서도 그것들과 좀 거리를 둘 필요가 있다. 당신은 어떤 전환이라도 그 '안in'에 있을 것이 아니라 그 '옆next'에 있어야 한다. 옆에 있을 수 있는 공간(심리적 거리)은 당신의 몸이 편안해지고 나서 바로 만들어진다.

때로는 감각 느낌의 내용이 두뇌를 통해 이해한 것과 너무도 차이가 크다고 하여 실망한 나머지 수용에 대한 저항이 일어날 때도 있으나, 몸을 통한 실감에는 거스를 수 없는 의미가 있기 때문에 일단 받아들여서 자기가 느낀 것을 음미하는 것이 좋다.

이상 포커싱을 순조롭게 했다 할지라도 단 한 번의 포커싱 세션으로 문제를 완전히 처리하기란 불가능에 가까운 일이다. 문제에 따라서는 수십 회, 수백 회의 단계를 반복할 필요가 있을지도 모른다. 그래서 수개월이 걸릴 수도 있다는 마음의 여유도 필요하다.

때문에 서둘지 말고 하루에 할 수 있는 것만큼만 하고 나서 완전하게 문제 해결은 안 되었지만 이를 중간 단계의 호전 상태로 보고, 이 변화된 상태로 현실 생활을 해 가면서 앞으로 어떤 변화가 일어날지를 보려면 시간이 더 필요하다고 느긋하게 생각하지 않으면 안 된다. 그리고 초점 만들기의 단계와 밖으로 나아가서 행동해 보는 단계가 번갈아 행해지는 경우도 많으며, 이 점은 서로에게 도움이 된다는 것을 알아두는 것이 좋다.

초점 만들기를 시도했을 때 극적인 결과를 얻지 못하더라도 실망해서는 안 된다. 다른 어떤 기법도 마찬가지여서 연습은 필요하다. 또한 오랫동안 스며든 응어리진 마음과 고질적인 나쁜 몸의 습관이나 자신을 향해 스스럼없이 말해 버리는 습관 같은 것을 극복할 필요도 있다. 이와 같은 어려운 일을 처리하는 데는 시간이 걸린다는 것을 이해하는 일은 필수적이다. 요컨대, 포커싱이란 기본적으로는 자기이해와 자기치료의 기법이다.

진정한 '긍정적 생활방식'이란

현대인은 그 어느 때의 사람들보다 우리를 우울하게 하고 가슴 아프게 하는 매스미디어 속에서 살고 있다. 그래서 한때 활기를 잃었던 '힐링healing' 붐이 다시 일어나고 있는 것처럼 보인다. 힐링이란, 심신의 통합·발전을 위한 신체적·정신적 치료를 통해서 정신성sprituality을 키우는 활동이다.

카운슬링이나 심리치료에서는 이론에 따라서 힐링의 목표도 달라질 수가 있다. 예컨대 내담자 중심요법에서는 자기실현이 중요시 되며, 정신분석에서는 무의식의 통찰洞察이 중요시 된다. 그러나 일반적으로 힐링이라고 하면, 요가yoga, 태극권Tai chi chuan과 같은 보디워크body work, 명상meditation, 선禪; dhyāana 같은 정신 수련, 건강관리를 위한 자연식自然食 등을 들 수가 있다.

이와 같은 힐링을 하고 있는 사람은 모두가 인생을 긍정적으로 살아갈 수 있는 사람이라고 본다. 여기서 말하려고 하는 것은 그렇지 못한 사람들의 경우, 스스로 자기를 쓸모없고 무능하며, 자신을 낮게 평가하고 있는 사람들에게 대해서이다. 생각해 보면 행동과 사고와 감정의 주체로서의 기능을 하는 '자아ego'가 자기를 어떻게 평가하고 있느냐는 그 사람 인생의 행·불행과 직결되고 있다.

만약에 어느 한 젊은이의 경우, '나는 나를 변변치 않는 사람으로 생각할 때가 마음이 가장 편안해진다'고 했을 때 여기에는 그럴 수밖에 없는 어떤 원인이 있을 것이다. 이런 부정적 자존감정negative self-esteem은 남을 높이고 스스로를 낮추는 겸손도 아니며, 오히려 자기에 대한 자신이 없어 마음이 비굴하고 병든 상태라고 볼 수 있다.

이런 사람은 열등감inferiority feeling, 수치감shame, 죄책감guilt feeling, 불안anxiety, 무가치감feeling of unworthiness 때문에 인간관계를 피하려고 하며 고립화의 길을 걷게 됨으로써 결국 인생의 낙오자가 되고 만다.

이와 같은 사람에게는 무엇보다도 자기를 '가치 있는 존재'로, 자기를 '소중한 존재'로 보는 긍정적 자존감정positive self-esteem으로의 전환이 필요하다. 예컨대, '다른 누가 나를 무어라고 하든, 나만은 나를 인정하자', '나를 소중하게 하자'라고 자기가 자신에게 용기를 주고 타이를 필요가 있다.

'나는 어떻게 되어도 상관없는 인간은 아니다. 아주 가치 있고 소중한 인간이다', '나는 반드시 꿈 목표를 실현할 수가 있다', '나는 해낼 수가 있다' '나는 나를 좋아한다. 나는 못 나지 않았다' 이처럼 자신에게 암시를 걸어 용기를 줄 필요가 있다. 요컨대 자기세뇌self indectrination 또는 자기설득self persuasion이라는 자기분석이 도움이 된다.

인간의 고민이란 기실 알고 보면 발생한 사건 그 자체에서 기인하기보다는 그 사건을 어떻게 받아들이느냐에 따라서 달라질 수 있다는 알버트 에러스Albert Ellis(1913~2007)의 '합리적 정서행동치료rational emotive behavior therapy'의 이론도 있다.

미국에서는 한때 '자기긍정법'이 유행하였다. 이 분야의 유명한 치료자인 버니 시겔Berni S. Siegel은 '자기 이미지법self-imagery'을 도입하여 환자의 치유에 큰 도움을 주었다.

시겔은 환자가 자기 내면에 있는 자기에게 말하는 자기 설득치유self-induced healing와 프라시보 약물치료placebo medication(환자를 안심시키기 위해 사용하는 위약僞藥의 효과를 기대케 하면서 가하는 치료), 이미지 명상imaging meditation을 통해서 기적적인 치유를 할 수 있다고 말한 바도 있다.

예컨대 그는 치료하면서 환자에게 다음과 같은 '자기 이미지 법'을 권장한 바도 있다. 매일 2회, 20분씩 알몸으로 거울 앞에 앉아서 '아름다운 눈을 가지고 있다. 웃는 얼굴이 예쁘고 근사하다. 너를 사랑하고 있다'라고 내면적인 자기inner self에게 말함으로써 참된 자기true self를 찾게 하고 참된 사랑true love에 눈뜨게 하는 방법을 말하고 있다.

그러나 훌륭한 자기 이미지를 만드는 데 성공했다 할지라도, 이렇게 해서 만들어진 '나'의 이미지는 매우 무르고 나약해서 무너지기 쉽다고 하는 약점 때문에, 어떤 사소한 충격을 받게 되면 쉽게 붕괴되어 버린다. 왜냐하면 이와 같은 단순하고 소박한 긍정적 사고에 의해서 만들어진 '나'는 너무도 단순하고 일면적이기 때문이다.

이런 점에서 볼 때, 너무 자기의 좋은 점만을 보게 하는 것은 부자연스러운 것이라고 볼 수 있기 때문에, 설혹 이것으로 인하여 일시적으로 힘이 솟아났다 할지라도, 사소한 일로 우울 상태가 되거나 도리어 자기 부정적인 상태로 변해 버리기 쉬운 면도 있다.

때문에 너무 직선적인 자기 긍정법이나 비현실적이며 단면적인 긍정적 사고 같은 것은 그렇게 바람직한 방식이라고 볼 수는 없다. 긍정적인 자기를 만드는 것도 좋은 일이지만, 일방적으로 좋은 쪽으로만 만들어 가는 방법보다는 내면에 있는 자기의 메시지에 귀를 기울여 이를 적절하게 조정하면서 밝은 쪽의 자기를 발견하는 것이 바람직하다고 본다.

마음 속에 있는 어떤 감정도 받아들인다

세상을 긍정적으로 살아가기 위해서는 먼저 자기 내면에 있는 여러 자기inner selves를 인정할 필요가 있다. 그러기 위해서는 자기 안에 있는 어떤 부분도 — 보기 좋은 부분도, 보기 흉한 부분도, 선도 악도, 심지어는 직장과 가족도 모두 버리고 해방되고 싶다는 결코 허용될 수 없는 충동조차도 — 어떤 자기도 자기 인생을 살아가는 데 있어서 중요한 부분으로 인정하고 받아들이지 않으면 안 된다.

그러기에, 카운슬러는 상담을 위해 찾아온 사람의 고민에 귀를 기울이면서, 내담자가 자기 안에 있는 부족한 부분, 나쁜 부분, 어떤 부분도 자기의 중요한 일부로서 인정하고 받아들일 수 있도록 돕지 않으면 안 된다.

*

한 청년이 나에게 이렇게 말했을 경우를 생각해 본다.

"나는 전철에 타고 있을 때면, 나는 이렇게 고생하면서 살고 있는데 아무것도 하지 않고 빈둥빈둥 지내고 있는 사람들을 보게 되면 모두 죽여 버려도 용서되지 않을까 생각합니다."라고.

이런 경우, 일반인이라면, "사람을 죽이다니, 그건 살인행위이다"라고 설교조의 반응을 보이게 될 것이다. 이런 반응은 별로 도움이 안 된다. 왜냐하면 사람을 죽이는 것은 해서는 안 될 최악의 행위라는 것 정도는 본인도 알고 있기 때문이다.

그러나 이런 경우 카운슬러는 부정도 긍정도 하지 않는다. "그렇게 생각하고 있단 말인가. 이 세상 사람들이 지금까지 자네를 그토록 고생길로 몰아왔단 말인가. 그래서 놀고도 편안하게 사는 사람을 죽여도 용서받을 수 있을 것이라고 생각을 하게 된다는 말이지."라고 하는 내용의 응답적 반복restatement of content과 젊은이의 '그런 기분'을 인정하는 감정의 반영reflection of feeling을 해주게 된다.

이렇게 대해 주었을 때, 대부분의 경우 공격적이고 살벌했던 처음 감정보다는 다소 온화해지며 가라앉게 될 것이다. 이는 치밀어 오른 기분을 인정해 주고 존중해 줌으로써 그 기분이 자기의 일부로서 수습된 것이라고 볼 수 있다. 앞에서 예로 든 청년의 경우도 여기에 해당된다.

*

또 하나의 경우를 생각해 본다.

자식의 가정폭력 때문에 고민하고 있는 어느 어머니는 이렇게 말했다.

"이런 말을 해서는 안 된다는 것을 알고 있지만, 이젠 자식이 아니며, 천륜을 끊고 싶은 심정입니다."라고.

이런 경우, 일반인이라면 이렇게 말할지도 모른다. "무슨 그런 말을 하십니까? 그래도 당신의 자식이 아닙니까? 자식의 폭력을 힘을 합쳐서 막아봅시다" 그러나 이 한 마디가 도리어 이 어머니를 화나게 하고 마음을 더 궁지에 몰아넣게 된다.

그러나 상담자라면, 이 어머니의 '기분'을 성의 있게 반영해주고 받아들이게 될 것이다. "정말로 힘들겠습니다. 매일같이 고통스럽고 괴로운 생활에 이젠 지쳐서 천륜을 끊고 싶다구요. 심정을 이해할 만합니다."라고 말하게 될 것이다.

이렇게 대해 줌으로써 어머니의 마음은 처음보다는 한결 풀리고 진정될 것이다. 사람의 감정이란 부정되거나 억눌리게 되면 점점 커지기 마련이다. 반대로 사람으로부터 인정받거나 수용되면 온화하고 조용한 감정으로 달라지게 된다. 자기 자신조차도 억제할 수 없는 격심한 감정이 치밀어 올라왔던 것도 다른 사람으로부터 인정받게 되고 수용됨으로써 그토록 사나웠던 감정도 '자기의 일부'로서 수습되어 자기 힘으로 감정을 콘트롤할 수 있게 된다.

칼 로저스Carl R. Rogers가 카운슬링 관계에서 카운슬러가 내담자의 감정이나 경험을 평가적인 태도가 아니라 따뜻하게 무조건적으로 받아들이는 '무조건의 긍정적 존중unconditional positive regard의 중요성을 강조한 것도 이상과 같은 이유에서이다.

요컨대 상대방의 어떤 감정도 그 사람의 중요한 일부로서 인정해주고 수용함으로써, 그 사람 자신도 그 감정을 '자기의 것'으로 인정할 수 있게 된다는 것이다. 다시 말해서, 그 감정은 자기의 전부가 아니라 '자기의 일부'임을 알게 된다는 것이다. 이렇게 됨으로써 그 감정은 그 사람의 내부에서 원만하게 '수습'된다는 것이다.

좋지 않은 감정을 인정해준다

앞에서, 자기 혼자서도 할 수 있는 자기원조self-help의 방법으로서

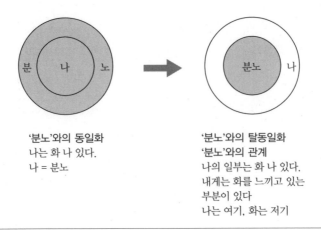

'분노'와의 동일화
나는 화 나 있다.
나 = 분노

'분노'와의 탈동일화
'분노'와의 관계
나의 일부는 화 나 있다.
내게는 화를 느끼고 있는
부분이 있다
나는 여기, 화는 저기

그림 3-1 포커싱에서 '내적인 자기'와의 관계를 맺는 방식

포커싱초점만들기의 기법에 대해서 설명하였다. 여기서는 포커싱의 이론을 응용하여, '내적인 자기inner self'와의 관계를 맺는 문제에 대해서 생각해 보기로 한다.

포커싱의 방법은, 카운슬링 관계에서 '어떤 감정도 자기 것으로 인정하며' '어떤 감정도 자기의 소중한 일부로서 인정하고 처음에는 암묵적이었던 의미가 체화된 인지embodied cognition를 통해서 그 의미가 분명하게 이해된다'고 하는 것을 기법화시킨 것이다.

[그림 3-1]의 왼쪽을 보면서 생각해보자.

어느 직장 여성이 아침부터 회사의 남자 동료로부터 기분 나쁜 말이 걸려와 화를 내고 있을 경우, 왼쪽 그림이 이 상태이며, 이는 '분노=나'의 동일화 상태가 되어 어떤 일이 있더라도 용서할 수 없을 정도로 화가 나있는 상태다.

그렇지만 다음날 그 남자 동료직원으로부터 "그것 보라구, 당신이 좀더 일을 똑똑히 처리했으면 되는 것 아니겠소."하는 푸념 섞인 말을 하는 것을 들었을 때 더욱 화가 나서 '화'가 머리 끝까지 치솟아 올라와서 가라앉지를 않았다.

이럴 때 주위에 이런 푸념을 같이 들어줄 사람이 있다면 이 이상 더 좋을 것이 없지만, 이런 때일수록 그럴 사람이 옆에 없기 때문에 화를 더 부추기게 된다.

그렇지만 누구도 자기를 이해해 줄 사람이 없어도, 자기만은 자기의 감정에 귀를 기울이도록 해 보자. 그리고 화가 나 있는 자기의 '호소'에 귀를 기울이도록 해 보자.

이것이 포커싱식의 '내적인 자기와의 관계를 맺는 방식'이다. 예컨대 다음과 같이 자기 내면에 있는 자기에게 말을 거는 것이다.

"내 마음속에 있는 분노하는 나. 나는 네가 거기에 있는 것을 알고 있단다. 네가 거기에 존재하고 있음을 알고 있을 뿐만 아니라 인정하고 있단다. 그래서 네 옆에 내가 있단다."

이런 식으로 내면에 자리잡고 있는 분노를 '인정'한다는 것이다. 이정도만으로도 '분노'를 '자기의 중요한 일부'로서 인정하게 되면 다소 감정은 수습될 것이다. [그림 3-1]의 오른쪽 그림은 이 상태를 나타내주고 있다. [그림 3-1]의 왼쪽이 '나 = 분노'의 상태며, '분노'에 완전히 휘말려 있는 일촉즉발의 상태라고 본다면, 오른쪽 그림은 '분노'가 그 존재를 '인정받음'으로써 분노가 자기의 일부로서 '수습되어 있는'상태라고 말할 수 있다.

이처럼, 우리가 어떤 강렬한 감정에 휘말려서 행동으로 촉발되려고 할 때에, 제일 중요한 것은 그 감정을 '자기의 일부'로서 '인정'하고 이를 소중하게 여기는 일이다. 그리하여 내적인 자기와 사이가 좋아지게 하는 비프렌딩befriending의 노력이 필요하다.

우리가 무언가 좋지 않는 감정에 휘말렸을 때, 해야 할 일은 그 감정을 설득하거나 이겨내는 일은 아니다. 분노에 지배되는 것은 좋지 않다. 어른으로서는 가장 못난 짓이다. 냉정하게 처신하지 않으면 안 된다고 생각하여 '나는 화내고 있지 않다'고 자기가 자기를 이해시킨다고 생각해 보자. 이런 태도는 '자기의 감정과 싸우는 태도'이며 '설득'하고 '설복'시키는 태도이다.

이와 같은 방법으로 감정을 대할 것 같으면 도리어 감정이 커져만 가게 된다. 왜냐하면 대부분의 경우 그 감정으로부터 "어찌하여 내 감정의 표현을 들어 주지를 않는단 말인가!"라고 외치게 되기 때문이다.

이와는 달리 [그림 3]의 오른쪽과 같이 분노를 '인정하는 태도' 예컨대 자기의 '분노'에 대해서 "내 안에 있는 분노하는 나. 나는 네가 거기에 있는 것을 알고 있을 뿐만 아니라 인정하고 있다. 그래서 나는 네 옆에 있는 것이다"라고 다정하게 대화를 나누는 것과 같은 태도를 취할 것 같으면 대부분의 감정은 줄어들어 자기 안에서 소화시킬 수 있고 수습할 수 있는 정도로 진정된다. 왜냐하면 인정받은 감정은 그 사람의 중요한 일부로서 수용되었기 때문이다.

*

어느 대학 교수의 경우를 예로 들어본다.

그는 어느 날 강의도 있고 카운슬링도 예정되어 있었는데 돌연 권태로운 강한 감정에 엄습되어 잠시 여행이라도 가고 싶은 충동에 사로잡힌 때가 있었다. 이때 그는 포커싱을 생각해 냈다.

그리하여, 자기 내면에 지쳐 있는 자기를 향해서 "내 안에서 권태를 느끼고 있는 나. 나는 네가 거기에 있는 것을 알고 있고 또 인정하고 있다."라고 다정하게 속말로 대화를 나누었다. 이러고 나서 자기 안에 있는 '권태로움'과 '나' 사이에 있는 틈새는 없어지고 '권태감'은 자기 내면에서 감당할 수 있는 정도로 줄어들게 되어 강의와 카운슬링도 할 수 있었다고 한다.

불과 1~2분의 노력으로 이 정도의 효과를 거둘 수 있는 아주 간단한 방법은 일상생활에서 활용해 볼 만하다.

난처한 감정이 '인생의 지혜'로 바뀔 때

포커싱의 효용은 여기에서만 그치지 않는다. 자기 내면에 있는 '난처한 감정'에 대해서 다정하게 대해 주면, '난처했던 감정'이 '인생의 중요한 지혜'로 변하여, 지금까지 깨닫지 못했던 중요한 것을 가르쳐 주는 경우도 많다.

예컨대 한 남성이 자기 아내의 몸 상태가 좋지 않아서 걱정하고 있는 경우를 가정해 보자.

남편은 아내에게 "최근 식욕도 없고, 안색도 좋지 않으니 병원에 가보는 것이 어떻겠느냐?"라고 말했다고 하자. 이 남성은 자상하고 마음씨 고운 남편으로 정평이 나 있는 사람이며, 자기가 생각해 보아도 그렇게 생각할 정도이며, 그러기에 아내의 몸 상태를 그토록 걱정하고 있는 것이라고 생각할 수가 있다.

그렇지만 웬일인지 남자가 다정하게 말을 걸어도 아내는 자기를 피하는 것이었다. 이것 때문에 남편은 불쾌한 기분으로 마음이 편치 않을 뿐더러 "내가 이토록 마음을 써주고 있는데 정말 외고집이로구만!"하고 난처한 감정을 갖게 될 것이다.

이 경우에 남편이 포커싱 방법에 따라 자기 안에 있는 '걱정하는 심정'을 그대로 인정했다고 하자. 그래서 '걱정하는 심정'에 이렇게 묻는다고 하자.

"걱정하고 있는 나, 너는 도대체 무엇 때문에 그렇게 마음을 애태우고 있는가?"라고. 그래서 자기 내면에서 '걱정하고 있는 심정'의 '호소'에 귀를 기울이게 된다. 잠시 후 '걱정하고 있는 심정'을 생각하고 있노라면 몸으로부터 자기도 모르게 '뜨거워진 것'을 느낄 수 있게 될지도 모른다. 그래서 혹은 무언가 '새빨간 불꽃'과 같은 이미지가 떠오를 지도 모른다.

그리하여 신체적인 뜨거운 느낌이과 이미지에 접하게 되면, 돌연 "그렇다. 나는 화를 내고 있다. 나로서는 지금까지 '걱정하고 있다'고 생각하고 있었지만 실은 그것이 아니었다. '걱정'하고 있는 것이 아니라 '화가 나 있는 것이다', 아무리 병원에 가라고 말해도 병원에 가지 않는 처의 완고함에 화가 나 있는 것이다. '복부의 뜨거운 느낌'이나 '불꽃의 이미지'는 그 '분노'의 표현이었던 것이다."라는 것을 깨닫게 될 수 있을지도 모른다.

이렇듯 자기의 감정을 있는 그대로 진솔하게 인정하면서 친절하게 그 감정을 존중해 가다보면 '자기의 진정한 심정'이 무엇이었는가를 깨닫는 경우가 많은 것이다.

물론 보다 긍정적인 감정을 깨닫는 경우도 있다.

*

어느 한 회사의 영업 부장의 경우 그가 부하 직원에 화를 내는 경우를 생각해 본다. 영업 부장은 부하 직원의 얼굴을 보기만 해도 화가 치밀어 올라오려고 한다. 그렇지만 부장은 생각을 바꿔서 직원에 대한 감정을 그대로 인정하면서 자기 안에 화 나 있는 또 한 사람의 나에게 다정히 이렇게 물었다고 하자.

"내 안에서 분노하고 있는 나. 너는 무엇 때문에 그렇게 화가 나 있는 것인가?"

이러고 나면, 의외에도 그 부하직원이 훌륭하게 활약하고 있는 모습이 이미지로 떠올라 왔다. 그리하여 부장은 "그렇다 나는 그를 너무 신뢰하고 있고, 기대하고 있다. 그래서 나는 화를 내게 된 것이다."라는 것을 깨닫게 되었다. 그 후부터는 직원을 나무라고 싶을 때면, '나는 너에게 기대하고 있다'고 내심으로 말하게 되었다. 그렇게 되면서부터는 직원에 대한 감정도 좋아졌고 직원의 업적도 몰라볼 정도로 좋아졌다는 것이다.

이렇듯 우리가 안고 있는 '난처한 감정'도 그 감정을 그대로 인정하고, 다정하게 대해 주게 되면, 우리가 깨다를 필요가 있는 중요한 것을 가르쳐 주는 경우가 많다.

포커싱이란, 앞에서 본 것처럼 그렇게 어려운 이론도 아니라는 것을 알게 될 것이다. 요컨대 자기의 감정을 자신의 중요한 '일부'로 확실하게 인정해 주며, 그리고 감정이 말하고자 하는 것에 귀를 기울이면서 감성을 통해 '느낀 의미 감각a felt sense'을 발견하고 자기 자신과 사귀는 매우 간단한 기법이다.

이 방법에 의해서 마음은 아주 편해질 수가 있고, 현재의 자기를 수용할 수 있으며 또한 현재의 자기에게 있어서 필요한 메시지를 받을 수 있게 된다.

젠들린이 말하는 '감정의 법칙'

포커싱의 창안자 젠들린에 의하면 인간의 감정에는 다음과 같은 법칙이 있다.

우리는 일반적으로 좋지 않는 감정은 억압해서는 안 된다든가, 설득하고 통제해서는 안 된다고 생각한다. 예컨대 지나치게 소심해서 별것도 아닌 일에 두려움을 느낄 때면 의식적으로 가장하여 '무서워할 것이 무엇이냐'라고 대담한 척 자기 자신에게 타이른다. 또는 주위 사람들을 때려주고 싶은 충동을 느낄 때는 '이런 비행은 생각하지 않도록 해야지'라고 자기를 꾸짖는다.

우리는 이런 생활에 길들여져 왔다. 그러나 젠들린은 이런 방식으로 감정을 처리하는 것은 잘못된 방법이라고 말하고 있다.

젠들린에 의하면, 인간의 감정에는 대부분의 사람들은 모르고 있지만, 매우 단순한 다음과 같은 중요한 법칙이 있다.

인간의 감정은 그것을 다른 사람이 인정하거나 공감하지 않을 때는 변화하지 않고 그대로의 상태에 머물게 되지만, 반대로 감정을 자기 감정으로서 인정하거나 차분히 생각하게 될 때는 감정은 저절로 변화하기 시작한다는 법칙이다.

대부분의 사람은 좋지 않은 감정이나 마음에 품어서는 안될 감정을 품었을 때는 이를 부정하지 않으면 안 되고 억제하지 않으면 안된다고 생각한다. 그러나 그런 식으로 감정을 다스리게 되면, 감정은 조금도 변하지 않으며, 몇 년이 지나도 아니 성격에 따라서는 몇 십년이 지나도 그 사람의 내면 속에 그대로 남아 있게 된다.

이와는 반대로 감정에 여유를 주면서 감정을 인정하고 잠시 동안이라도 마음으로부터 감정을 받아들이게 되면 감정에 변화가 일어나기 시작할 것이다.

우리가 마음에 무언가 좋지 않는 감정이나 기분 나빴던 일이 일어났을 때는 그것을 그대로 인정하면서 천천히 심호흡深呼吸하면서 감정이 말하고자 하는 호소에 귀를 기울이게 되면 감정은 저절로 좀더 바람직한 상태로 변하기 시작한다는 것이다. 이것이 포커싱의 기초이론에 있는 젠들린의 관점이다.

다음은 감정과 고뇌를 살려서 건설적인 생활을 펼쳐감에 있어서 감정感情이 안고 있는 가능성을 제시한 문화인류학자이며 자살예방 전문가인 데이비드 레이놀즈David Reynolds(1940~)가 『건설적 생활방식 Constructive Living』에서 말하고 있는 '감정의 법칙'이다. 참고되기를 바라면서 다음에 그의 '감정 법칙'을 소개한다.

제1법칙 : 감정에는 책임이 없다.
제2법칙 : 감정은 메시지를 알리는 신호이다.
제3법칙 : 어떤 감정도 유용할 수 있는 가능성을 가지고 있다.
제4법칙 : 불쾌한 감정은 언젠가는 소멸된다.
제5법칙 : 행동이 감정에 영향을 준다.[17)]

마음에는 일생 동안 성장하지 않는 면도 있다

앞에서 자기 마음속에 무언가 좋지 않는 감정이 있을 때는 감정을

---

17) D. Reynolds, Constructive Living, Honolulu, Hawaii : University of Hawaii Press, 1984, pp. 8~10.

그대로 인정하는 것이 최선책이며, 그 결과 감정은 저절로 변하기 시작한다는 포커싱의 관점을 소개하였다. 그러나 사람의 마음에는 일생동안 변화도 하지 않을 뿐더러 성장도 하지 않는 부분이 있다.

이점을 가장 직설적으로 지적해 주고 있는 사람이 융 심리학자 Jungian psychologist 아돌프 굿겐뷸 크레이그Adolf Guggenbühl-Craig이다.

굿겐뷸에 의하면, 어떤 사람의 마음에도 '원형적 장애archetypal obstacle'가 있으며 이는 치유될 수도 없고 성장할 수도 없는 마음의 한 측면이라는 것을 지적하고 있다.[18]

확실히 우리에게는 '어떻게 할 수도 없는 심적인 작용'이라고 하는 것이 있다. 다시 말해서, 사람의 마음에는 나이가 아무리 많아도 다스려지거나 개선되지 않는 '이러지도 저러지도 못 하는 결함'이 있다.

굿겐뷸은 어떤 점에서 이와 같은 것을 생각하게 되었을까?

잘 알려지고 있는 바와 같이 융 심리학에서는, 인간의 마음에는 감정feeling · 사고thinking · 감각sensation · 직관intuition의 네 기능이 있다고 생각하고 있다.[19] 그러나 굿겐뷸을 찾아오는 대부분의 환자들은 이유는 확실치 않지만, 네 기능 가운데서 하나나 두 가지밖에 갖고 있지 않는 사람들이었다. 이와 같은 환자는 말하자면 마음의 '장애'를 안고 있는 사람들이며 결코 치유될 수 없는 사람들이었다.

이 경우에 감정면의 기능이 결여되어 있는 환자가 있다고 할 때 이를 키우려고 하는 것은 효력도 없으며, 때문에 심리치료자는 그

18) A. Guggenbühl-Craig, *Power in the Helping Profession*, New York : Spring, 1971.
19) Jolande Jacobi, *The Psychology of C. G. Jung*, New Haven : Yale University Press, 1962.(6th ed), pp.10~18.

와 같은 환자에 대해서 감정기능의 결여를 극복시키려고 하는 대신 오히려 그 결함에 직면confrontation시키게 된다. 그리고 자기와 똑같은 결함을 가지고 있지 않는 누군가를 버팀목 삼아서 '결함을 가진 채 살아갈 수 있도록'해주는 것이 최대의 도움이라고 보았다.

요컨대 감정기능이 결여되어 있는 상태를 그 환자의 '개성', '본래 성격의 특성'으로 알고 받아들이게 하여 이를 마음껏 살려갈 수 있도록 도와야 한다는 것이다.[20]

그러나 대부분의 심리치료자는 '건강'·'성장'·'완전성'의 관념 때문에 어떤 사람이라도 완전하게 치료하지 않으면 안 된다는 강박관념과 환상에 붙들리고 있다.

이 때문에 '원형적 장애'를 그 사람의 개성으로 살릴 수 있다'는 발상은 하지 못하고 좀처럼 치료되지 않는 환자를 앞에다 놓고 '이젠 이 사람은 어찌할 도리가 없다'는 식으로 마음을 접고 환자를 얕보게 된다는 것을 구겐뷸은 지적하고 있다. 이러한 사태는 우리 나라 의료계의 임상현장에서도 있을 수 있는 일이라고 본다.

원형심리학자 토마스 무어Thomas Moore도 그가 지은 『영혼의 보살핌Care of the Soul』(1998)[21]가운데서 현대인들이 어린아이 같은 무구순진無垢純眞한 '아동성'의 가치를 알지 못하고 있는 점에 대해서 경고하고 있다.

무어에 의하면, 흔히 통념상 부정적인 시각에서 사용하는 표현 가

---

20) A. Guggenbühl-Craig, *Emptied Sole : on the nature of psychopath*, New York; Spring, 1999.

21) T. Moore, *Care of the Soul : How to add depth and meaning to your*, New York : Harper, 1998.

운데서 '저 사람은 어쩐지 어린아이 같은 유치성을 벗어나지를 못하고 있다'고 하는 말이 시사하는 것처럼, 일반적으로 '어린이 같은 면'은 극복해야 할 미숙함과 큰 결함의 대상으로 인식되고 있다. 때문에 '어른이 되는 일'에 가치를 두는 나머지, 어린이 같은 점을 자기의 개성으로 살려서 살아가는 것을 망각하고 있다는 것이다.

다시 말해서 '성장하지 않으면', '건강하지 않으면', '성공하지 않으면'이라고 하는 환상과 같은 강박관념이 지금의 우리 사회에 만연되고 있기 때문에, 현대인은 이 환상에 묶이어서 자기를 긍정할 줄도 모르고, 고민하지 않아도 될 고민을 안고 살아가고 있다는 것이다.

이런 환상으로부터 벗어나서 일반적으로 결점으로 보고 있는 자신의 '어린이 같은 점', '장애', '결함', '평생 가시지 않는 질병'등을 스스로의 둘도 없는 소중한 개성으로 받아들여 살아가는 것이 중요하다는 것을 무어와 굿겐뷸은 가르쳐 주고 있는 것이다. 참으로 지적인 여운을 남겨주는 말이다.

와이저 코넬의 포커싱

앤 와이저 코넬Ann Weiser Cornell(1949~　)이 포커싱을 처음으로 접하게 된 것은 1972년이다. 1972년에 그녀는 시카고 대학교 언어학과 대학원생이었다. 수개월 전에 연인과의 갑작스러운 괴로운 결별을 겪고 난 다음, 그녀의 의식에는 떠오르지 않는 심층에 무언가 큰 덩어리 같은 것이 움직이고 있는 것을 느끼게 되었다. 이 때문에 그녀는 자기 마음의 보다 깊은 부분을 알 수 있는 방법을 찾으려고 결심했다.

이 무렵 시카고 대학교에는 로저스의 제자 젠들린 교수(시카고 대학교, 1958)가 포커싱이라는 심리치료 기법을 일요일마다 야간에 커뮤니티 센터에서 가르쳐 주고 있었다. 여기에는 '체인지스Changes(focusing listening을 배우기 위해 젠들린과 시카고 대학교 대학원생을 중심으로 시카고 지역사회인들이 만든 배움의 모임)'라는 모임이 있었는데, 코넬은 이 모임에 친구를 따라가 처음으로 포커싱을 접하게 되었다. 처음 이 모임에 가 보았을 때는 매우 매력적이기도 하였으나 좀 답답한 점도 느꼈다. 그래도 매력적이었던 것은 포커싱이야말로 자신이 찾고 있는 것이었기 때문이었으며, 답답했던 것은 처음이라 좀 어렵게 다가왔기 때문이었다.

그렇지만 그녀와 친구들은 젠들린에게 배운 대로 열심히 한 결과 포커싱의 본질을 알게 되었다. 그 후 포커싱은 코넬 인생의 반려로서 그녀 인생의 변천을 같이 하게 되었다. 1975년 시카고 대학교에서 언어학 박사학위를 받고, 잠시 몸담았던 퍼듀 대학교(1975~1977)의 언어학 교수직을 떠나, 1980년 젠들린의 요청에 의해 포커싱 워크숍의 스태프로 참여하게 되었다. 이후 1983년부터는 캘리포니아, 버클리로 집을 옮겨 자택에 포커싱 센터를 개설하여 포커싱 교육과 트레이너를 양성하는 등 심혈을 기울였다. 한편 1994년에는 인본주의 심리학회 회장President of the Association for Humanistic Psychology으로서도 활약하였다.

지금 그녀는 포커싱을 중심으로 하는 혁신 이론가의 일인자로서 그 교육과 보급을 위해 국제적으로 활약하고 있다. 그녀는 "포커싱은 내게 많은 선물을 주었다. 생각지도 못한 영적인 체험의 선물까지도 받았다. 포커싱은 나의 인생이라는 '직물織物' 속에 짜여져 있다."라고 그동안의 소회의 일단을 말할 만큼 인생의 의미를 포커싱의 보급에서 찾고 있다.

다음은 한 워크숍에서 있었던 코넬의 교시guiding와 포커서focuser
(client)의 마음의 흐름을 검토해 본 것이다.

*

몇 사람의 참가자가 지켜보는 가운데서 40대 여성 Y씨는 코넬의
실연에서 포커서가 되고 싶다고 손을 들었다. Y씨는 때때로 포커싱
전문가와 포커싱을 해 왔던 터라 초심자는 아니었다. Y씨는 수년 전
암수술을 받았으며 최근에는 재발하지 않을까 하는 예기불안anticipa-
tory `anxiety 때문에 마음고생이 많았다.

때문에 그녀는 20년 이상 해 왔던 일을 앞으로 계속할 수 있을 것
인가 말 것인가를 망설이게 된 시점에까지 오고 말았다. 사실은 그
렇지 않아도 하고 있는 일이 마음에 드는 부분과 고통스럽게 느낀
부분이 있어서 일을 계속해야 할 것인가 하는 문제에 대해 결단을
내리지 못해 망설이고 있는 중이었다.

코넬의 방법에서 '간극을 만든다(실감으로부터 마음의 거리를 둔다)'는 것은
필요한 경우 이외에는 하지 않지만 Y씨와 코넬의 포커싱에서는 갑자
기 이 문제부터 시작했다.

Y씨는 '나의 지금의 첫번째 문제는 지금까지의 생활방식을 바꾸
지 않으면 안 된다는 것입니다. 이것은 내게는 매우 큰 문제이기도
하고 두렵기도 합니다. 지금 이대로는 매우 힘듭니다.'라고 말하기
시작했다.

일반적으로 포커싱에서는 문제의 내용보다는 마음의 진행에 초점
을 만들어 가야 하기 때문에 내용을 자상하게 말해 줄 것을 기대할
필요는 없다. 코넬도 여기서는 이 이상 내용을 듣고자 바라지도 않
았다. '생활양식을 바꾼다'고 하는 것은 어떤 것인가, 이런 점에 대해

서는 빈틈없이 들을 필요는 없다. 중요한 것은 정보 수집보다도 포커서가 감정의 진행과 정다운 관계가 만들어져서 의미있는 감각 느낌으로부터 새로운 지혜가 나타나게 하는 데 있었다.

"지금 말하고 있는 동안 신체적인 느낌은 어떠한지 떠오르는 것이 있습니까?"라고 코넬도 '몸'에다 초점을 만들어 갔다.

"가슴 전체가 긴장되어 괴롭습니다."

"지금 그 상태의 느낌과 오직 같이 할 수 있는 시간을 가져 보십시오."라고 코넬은 천천히 정다운 어조로 이끌어 갔다. 이는 고통스럽기 때문에 여기서 벗어나기 위하여 무언가 하지 않으면 안 된다든가, 왜 이렇게 고통스러운가를 생각하기보다는 '오직 느낌의 흐름과 더불어 같이 있는 관계와 시간'이 더 중요하다고 보았기 때문이다.

코넬의 이와 같은 말은 Y씨에게는 자기가 느끼고 있는 실감과 같이 있어 주는 모종의 강한 정다움의 표현이었다. 고통스러워하고 있는 사람에 대해서 아무것도 해 주지 못하고 아무것도 말하지 못하더라도 '그저 같이 있는 시간'을 갖는다는 것만으로도 포커서에게는 큰 힘이 되어 준다고 본 것이다. 코넬은 바로 이런 관계를 Y씨의 내면에 만들려 하고 있는 것이다. 잠시 Y씨는 눈을 감고 침묵에 잠긴다.

"지금은 느낌이 어떠합니까?"

Y씨는 "기분을 말한다면 무언가가 시작될 것 같은 느낌이 듭니다. 괴로운 느낌이 조금 편안해지고 있습니다."라고 말했다.

"무언가 시작될 것 같다고요?" 코넬은 물었다.

"무언가 준비가 된 것 같은 느낌입니다." Y씨는 몸의 실감으로부터 어떤 '메시지'를 받기 시작했다는 것일까?

"그 부분에 준비가 되어 있다는 말이지요. 그렇다면 메시지를 받았습니다라고 말해 보면 어떨까요." 코넬은 메시지를 놓치지 말고 단단히 붙잡도록 가이드했다.

"'준비가 되어 있습니까?'라고 자기가 자신에게 말하고 있는 것 같은 생각이 들었습니다."

실은 Y씨의 마음은 준비가 안 되어 있었다. 그런데도 자신에게 타이르려 한 것이다. 이것은 '신체적'인 느낌으로부터의 메시지가 아니라 '두뇌'를 통한 일방적인 지시일 가능성으로 보였다. 여기서 코넬은 다음에 어떻게 했을까?

"그렇다면 이 점에 대해 몸은 어떻게 반응하고 있습니까?" 코넬은 '두뇌'에서 '몸의 느낌'으로 초점을 리딩 인leading in해 보았다.

Y씨는 "잠깐 기다려 주십시오!"라고 말하고 있는 것 같았다. 요컨대, Y씨의 머리에서는 인생을 바꿀 준비를 촉구하고 있는 것 같지만, 몸은 '잠깐 기다려 달'고 말하고 있는 것이다.

코넬은 "잠깐 기다려 달라고 말하는 부분과 함께할 시간을 가집시다."라고 말했다.

준비가 되어 있지 않은 마음을 재촉하거나 나무랄 필요는 없었다. 같이 있는 것도 중요하다는 것을 가이드하고 있는 것이다.

잠시 침묵이 흘렀다.

코넬은 다시 말한다. "이제는 어떤 실감일까요?…… 그것에 대해서 공감적으로 정다운 관심을 가지고 함께하기를 바랍니다."

"무언가 두렵습니다."라고 Y씨는 말했다.

"두려운 것은 알고 있습니다. 그 부분에 대해서 말해 보면 어떨까요?"라고 코넬은 말했다.

포커싱에서는 두려운 부분과도 다정한 관계를 만들어 가는 것이 중요하다. 두려워할 필요는 없다든가, 두려워하는 것은 못난 짓이다라는 등, 부정적으로 생각할 필요는 없다고 본 것이다. 이어서 코넬은 "그리고 매우 친근한 감정으로 무엇이 두려운지 말해 줄 수 있다면 듣고 싶습니다."라고 가이드했다.

잠시 침묵이 흘렀다. 그러고 나서 Y씨는 "지금의 느낌을 말한다면 울고 있는 것 같은 느낌입니다."라고 말했다.

코넬은 "아주 정답게 그 느낌이 당신으로부터 무엇을 필요로 하고 있는가를 들어 보고 싶습니다."라고 말했다.

코넬은 두려워하고 있는 Y씨의 마음의 부분이 무엇을 바라고 있는지 느껴 보도록 가이드했다. 이와 같은 도움은 Y씨의 생각하는 '머리'와 두려워하고 있는 '마음' 사이의 소통을 촉진시켜 Y씨의 내면에 다정한 관계를 만들어 주기 위한 것이었다.

Y씨는 "두려워했던 부분이 내게 안기고 싶다고 말하고 있는 것 같습니다."라고 말했다.

"그렇습니까?"라고 코넬은 말했다.

"그렇지만 지금의 나에게는 그것에 도움을 줄 만한 여유가 없습니다. …… 그 힘이 없습니다."

두려워하고 있는 Y씨의 느낌은 Y씨에게 안기고 싶어하고 있는 것이다. 그렇지만 Y씨는 그것을 안아줄 수가 없다는 것이 문제인 것이다. 매우 안타까운 처지에 이르게 되었다.

코넬은 여기서 "안아 줄 힘이 없는 부분에 대해서 생각해 봅시다."라고 말한다. 이 방법은 코넬이 잘 쓰는 방법이다. 요컨대, 마치 자기 집에 친구가 찾아왔을 때는 가벼운 환영의 인사말을 나누는 것처럼 말이다. 그것은 힘이 없는 자기 안에 있는 어린이를 나무라지도 않고 대립도 하지 않으며 결코 무리하게 요구하지 않는 친절한 인사 같은 것이다. 잠시 침묵이 지난 후 코넬은 계속한다.

"그래서 힘이 미치지 못한 부분이 당신에게 무언가를 말해 줄 수가 있을까요?"라고 Y씨에게 말했다.

"그 부분도 힘이 되어 주었으면 좋겠다고 말하고 있습니다."라고 Y씨는 말했다.

코넬은 "도와줄 것인가 말 것인가를 묻지 말고 힘이 되어 주기를 바란다는 것은 알고 있어요라고 말해 봅시다."라고 말했다.

코넬은 어떻게 하면 힘을 가질 수 있는가와 같은 이론지향적인 화제가 되어서는 안 되며 수용하는 태도가 필요하다고 말했다.

Y씨는 갑자기 "지금 몸과 기분이 아주 짙은 안개 속에 가라앉아 있는 것 같은 기분이 듭니다."라고 말했다.

"그 기분이 참 좋은 느낌입니까?" 코넬이 말했다.

그 기분이란 차분하게 안정된 이미지인지, 무언가 우울한 느낌인지 정확한 뉘앙스는 Y씨 자신밖에는 모를 것이다.

"좀 알겠습니다. 천천히 가라앉는 느낌입니다."라고 Y씨는 말했다.

코넬은 "그 상태의 느낌을 음미해 봅시다."라고 말했다.

Y씨는 "큰 덩어리가 녹아서 무엇이라고 할까…… 밝은 전구 같은 것이라고 할까, 그런 이미지를 갖게 됩니다."라고 말했다.

짙은 안개에서 밝은 전구의 이미지로 달라진 것이다. 어찌하여 이렇게 이미지가 달라지는 것인가? 그것은 두뇌만으로는 알 수가 없다.

코넬은 다시 "전구와 같이 있는 것이 좋을지도 모릅니다. …… 아니면 전구의 이미지에 물어보는 것이 좋을지도 모릅니다. 무언가 보여 줄 것이 있는지도 모르겠습니다."라고 말했다.

Y씨는 "그럴까요. (미소를 띔) 안심해도 좋습니다라고 말하고 있는 것 같습니다. ……처음에 느꼈던 어두운 공포심은 사라지고 지금은 전구 빛 밝은 곳에 편안하게 앉아 있는 느낌입니다."라고 말했다.

Y씨의 두뇌는 그동안 힘이 없는 마음에 대해서 준비를 재촉하고 있었다. 그러나 마음은 그 준비가 되어 있지 않은 상태였다. 그렇다면 왜 준비를 재촉하는 것일까? 그것은 두뇌도 힘이 없기 때문이다. 여기서 말한 '전구'는 두뇌도 마음도 아닌 좀 더 깊은 '지혜'의 이미지를 갖고 있다. 뜻밖에도 "안심해도 좋습니다."라는 말을 들은 것이다. 그것은 Y씨의 마음의 심층부로부터의 안심해도 좋다는 메시지인 것이다.

코넬은 "세션이 끝난 후에도 편안한 느낌이 그대로 지속된다면 참 좋겠습니다. 편안한 느낌이 지속될 수 있도록 마음에 물어보는 것이 좋을지도 모릅니다."라고 말했다.

코넬은 이런 편안한 느낌이 일상생활에서도 지속될 수 있도록 하기 위한 어떤 암시가 있는지 없는지, 일상생활과 안심감의 다리역할을 할 수 있는 것이 있는지 없는지를 탐색하였다.

"……지금의 내 마음은 아주 조용한 상태입니다."라고 말한 Y씨에게는 아직 뚜렷한 가교는 발견하지 못했지만 지금은 평정 상태의 기분이라는 매우 만족스러운 심리적 공간 속에 있는 것을 발견하였다.

코넬은 이어서 말했다. "여기서 세션을 끝내도 좋은 시점인지 무언가 더 말하고자 하는 것이 있는지, 끝내도 좋은지를 신체적인 느낌에 물어봐 주십시오."

그러나 Y씨는 "눈을 감고 잠시 생각에 잠긴 후, 즉시 이 상태로 되돌아갈 수 있기 때문에 좋다고 생각합니다."라고 말하였다. 코넬은 끝으로 다음과 같이 말했다.

"이런 지혜를 가르쳐 준 자신의 몸에 감사를 표한다면 어떨까요. 그러고 나서 끝냅시다."

이렇듯 코넬은 충분한 시간을 가지고 Y씨의 내면에서 일어난 의미있는 특별한 느낌의 과정과 마음의 간극을 존중하면서 세션을 끝냈다.

세션은 끝났지만 Y씨의 내면에서는 내적인 소통이 일어나기 시작하였다. 기실 그것은 Y씨에게는 반가운 변화의 '시작'이었다.

Y씨는 이 워크숍이 끝난 다음 날 중국의 '돈황敦煌'으로 여행을 가게 되었다. 이 여행에서는 코넬과의 세션에서 만들어진 내적 관계는 그대로 지속될 수가 있었다. 비행기에서 고비사막을 내려다 볼 때 지상의 아름다운 잿빛과 파란색이 섞여 너무도 깨끗하게 보이면서 갑자기 자기도 모를 묘한 느낌이 왔다.

생각해 보니 그것은 세션 때 체험했던 '밝은 전구 빛'의 이미지였다. 푸른 사막과 푸른 하늘이 '녹아 하나가 되듯' 어디까지가 하늘이며 어디서부터가 사막인지 알 수 없는 신비로운 영감의 상태였다.

Y씨는 이렇듯 포커싱을 통해서 체험한 내면적인 이미지는 자신을 넘어선 외부 대상에게까지 확대되어 있었다는 것을 알게 되었다. 요컨대, Y씨는 자신의 내면과 외면이 융합된 체험에 감동하면서 여행은 너무도 즐거웠다고 한다.

알프레드 아들러에게 배우다

실패가 용인되지 않는 사회

당신의 실패는 결코 인생을 낭비한 것이 아니라
의미 있는 성취를 가져다 주는 출발점임을 의미한다.
당신의 실패는 당신이 무모했던 것이 아니라
성공에 이르는 과정에서 일시적인 시행착오에
지나지않는다는 점을 의미할 뿐이다.
실패했다 할지라도 좌절하지 않고
자신의 사고의 틀을 '가능성 사고'로 전환시킬 때
실패와 위기는 당신에게 성취의 기회로 만들 수 있는
힘을 주게 될 것이다.

용기를 주지 못하는 사회

실패도 학습이다

사회구조와 문화형태가 다원화되고 분화되어 갈수록 사람들은 새로운 사회·문화의 기준에 쫓아서 자기를 변용시키며, 학습시켜 가는 사회화 socialization와 문화적응 enculturation의 과정에 있어서 여러 가지 실패와 위기에 직면하게 된다.

한국사회에도 예외일 수는 없다. 지구촌 시대의 새로운 문화유입으로 인한 문화수용acculturation, 문화갈등 cultural conflict(개인본위문화 대 집단지향문화), 문화지체cultural lag(발달 및 생활에 필요한 문화섭취의 지체), 다문화 multiculture의 수용과 융합, 특히 정보통신의 기술, 4차 산업혁명의 발달에 따른 직종 변화에 대한 적응 등 여러 가지 문제에 직면함으로써 그 때마다 갈등과 부적응으로 인한 문제 등이 날로 늘어만 가게 될 것이다.

이 가운데는 자기를 과소평가한 나머지 능력의 부적당감이나 무가치감, 또는 열등감이나 수치감, 소외와 불안 등으로 인하여 결국에는 인간관계를 피하게 되고 인생의 목적을 잃음으로써 극단적인 행동을 선택하거나 각종 심리적 장애에 떨어지게 되기도 한다. 은둔

형 외톨이나 무력감도 이와 같은 경우의 산물이다.

현대인의 정의적情意的인 특성의 결핍 가운데서 가장 무서운 것은 삶의 의욕을 잃은 '용기의 결핍'이다. '용기'는 자신의 운명을 받아들여 새로운 자기를 발견할 수 있게 하고, 결단과 체념으로부터 인생을 다시 시작할 수 있게 하며, 단점도 상황에 따라서는 '장점'이 될 수 있고 자기개성의 일부라 생각하여 자기를 긍정적으로 수용할 수 있게 한다. 이런 인식과 사고방식이 사회의 '정신적 풍토mental climate'에 팽배해 있을 때 사람들은 실패를 두려워하지 않고 용기를 얻어 다시 도전할 수가 있을 것이다. 그것은 사람이란 그 사회의 정신적 풍토에 순화馴化되기 마련이기 때문이다.

과학 선진국에서는 실패한 실험 노트가 완성된 연구논문보다 더 소중하게 여겨진다고 한다. 참으로 부럽고 희망이 있는 사회다. 후진사회와 신진사회의 차이는 실패를 두려워하며 되풀이하느냐, 아니면 실패를 도전과 성공의 수단으로 삼느냐의 차이라고 본다.

한때 신소재연구의 세계적 메카라고 지칭되었던 트랜지스터의 원산지 미국의 '벨Bell연구소'에는 실패한 신소재합성실험들을 기록한 연구자료가 그대로 보존되어 있다고 한다. 이 연구기록은 완성된 논문보다 더 소중하게 생각하기 때문이다. 이러한 사회풍토는 누가 만들어 주는 것은 아니며, 우리 모두가 만들어야 할 중요한 과제라고 본다.

학습이론 가운데는 '시행착오trial and error'의 이론이 있다. 위대한 과학기술의 연구·개발도 '의미있는' 시행착오를 통해서 이루어졌다.

단 한 번의 시도로 성공되는 경우란 매우 드물다. 안타깝게도 우리 사회의 풍토는 어떤 실수나 실패가 용인되지 않는 사회다.

의미있는 실패는 성공으로 가는 한 부분이며 과정이다. 학습의 경우, 학생들마다 학습속도에는 개인차가 있기 때문에 문제를 해결하고 완전히 학습하는 데 소요되는 시간은 학생마다 다르다. 어떤 학생은 10분, 어떤 학생은 30분, 또 어떤 학생은 60분이 필요한 학생도 있다. 때문에 시험에서 기준시간 40분 동안에 문제를 풀지 못했다고 해서 불합격자·탈락자·미학습자·실패자로 평가하여 그 사람을 완전히 실패한 사람이나 무능력자로 보는 것도 비교육적이며 큰 착각이다. 이는 '인간중심 교육'에도 위배된다. 40분 동안에는 풀지 못했지만 50분이면 풀 수 있는 사람도 있다. 이런 식의 평가를 가지고 학습의 성패를 평가하는 것은 학습의 본질에서 볼 때 논리의 모순이며 의미도 없다.

흔히 대학입시나 사업에 실패했다고 해서 인생의 앞길이 모두 막힌 것처럼 생각하여 인생을 포기한 나머지 극단적인 끔찍한 일을 저지르고 마는 사건들이 해마다 증가해 가고 있다. 우리에게는 '가능성 사고possibility thinking'가 있기 때문에 생각을 바꾸게 되면 실패에서 교훈을 얻고, 다시 시작할 수 있는 의미를 발견할 수가 있다. 실패한 경험은 가장 정확한 스승이며, 더 큰 성공과 학습으로 들어가는 기회라고 생각하는 사고의 전환이 필요하다.

후진사회는 추수 후 땅에 떨어진 이삭을 줍는 사회이며, 선진사회는 독창적으로 생각하고 항상 새로운 씨를 뿌려 더 큰 결실을 위해 미지의 세계를 향해 찾아가는 사회이다. 남보다 먼저 새로운 것을 찾아가는 과정에는 실수도 할 수 있고, 위기에 빠질 수도 있다.

우리는 이 위기·실수·실패의 의미가 무엇이며, 여기서 주는 교훈이 무엇인가를 알고 받아들이지 않으면 안 된다. 우리에게는 이런 사회 풍토가 필요하다.

용기란 무엇인가?

용기는 흔히 '만용蠻勇'과 혼동되기도 한다. 사리를 분간하지 못하고 함부로 날뛰며 부화뇌동하는 용맹성이나 열등감의 역표현인 우월감 콤플렉스superiority complex처럼 잘난 척하고 뽐내며 방자하고 교만스럽게 구는 것은 참된 의미의 용기가 될 수가 없으며, 그것은 거만이며 만용이다.

용기란 '영영사전'에서는 '위험을 받아들이는 능력risk-taking ability', 위험·공포·난국을 참아내고 저항하며 이를 무릅쓴 정신적 또는 도덕적 힘mental or moral strength으로 설명되고 있다.[22] 이 말은 어떤 위험과 공포와 고난에 대하여 위험을 무릅쓰고 저항하며 참아내는 정신적·도덕적 의지라고 풀이해 볼 수가 있다.

그렇지만 나는 '용기'를 사전적인 해석에서 멈추지 않고 교육심리학의 입장에서 보다 적극적인 정의를 내려보고자 한다. 이를 위하여 나는 '아들러 심리학Adlerian Psychology'[23)]의 창시자 알프레드 아들러

---

22) *Merriam Webster's Collegiate Dictionary*, 10th edition, 1994, p. 266.

23) 아들러 심리학은 알프레드 아들러가 제창하였고, 그 후계자들이 발전시킨 심리학의 이론과 치료기법의 체계를 말한다. 개인심리학individual psychology이 정식 명칭이지만, 오해받기 쉽기 때문에 잘 사용하지 않는다. 아들러 자신은 '인간지Menschenkenntnis'의 표현을 좋아 했으며, 미국의 후계자들은 '목적분석학Teleoanalysis'이라고 지칭하기도 한다. 아들러 심리학의 이론적인 특징은 ① 행동의 원인이 아니라 목적을 분석한다(목적론), ② 인간을 나눌 수 없는 전체로서 파악하며, 이성과 감정, 의식과 무의식의 대립을 인정하지 않는다(전체론), ③ 객관적 사실보다 객관적 사실에 대한 주관적 의미부여의 시스템을 중시한다(현상학), ④ 정신내면보다는 대인관계를 분석한다(대인관계

Alfred Adler(1870~1937)**24)**가 사용한 용어의 뉘앙스를 소개하면서 그가 실제로 사용한 용어를 인용하고자 한다.

용기란, 위기를 받아들이는 능력

『어린이교육*The Education of Children*』(1978)에서

용기란, 고난을 극복하는 노력

ibid.

용기란, 협력할 수 있는 능력의 일부

『인생의 의미의 심리학*What Life Could Mean to You*』(1931)에서

론), ⑤ 주체적 판단력을 중시한다(실존주의) 등이다.

이런 점에서 고전적인 정신분석학과는 명제를 달리하며, 그 성격은 현상학적 정신의학이나 실존주의적 정신의학에 가까우며, 또한 사회정신의학, 자아심리학, 인간학적 심리학 등 현대의 여러 심리학 사조의 이론적 선구의 역할을 하였다.

치료기법은 ① 집단치료를 중심기법으로 하여 개인치료법·가족치료법 등 다채로운 기법을 사용하고, ② 실생활의 문제해결만이 아니라 인격의 성장을 중시하며, ③ 치료자·환자의 대등성을 전제로, ④ 적극적으로 조언하는 등의 특징이 있다. 인지치료법cognitive therapy, 시스템론system theory, 역설치료법paradoxical therapy 등의 기본 아이디어가 많이 함유되고 있다. 아들러 심리학의 응용분야는 심리임상을 비롯하여 케이스워크, 학교교육, 부모의 심리교육, 기업의 조직론 등 다채롭게 펼쳐지고 있다.

24) 헝가리계 유대인 곡물상의 아들로서 오스트리아 빈에서 태어난 정신병학자·심리학자이다. 1902년 지그문트 프로이트Sigmund Freud를 만난 후 프로이트의 수요회(1902년에 시작)의 유력한 회원이 되어 『정신분석중앙잡지』의 편집에도 활동하였으며, 한 때는 국제정신분석학회 회장도 역임하였다. 그러나 프로이트의 범성욕설을 비판하고, 1911년에는 프로이트와 결별하였으며, 개인심리학협회를 만들어 독자적인 길을 걸어 갔다. 1914년에는 『개인심리학잡지』를 창간하였고, 1924년에는 『개인심리학의 실제와 이론 *Practice and Theory of Individual Psychology*』을 발표하여 인간행동의 근원을 성적 충동보다는 우월의 욕구와 권력의 의지로 보았으며, 이것이 충족되지 못함으로써 나타나는 열등감이나 보상행동을 중시하였다. 제1차 세계대전(1914~1918년) 때는 군의관으로 종군하였고, 종전 후에는 아동교육에 관심을 기울여 1922년에는 빈에 '아동상담소'를 설립하여 문제아의 치료에 힘썼으며, 1926년부터는 활동무대를 점차적으로 미국으로 옮겼다. 그 결과 미국의 심리학에 큰 영향을 주었다. 1934년 나치Nazi 정권이 수립되자 1935년에는 미국으로 이주하여 교육·진료·연구·강연 등 다방면으로 활동하였으며, 1937년 5월 스코틀랜드에서 강연여행 중 객사하였다.

이와 같은 세 가지 정의에서 볼 때 용기란 '능력'·'노력'·'협력'과 관계되고 있음을 이해할 수가 있다.

첫째, '용기는 위기를 받아들이는 능력이다'라고 하는 관점이다.

여기서 한 가지 설명하고 넘어 갈 것이 있다. 그것은 '위기'를 '위험'에 가까운 뉘앙스로 받아들여, 있어서는 안되는 일, 피해야 할 일로 생각하게 되지만, '위기'에는 부정적인 측면만이 아니라 불확정요인을 포함한 긍정적 요인의 가능성도 있다는 점이다. 그러기에 '위기를 기회다'라는 말도 있다. 요컨대, 위기에 대처하지 않는다면 또 다시 위험한 상태를 가져올지도 모를 가능성도 있다는 것이다.

용기있는 사람은 이와 같은 '가능성'에 도전하는 능력을 갖추고 있는 사람이다. 때문에 이런 사람은 근시안적인 보신주의에 급급하거나 책임을 회피하지 않는다. 또한 자기 자신에 대해 매우 엄격하며 강한 집념으로 문제의 대처에 도전적이다. 그러면서도 자기수용적이다.

둘째, '용기는 고난을 극복하는 노력'이라고도 말할 수가 있다.

아들러는 '용기'라는 말을 많이 사용하였지만 명쾌한 정의를 내리지는 않았다. 여기서 그가 『어린이의 교육』(1978)에서 용기에 관하여 언급한 것을 인용해보고자 한다.

> 개인심리학individual psychology(아들러 심리학의 정식의 정식명칭)은 어린이 교육에서 용기와 자신을 주는 교육을 강조하였으며, 어린이들에게 '고난'은 극복할 수가 없는 장애가 아니라, 이것에 맞서서 정복해야 할 과제로 볼 수 있도록 가르침으로써 모든 어린이들에게 그런 정신적인 능력을 자극하는 일에 노력할 것을 강조한다.[25]

---

25) Alfred Adler, *The Education of Children*, 1978, p. 191.

셋째, 용기는 '협력'과 관계되어 있다.

때문에 용기있는 사람은 혼자서만 좋아하거나 경쟁심에만 가득차 있는 행동이 아니라 어떤 공통목표를 향해서 공동체·집단구성원의 힘을 효과적으로 합치는 시너지의 능력, 스스로 공헌하는 능력을 가지고 있다. 한자의 협력協力이라는 말에서 '도울 협協'자의 형성문자形聲文字가 '심방 변忄'에 '힘 력力' 셋이 모여서 형성되어 있는 것이 그 의미를 잘 설명해 주고 있다.

아들러가 용기에 대해서 명확한 정의를 내리지 않는 것과는 달리, 아들러의 수제자 루돌프 드라이커스Rudolf Dreikurs(1897~1972)는 『사회적 평등Social Equality』(1971)[26]이라는 저서에서 용기의 의미를 아주 명쾌하게 서술하고 있다. 이를 소개하면 다음과 같다.

용기란 자기격려self-encouragement의 산물이며, 이는 생존에 가장 큰 활력을 준다.

용기만 있다면 어떤 상황이나 어떤 문제에 대해서도 우리는 자신의 장점을 유감없이 발휘할 수가 있다. 자기 자신의 가치를 증명하는 일에만 정열을 낭비하지 않는다면 우리는 유익한 목표에 전력투구할 수가 있다. 그리고

---

26) 루돌프 드라이커스(1897~1972)는 1897년 빈에서 태어난 정신과의사이다. 아들러는 자신의 심리학을 확립해 가는 도중에 세상을 떠났지만, 드라이커스는 아들러 심리학의 이론화·체계화에 크게 기여하였다. 그는 시카고에 있는 아들러 심리학 대학원Adler School of Professional Psychology의 창설자이며, 시카고의과대학의 명예교수 외에 미국의 많은 대학의 객원교수로서도 활동하였다. 그의 자서전으로는 『불완전한 용기:드라이커스의 생애와 업적The Courage to be Imperfect:The Life and Work of Rudolf Dreikurs』, J. Terner & W. L. Pew, Hawthorns(1978)이 있다. 그의 수많은 저서·논문 가운데서 극히 일부를 참고문헌으로서 소개하면 다음과 같다.
Social Equity:The Challenge of Today, Adler School of Professional Psychology, 1971.
Maintaining Sanity in the Classroom, Co-writing with B. B. Grunwald & F. C. Pepper, Taylor & Francis, 1998.

미리 실패를 예상하거나 기대하는 일만 없다면 용기있는 사람은 필요에 따라서 상황을 유효적절하게 판단할 수가 있다.

용기란 자기신뢰self-confidence의 구체적인 표현이며, 자기 자신의 능력을 굳게 신뢰하는 데서부터 얻어진다. 용기란 두려움 때문에 마비되어 버리지 않는 한 누구에게나 천부적으로 갖추어진 특질이다.

그러나 용기는 깊은 사려가 없는 만용이나 무모함과는 근본적으로 다르다. 용기는 본질적으로 '책임감'이나 '소속감'과 상호 연관되어 있다. 왜냐하면 용기는 인생이 우리를 위해 준비하고 있을지도 모를 모든 것에 대처할 능력이 있다고 하는 확신을 반영하고 있기 때문이다.

용기의 반대는 악惡의 근원인 '두려움'이다. 용기만 있다면 적절한 판단을 내릴 수가 있으며, 이로 인하여 효과적인 결과를 가져오게 할 수가 있다. 용기만 있다면, 신체적인 체력, 지적인 활력, 감성적인 지구력, 창조적인 이미지의 힘을 아낌없이 사용할 수가 있다. 또한 용기만 있다면 우리들은 서로가 평화롭게 살아갈 수가 있다. 왜냐하면 사람들은 본래 타인에 대해서나 자기 자신에 대해서도 두려워하는 일 같은 것은 하지 않기 때문이다.[27]

자기수용

용기라는 말에 가장 가까운 표현에는 '자기수용self-acceptance'이라는 용어가 있다. 이 자기수용은 자기변혁·자기성장의 전제가 되기도 한다. 또 자기를 신뢰하는 구체적인 표현이다. 또한 '자기를 긍정적으로 받아들이는 능력과 태도'이기도 하다. '자존심self-respect' 또는 '자기존중self-esteem'과 거의 같은 의미의 표현이다.

만약 한 연구자의 다음과 같은 설문조사를 했다고 생각해 보자.

당신은 자신에게 결점이나 마음에 들지 않는 점이 있어도 자기를 '예'하고 긍정적으로 수용합니까? 아니면 자신에게 장점이 있어도 '아니오' 라고

---

27) Roudolf Dreikurs, *Social Equity:The Challenge of Today*, Adler School of Professional Psychology, 1971, pp. 34~35.

부정적으로 수용합니까? 어느 쪽인가를 선택하시오.

    이 경우에 자기를 수용하고 있는 사람은 이 설문에 대해서 '예'하고 응답하며, 반대로 자기를 수용하고 있지 않는 사람은 '아니오'라고 응답하는 사람이 압도적이었다. 다만 응답자 가운데는 겸손함을 보이고자 '아니오'라고 응답하는 사람이 때로는 있었기 때문에 결론을 내릴 수가 없었다는 것이었다.

    '자기수용self acceptance'은 자기변혁·자기성장·용기의 기본적인 전제가 된다.

    일반적으로 용기가 있는 사람은 자기수용적이고 자기일치self-congruence적이며 용기가 없는 사람은 자기부정적이며 '자기불일치self-incongruence'적이다. 용기가 없는 사람, 즉 자기수용을 하고 있지 않는 사람의 특성을 용기 있는 사람의 특성에 대비하여 보면 〈표 3-2〉와 같이 볼 수가 있다.

    다음 〈표 3-2〉는 용기가 있는 사람(자기수용을 하고 있는 사람)과 용기가 없는 사람(자기수용을 하고 있지 않는 사람)을 자기수용에 대비해서 나타낸 것이다. 용기가 있는 사람(자기수용을 하고 있는 사람)은 자신의 결점이나 취약점을 객관적으로 인정하면서도 그런 자신을 자기편으로 만든다는 점이다. 독자도 〈표 3-2〉를 보고 자기가 좌우 어느 쪽에 많이 해당되고 있는가를 체크해 봄으로써 자신을 이해하는 데 도움이 될 것이며, 또한 자기개념self-concept이 어떻게 형성되어 있는가를 이해하는데도 도움이 될 것이다.

    또한 '자기수용'이란 자만심이나 자기도취와는 다르다는 점이다. 용기가 있는 사람(자기수용을 하고 있는 사람)과 자만심이나 자기도취에 빠

표 3-2 용기 있는 사람과 용기 없는 사람의 특질

용기가 있는 사람 (자기수용을 하고 있는 사람)	용기가 없는 사람 (자기수용을 하고 있지 않은 사람)
• 자기가 자기편이 된다. • 자기 자신의 능력을 확신한다. • 위험을 무릅쓰는 것을 싫어하지 않는다. • 독립심이 강하다. • 자신의 결정이나 취약점을 객관적으로 인정한다. • 자신의 감정을 억제할 수가 있다. • 실패나 좌절을 학습의 기회로 삼는다. • 미래에 대해서 자신과 희망을 가지고 있다. • 자기와 타인과의 차이를 인정한다. • 타인과의 관계가 협력적이다.	• 자기가 자기편이 되기 힘들다. • 자기 자신을 무능하다고 생각한다. • 위험을 무릅쓰는 일에 소극적이다. • 자립심이 없고 의존적이다. • 자신의 결점이나 취약점을 다른 사람의 탓으로 돌린다. • 자신의 감정을 억제하지 못한다. • 실패와 좌절을 치명적이라고 생각한다. • 미래에 대해서 비관적·절망적이다. • 자기와 타인과의 차이를 두려워한다. • 타인과의 관계가 경쟁적이거나 회피적이다.

져 있는 사람은 자기 자신에 대해서만이 아니라 타인에 대한 태도나 대인관계도 다르다는 점이다.

자기수용을 하고 있는 사람은 타인까지도 긍정적으로 받아들이며, 타인과의 관계도 협력적이고, 타인의 관심사에도 관심을 갖는 '공감적 이해empathic understanding'가 가능한 사람이다. 이렇듯 자기를 수용하고 있는 사람과 자만심과 자기도취에 빠져 있는 사람의 차이를 대비하게 되면 〈표 3-3〉과 같다. 이것도 자신에게 적용해 봄으로써 여러 가지 의미를 발견할 수가 있을 것이다.

이상 자기수용의 조건에 대하여 서술하였거니와, 독자 가운데는

표 3-3 자기수용과 자만심·자기도취의 차이

자기수용	자만심·자기도취
• 확고한 근거 위에서 자기를 수용 • 결점도 있는 그대로 인정한다. • 용기가 있는 사람 • I am OK, You are OK의 태도 • 대인관계가 협력적 • 타인의 관심사에도 관심을 갖는 사람(공감적)	• 근거도 없는 긍정 • 자신의 결점을 보려고 하지 않는다. • 실상은 용기가 없는 사람 • I am OK, You are not OK의 태도 • 대인관계가 경쟁적 또는 회피적 • 자기 관심사 밖에는 관심이 없는 사람(자기만족적)

"나는 아무래도 자기수용이 되고 있지 않다. 이런 내가 싫다. 마음 먹고 용기를 가지려고 이 책을 샀는데 처음부터 의욕이 꺾이고 말았다"라고 말할 사람도 있을지 모른다. 그러나 안심하기 바란다. 이제 겨우 시작에 지나지 않기 때문이다. 앞으로 이 책을 읽어 갈수록 타인에 용기를 주며 자기 자신에게 용기를 주는 방법을 알게 될 것이다. 기대하는 것도 용기를 갖는 출발점이다.

열등감·열등 콤플렉스

용기가 없는 사람은 자신의 결함·약점·무능 등의 '열성inferiority'을 의식하게 될 때마다 열등감inferiority feeling의 감정적 반응이나 열등 콤플렉스inferiority complex의 무의식을 형성하게 된다. 열등감과 열등 콤플렉스는 아들러 심리학 초기의 중요한 개념이었다.

그것은 아들러에게 있어서 열등감이나 열등 콤플렉스는 그의 '인격형성'이론에서 발달의 통합을 깨뜨리는 요인으로 보았기 때문이다. 기실 아들러 심리학을 '개인심리학'이라고 말한 것도 '인격의 통합성integration'이라는 맥락에서부터 나왔다는 것을 이해할 필요가 있다.

아들러 심리학의 초기에는 열등감이란 자신의 어떤 속성이나 능력을 미숙하고 열등하다고 느끼는 주관적인 것으로 보았으나 현대 아들러 심리학에서는 '목표추구'의 개념이 강조됨으로써 인생목표와 현실적인 자기와의 갭에 직면했을 때 객관적으로 심적 부담이 되는 '모든 음성 감정'을 열등감으로 보게 되었다. 이와 같은 점에서 열등감은 우월 감정superiority feeling의 역표현이기도 하다.

이렇듯 인간은 목표를 추구하면서 살고 있다는 것이 아들러 심리학의 기본전제이기 때문에 인간인 이상 열등감은 정도의 차이일 뿐 누구나 갖게 된다. 아들러는 이 기본적 열등감을 보상하고자 하는 사람은 누구나 우월을 지향한다고 보아 이를 '권력에의 의지will to power(Wille zur Macht)'로 보았다. 이 권력에의 의지를 어떤 형태로 실현하느냐는 그 사람의 성격에 따라서 좌우된다고 보았다.

아들러는 열등 콤플렉스의 의미를 두 가지로 사용하였다. 한 가지는 강한 '객관적인 열등성'이며, 또 한 가지는 주관적인 열등성으로 구분하여 주로 후자의 의미로 사용하였다. 예컨대, 인생의 과제를 건설적인 방법으로 해결하기를 피하거나 이를 거부하는 구실로서 열등감을 내세워 자기와 타인을 속이며 사는 잘못된 생활을 더 행복하다고 생각하는 경우이다.

이렇듯 아들러 심리학에서는 특히 주관적 열등 콤플렉스를 중시하여 콤플렉스는 상반하는 '양가적 감정ambiralent feeling'을 가지고 있다고 보아 열등감도 우월감과 복합되어 있어서 의식적으로는 분화되어 있지 않는 것이 특징이라고 보았다. 때문에 열등 콤플렉스는 우월 콤플렉스superiority complex의 역표현이며, 우월 콤플렉스도 열등 콤플렉스의 역표현이라고 본 것이다.

예컨대, 학력이 낮은 것은 어떤 의미에서는 열등성이 될 수 있다. 그러나 학력이 낮은 사람은 반드시 열등감을 갖는다고 볼 수는 없다. 설혹 열등감을 갖는다고 해도 이를 건설적으로 극복해서 살아간다면 이는 열등 콤플렉스가 될 수 없다. 그러나 범죄자가 자신의 학력이 낮은 것을 범행 정당화의 이유로 삼는다면, 이는 열등 콤플렉스가 된다. 이런 점에서 아들러 심리학의 정신병리학에서는 신경증이나 정신병도 만성화된 열등 콤플렉스로 이해되기도 한다.[28]

아들러의 수제자이며 오스트리아인의 아들러를 미국으로 소개하기 위해 번역과 그 밖의 일로 공헌한 볼프W.B Wolfe는 『어떻게 하면 행복하게 되는가How to be Happy Thought Human』(1979)에서 열등 콤플렉스를 폐쇄적인 사고의 관점에서 다음과 같이 설명하고 있다.

> 오늘날 사람들이 생각하고 있는 열등 콤플렉스는 육체·정신·감정면에서 인간사회와 고립되어 있음을 표현한 것이며, 때문에 사람들이 열등 콤플렉스를 가지고 있다고 한다면 그것은 잘못된 생각을 하면서 살고 있다는 것을 의미하게 되었다. '잘못된 생각'이란 요컨대, 친구와의 협력자나 중개자가 되기보다는 자기 둘레에 벽을 만들어서 자기만의 안전과 행복을 누리는 것이 편안하다고 보는 생각이다.

인간은 삶의 목표를 갖는 한 열등감을 갖지 않을 수가 없다. 중요한 것은 이 열등감에 대해서 '건설적'인 대처를 하느냐 '비건설적'인

---

28) 열등감과 열등 콤플렉스는 A. Adler, *The Science of Living*, Meredith Press, 2008을 참고할 것.

대처를 하느냐에 있다.[29]

열등감에 대한 건설적인 대처는 '보상compensation'이나 '창조력'에 의한다. 예컨대, 심리학자나 정신과의사에게 "어떻게 되어 이 길을 선택하게 되었습니까?"라고 묻게 되었을 때 "사춘기 때 대인공포로 인하여 고민이 많았기 때문에"라든가, "열등감이 강한 성격을 어떻게 해서든 극복하고 싶었습니다"라는 응답을 들을 때가 있다.

이와 같은 대처법은 열등감을 보상을 통해서 창조적인 직업선택을 한 경우이다. 말더듬이 때문에 고민이 많았던 고대 그리스 아테네의 데모스테네스Demosthenes(BC 384?~322)가 자기의 열등감을 극복해서 한 세상을 풍미한 정치가 웅변가가 된 보상의 예는 너무도 유명하다.

우리 사회에는 이러한 건설적인 대처법을 사용하여 창조적인 직업선택과 학과선택을 한 사례가 너무도 많다. 성공을 거둔 사람들의 인생체험담을 들어 보게 되면, 그 가운데는 "열등감이 나를 이렇게 만들었다"라고 건설적인 대처에 대해서 말하는 사람이 많다. 아들러는 다음과 같은 말을 남기고 있다.

> 모든 사람은 열등감을 가지고 있다. 그러나 열등감은 질병이 아니다. 오히려 건강하며 정상적인 노력과 성장을 위한 자극이 된다.[30]

열등감의 또 한 가지 대처법은 "자기에게는 신체나 성격에 열등

---

29) 알프레드 아들러는 'on the useful side of life'와 'on the useless side of life'라는 표현을 사용하였다. 이를 직역하면 전자는 '인생의 유익한 측면'이며, 후자는 '인생의 무익한 측면'이 되지만, 이를 의역하여 '건설적'·'비건설적'이라는 표현을 사용하였다.
30) A. Adler, *The Science of Living*, Meredith Press, 2008.

한 부분이 있기 때문에 이 일은 맡을 수가 없다"와 같은 열등성(신체 기관이 객관적으로 열등한 사실)이나 주관적인 열등감을 핑계로 책임을 회피하는 것과 같은 비건설적인 경우이다. 이는 용기가 없는 사람의 대처법이다.

이 대처법의 특징은 사용하는 언어에서 'Yes, but(분명히 그러하다. 그러나 ……이기 때문에 할 수가 없다의 긍정+부정의 대처)'와 'If(만약 ……이기만 하다면 할 수가 있건만의 가정과 조건부)'가 많다는 점이다.

다음은 어느 중소기업경영자와 컨설턴트와의 대화 가운데서 있었던 한 예이다.

Q "당신이 경영자로서 할 수 있는 일은 무엇이라고 생각합니까?"

A "제가 해야 할 일은 많이 있으나, 지금은 좀 어렵습니다."(yes, but)

Q "전년대비 매출액이 30%나 줄어든 것에 대해 주된 원인이 무엇이라고 생각합니까?"

A "전반적으로 불경기인 것은 저도 인식은 하고 있으나 소비자가 점점 까다로워져 가고 있어서 …… (yes, but)

Q "사장님의 불경기에 대한 인식 가운데 타개책이 있다면 그것은 무엇입니까?"

A "여러 가지 방법이 있지만, 좀더 젊은 체력과 기력을 가지고 있다면 얼마나 좋을까를 생각해 봅니다."(yes, but와 if)

이렇듯 'Yes, but'와 'If'의 연속을 그대로 지속한다면 머지 않아

이 회사는 규모가 축소되든가 도산되고 말 것이다.

자기결정성

앞에서 열등감·열등 콤플렉스에 대해 설명하였으나 중요한 것은, 열등성·열등감의 대처에 있어서 개인의 주체적인 판단에 의해서 이루어진다는 점이다. 즉, 개인의 건설적·비건설적 어느 대처법이든 그것은 자기 주체적 결정에 의해서 이루어진다는 것이다. 이 점은 아들러 심리학의 중요한 이론의 하나로서 이를 '자기결정성self-determination'이라고 표현하고 있다.

일부 심리학에서는 어린이가 가정에서 자랄 때 부모로부터 학대를 받는 등 생육역生育歷에 문제가 있는 경우나 신체발육상 장애가 있는 경우는 성격형성에 불리하게 작용한다는 것을 말하고 있다.

그러나 아들러 심리학에서는 환경이나 장애가 개인에게 치명적인 영향을 주게 되는 것이 아니라 환경이나 장애에 대해서 자기가 건설적·비건설적 어느 쪽으로도 주체적으로 판단하고 대처할 수 있다고 하는 자기결정이론으로 일관하고 있다. 이런 관점은 '자기는 운명의 희생자'라고 한탄하는 입장보다는 '자기는 운명의 주인'이라고 보는 입장을 옹호하는 이론임을 말하고 있다.

사람이 환경·상황·경험에 어떻게 대처하는가에 관련하여 아들러는 이렇게 말하고 있다.[31]

어떤 경험이든 경험 자체가 성공의 원인이나 실패의 원인은 될 수 없다. 우리는 자기경험의 쇼크 - 이른바 외상 - 에 매여서 괴로워 할

---

31) A. Adler, *What Life Could Mean to You*(1931), Edited by Colin Brett, Oneworld Pubilcations, 2009, p. 97.

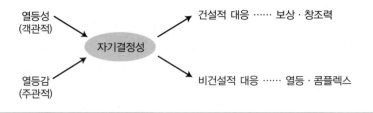

그림 3-2 자기결정성

것이 아니라 그 경험 속에서 자기 생의 목적에 합치한 것을 발견해
내야 한다. 우리는 우리가 자신의 경험에 부여한 '의미'에 의해서 스
스로 결정하지 않으면 안된다.

> 의미란, 상황에 의해서 결정되는 것이 아니라, 우리가 상황에 부여하는
> 의미에 의해서 스스로를 결정하는 것이다.

여기서 지금까지의 설명을 종합해 보면 [그림 3-2]와 같이 된다.
앞에서도 설명한 바와 같이 아들러 심리학에서는 콤플렉스를 양
가적인 것으로 보아 열등감은 우월감과 항상 복합되어 있어서 이 중
에서 후자를 의식하게 될 때 '우월 콤플렉스'가 된다는 것을 말하고
있다. '일등 콤플렉스'와 비슷한 표현이면서도 주위에 대한 인상이
전혀 반대의 콤플렉스가 우월 콤플렉스다.
예컨대, 자기가문·인맥·출신학교·능력 등을 과시하는 태도는 열
등감의 역표현인 우월 콤플렉스이다. 과시하는 방법은 성격에 따라
서 다양하다. 이 점은 일상생활을 통해서 우리가 너무도 많이 체험
하고 있다. '자신의 조상도 한 때 권문세도가였다'든가, '대통령을
잘 알고 있다'든가, '나도 한 때 드날리던 때도 있었다' 등 자신을 미

화시켜 거물이라도 된 것처럼 표현하는 것은 우월 콤플렉스의 표현이다.

아들러에 의하면 우월 콤플렉스를 가지고 있는 사람은 실제로 자기는 뛰어나지도 않고 훌륭하지도 않은데 의도적으로 남의 권세를 빌려 위세를 부리며 뛰어난 척 또는 훌륭한 척 하는 것은 호가호위狐假虎威의 가면을 쓴 사람이다. 이 위장된 가면의 성공이 견딜 수 없는 열등상태를 보상하게 된다는 데 의미가 있다. 요컨대 '우월 콤플렉스'는 과분하게 자기를 미화연출하는 태도이며, 기실은 열등감을 뒤집어 놓은 상태라고 볼 수 있다. 아들러는 다음과 같이 말하고 있다.

> 자기가 타인에 비해서 우월하고 있는 것처럼 처신하는 모든 사람의 배후에는 자신의 부족한 점, 결함을 숨기려고 하는 특별한 노력을 요구하는 열등감이 숨어 있다는 것을 엿볼 수가 있다.[32]

우리가 열등 콤플렉스를 이와 같이 이해하게 되면 우리는 이것 때문에 여기에 빠져들거나 고민하고 상처받을 필요는 없을 것이다. 환경이나 장애가 개인에 치명적인 영향을 주는 것이 아니라, 여기에 대해서 어떻게 대처하느냐에 따라서 '자기 운명의 희생자'가 될 수도 있고 '자기 운명의 주인공'이 될 수도 있다.

격려와 용기

교육현장이나 산업현장 및 일반생활에서 용기를 돋아주는 데 효

---

32) *ibid*, p. 81.

과적인 방법은 상·벌을 주는 것보다는 '격려encouragement'를 해주는 것이 효과적이다. 아들러 심리학의 이론이 미국의 교육현실에 원만하게 침투할 수가 있었고 성과를 거둘 수가 있었던 것도 이 격려의 이론이 있었기에 가능했으며, 그 영향은 현재에 이르고 있다.

아들러의 인간관·교육·치료도 이 '격려'를 통해 자신自信과 용기를 살려가는 것이 그 전부였다. 앞에서 그가 말한 '용기'에 관한 세 가지 관점에 근거하여 '격려'를 정의한다면 다음과 같이 정리할 수 있다.

① 격려란, 위기를 받아들여 다른 사람과도 협력할 수 있는 능력을 키우는 데 있다.
② 격려란, 고난과 좌절을 극복하는 의지를 길러주는 데 있다.

돌이켜보면 아들러 심리학 이전에는 용기를 북돋아주는 수단은 '상reward·벌punishment'을 용기를 북돋아주는 유일한 방법으로 삼았던 행동주의 심리학behariorism의 이론이 지배적이었다. 그러나 이 방법에는 문제가 있다는 것을 알게 되었다. 그것은 다음과 같은 이유에서 이다.

① 상은 점진적으로 확대·강화시켜가지 않으면 효과가 줄어든다.
② 상은 어린이의 부적절한 행동을 조장하기 쉽다.
③ 평가에 상에만 관심을 두게 되면 친구들을 쓰러뜨릴 대상으로만 생각하게 된다.

④ 행동과 상 사이에 논리적인 기준의 타당성에 일관성이 없는 경우가 많다.

⑤ 강박적 경쟁분위기를 만들게 되고, 상을 받지 못한 사람에게는 열등감·좌절감·욕구불만 등을 안겨주게 된다.

그러나 아들러 심리학에서 말하는 '격려'는 용기를 북돋아주는 데 있어서 다음과 같은 점에서 그 의미가 다르다. 아들러의 수제자 정신과의였으며 시카고를 중심으로 정신분석이 주류를 이루고 있던 미국사회에서 아들러 심리학의 발전과 보급을 위해 힘썼던 루돌프 드라이커스Rudolf Dreikurs(1897~1972)의 헌신적인 활동을 들지 않을 수가 없다.

드라이커스는 그의 제자 빅키 솔쯔Vicki Soltz와의 공저『용기를 돋워서 바람직한 행동을 가르친다Children:The Challenge』(1969)에서 "용기와 자신감에 충만한 '자기개념self concept'의 버팀목이 되어 주게 되면 그것이 바로 그 사람의 용기를 일으키는 격려가 된다."라고 본 점에서 '격려란 어린이의 자존심과 성취감을 갖게 하는 계속적인 도움의 과정이다'라고 말할 수 있다.

또한 펄 카셀Pearl Cassell와의 공저『의욕을 끌어내는 교사의 기량 Discipline without Tears』(1992)에서는 "격려란 무엇을 말할 것이며, 무엇을 할 것인가의 문제가 아니라 어떻게 할 것인가의 문제"라는 것을 강조하고 있다. 이 점에서 격려란 어린이가 자기를 '믿는 자심감'을 키우는 것을 목표로 삼고 있다.

따라서 격려란 어린이를 신뢰하며 어린이에게서 가능성을 발견할 수 있는 사람만이 격려할 수 있다고 본 것이다. 뿐만 아니라 상호 존경의 기반 위에서 사고의 자유와 격려가 있는 분위기 속에서는 어린이의 '자신감'은 커지게 되며 창조적으로 사고하는 능력도 성장한다고 말하고 있다.

역시 드라이커스의 제자인 돈 딘크메이어Don Dinkmayer와 개리 맥캐이Gary Mckay의 공저 『아동의 학습의욕의 고무Encouraging Children to Learn』(1963)에서 격려를 다음과 같이 정의하고 있다.

> 격려란 자존감sief-estaem과 자기신뢰self-trust를 만들고 이를 키우는 것을 지원하기 위하여 개인의 특성과 잠재력에 초점을 맞추는 과정이며, 용기와 신뢰를 확립함에 있어서 없어서는 안 될 기술을 적용함으로서 이를 현실화하는 이론이다.

이와 같은 정의로 미루어 볼 때 '격려'란 과정(기술)인 동시에 이론이다. 또한 격려하는 사람에게는 격려받은 사람으로부터의 존경과 신뢰가 필수조건임을 말해주고 있다. 이와 같은 점에서 격려는 칭찬하고 상을 주는 것과는 근본적으로 다르다.

아들러 심리학에서는 또한 격려와 칭찬과도 구별해 사용하였으며 상보다 격려를 권장하였다. '칭찬'이란 평가적인 태도로서 일시적인 효과밖에는 없지만, 격려는 공감적인 태도에서부터 우러난 지속적인 효과가 있다. 그러나 칭찬과 격려는 그 기준이 엄격하지 않을 경우에는 칭찬이 격려의 일부가 되기도 하며, 격려가 칭찬의 일부로 이해될 수도 있다. 이점은 상황에 따라서 칭찬하고 격려하는 그 사람의 판단에 따라서 탄력적으로 사용할 수도 있을 것이다.

다음 〈표 3-4〉는 칭찬과 격려의 각 특성을 비교해 본 것이다. 참고하기를 바란다.

표 3-4 칭찬과 격려의 차이

구분	칭찬	격려
상황	상대가 자신이 기대하고 있는 것을 성취시켰을 때(조건부)	상대가 달성했을 때만이 아니라 실패했을 때나 어떤 경우라도(무조건)
관심	칭찬하는 사람의 마음에 따라서 주어진다.	격려받는 사람에 대한 관심에 따라서 주어진다.
태도	일종의 포상으로써 위에서 아래로 주종의 관계에서 주는 태도	있는 사실 그대로의 상대에 공감하는 태도
대상	행위를 한 사람에게 주어진다.	행위에 대해서 주어진다.
파급 효과	타인과의 경쟁을 의식하게 되며, 주위의 평가를 걱정하게 된다.	자신의 성장과 진보에 대해서만 생각하게 되고, 독립심과 책임감이 길러지게 된다.
인상	말뿐으로만 받아들이기 쉽다.	마음에서부터 우러난 것으로 생각하여 공감할 수가 있다.
연속성	그 때 그 자리에만 국한한 만족감만을 자극하기 위해서이기 때문에 내일來日에 대한 의욕이 일어나기 어렵다.	내일에 대한 의욕을 갖게 하며, 연속성이 높다.

실패의 수용

실패는 가장 신뢰할 만한 경험이자 위대한 가르침을 주는 스승이다. 실패하였을 때 이를 칭찬하는 일은 없겠지만, 용기를 북돋워 주는 방법에 대해서는 앞에서 이미 설명하였다. 그것은 실패를 받아들이는 태도가 칭찬하려는 사람과 용기를 주려는 사람에게 있어서 결정적으로 차이가 있기 때문이다. 즉 용기를 주려는 사람은 실패를 다음 두 가지의 긍정적인 의미로 해석하기 때문이다.

① 실패는 도전의 출발이자 박력이다.
② 실패는 학습의 기회이다.

인생의 모든 사건에는 양면성이 있다고 본다. 그리고 인간에게는 생각과 마음을 바꿀 수 있는 가능성이 내재하고 있다. 생각과 마음을 바꾸게 되면 삶의 의미도 달라지며, 인생의 명암이 반전된다. 그 것은 우리에게는 '가능성 사고possibility thinking'라는 것이 있어서 희망을 가질 수가 있기 때문이다. 똑같은 '실패'도 실패를 어떻게 생각하고 나를 어떤 나로 마음먹느냐에 따라서 그 의미가 180도 역전될 수가 있다. 종교적인 성찰이 가능하고 학습에서 문제해결학습이 가능한 것도 이 '사고의 전환conversion of thinking'이 있기 때문이다. 다음은 사고의 전환을 통해서 실패의 의미를 생각해 본 것이다.

① 당신의 실패는 당신이 실패자라는 것을 뜻하는 것이 아니라, 아직 성공하지 않았다는 것을 의미한다.
② 당신의 실패는 당신이 아무 것도 달성하지 않았다는 것이 아니라, 무언가를 배웠다는 것을 의미한다.
③ 당신의 실패는 당신이 어리석은 사람이었다는 것을 의미하는 것이 아니라, 더 큰 목표를 가지고 있다는 것을 의미한다.
④ 당신의 실패는 당신이 창피를 당한 것을 뜻하는 것이 아니라, 적극성을 가지고 있었음을 의미한다.
⑤ 당신의 실패는 당신이 무모했던 것이 아니라, 문제해결학습의 과정에서 일시적인 시행착오에 지나지 않다는 것을 의미한다.
⑥ 당신의 실패는 당신이 능력이 없다는 뜻이 아니라, 이 분야에

서 아직 완전하지 못하다는 것을 의미한다.

⑦ 당신의 실패는 당신이 인생을 낭비했다는 뜻이 아니라, 다시 의미있는 출발을 할 수 있는 기회가 있다는 것을 의미한다.

⑧ 당신의 실패는 단념해야 한다는 것을 뜻하는 것이 아니라, 좌절하지 않고 열심히 노력해야 할 것을 의미한다.

⑨ 당신의 실패는 당신이 완성할 수 없음을 뜻하는 것이 아니라, 좀더 시간이 필요하다는 것을 의미한다.

⑩ 당신의 실패는 신이 당신을 버렸다는 것이 아니라, 신이 당신에게 좀더 큰 힘을 주기 위한 훌륭한 생각을 가지고 있다는 것을 의미한다.

⑪ 당신의 실패는 게으름의 증거가 아니라, 과도적인 노력의 산물임을 의미한다.

⑫ 당신의 실패는 인생의 패배를 의미하는 것이 아니라 단지 방법의 선택을 잘못했음을 의미한다.

이상의 열두 가지는 모두가 실패의 역경을 반전시키는 '가능성 사고'의 기반이 되고 있다. 당신은 이 가운데서 어떠한 가능성 사고에 해당하는지 각 번호에 ✓를 표시해 본다면 평소에는 잘 몰랐던 자기를 이해하는 데 필요한 뜻하지 않았던 소중한 것을 발견할 수도 있을 것이다.

단점은 장점

우리가 매사를 단점·장애·위기의 관점에서 생각하고 이를 부정적으로 받아들인 것을 반전시켜 긍정적인 장점·재산·가능성·호기로 발상을 전환하는 경우를 생각해 보자.

이와 같이 어떤 상황(사건)에 대한 사고구조의 틀frame(의식내용)을 제구성하는 것을 신경언어학적 프로그래밍neuro-linguistic programming에서는 '리프레이밍reframing'[33]이라고 말한다. 예컨대, 용기를 북돋워 주기 위해서라면 단점을 장점으로, 장애를 재산으로, 고민을 가능성으로, 위기를 기회로 발상을 전환하는 일은 매우 유용한 방법이다. 그것은 이 리프레이밍을 통해서 지금까지 두려워했고 피해 왔던 상황에 직면할 수가 있고 극복할 수가 있기 때문이다.

다음 〈표 3-5〉는 '단점을 장점으로' 전환시켰을 때의 새로운 의미를 발견하는 경우다. 이는 실패나 부적응을 극복하는 데 도움이 될 수 있는 방법의 하나가 될 수도 있다. 다음 〈표 3-5〉를 보면서 자신의 단점이 있다면 여기서 장점이 될 수 있는 상황에는 어떤 건이 있는지 생각해보기 바란다.

---

33) 구체적인 내용은 2장의 각주 10을 참고할 것. Richard Bandler & John Grinder, *Reframing:Neuro-Linguistic Programming and the Transformation of Meaning*, Real People Press, 1982.

표 3-5 단점을 장점으로 전환시켰을 때의 의미

단 점	장 점
급한 성질	생각을 거침없이 표현할 수가 있다.
어두운 성격	침착하다.
우유부단	경솔하게 결단하지 않는다.
인내심이 없다.	변환이 빠르다.
집중력이 없다.	다중작업multi-task이 가능하다.
뽐낸다.	지도력이 있다.
완고하다.	신념이 강하다.
기운이 없다.	충전 중이다.
아니라고 말을 못한다.	상대에 관용하다.
말주변이 없다.	상대말에 응답하면서 요지를 잘 듣는다.
독립심이 부족하다.	우호적이다.
건방지다.	의지를 관철하다.
수다스럽다.	정보전달력이 있다.

제 4 장

인생의 어두운 소리를 듣는다

아놀드 민델에게 배우다

과정지향 심리학(process oriented psychology) (1)

질병과 신체적 증상.
끊고 싶어도 끊을 수가 없는 의존증.
인간관계의 갈등과 부부간의 불화…….
우리를 애먹이고 있는 각종 '문제'와 번뇌의 씨앗.
그러나 기실은 그러한 것들은 어느 것이나
인생의 과정이 우리에게 필요하기 때문에 갖다 준 '의미있는 사건'이다.
이 '의미있는 사건'은 그렇게라도 하지 않으면 깨달을 수가 없는
인생의 중요한 메시지를 갖다 주는 '인생의 스승'이시다.

번뇌와 문제는 인생의 중요한 메시지

'번뇌의 씨앗'이나 문제와 어떤 관계를 맺고 있는가?

인생에서 우리를 힘들게 하는 '번뇌의 씨앗'이나 '문제'란 이루 다 헤아릴 수 없을 만큼 종류와 수에 있어서 많다.

만성적인 견비통이나 편두통, 담배·술·도박의 중독으로부터 벗어나고 싶어도 벗어나지 못하는 고통, 인간관계의 불화와 갈등, 자녀의 비행과 등교거부, 가정내 폭력, 부부간의 불화·이혼·실직······ 등 열거하자면 한이 없다.

이렇듯이 누구나 정도에 있어서 차이가 있고 성질이 다를 뿐 이런 저런 크고 작은 문제와 번뇌의 씨앗이 완전히 사라진 사람은 한사람도 없으리라고 본다. 요컨대 이 세상에는 문제 없는 사람은 없다는 말이다. 그러기에 인생은 문제해결의 연속적인 과정인 것이다.

그렇다면, 여기서 잠시 자기 자신을 돌이켜 봄으로써, 우리가 평소 자신에 관계되는 '문제'와 '번뇌의 씨앗'에 대해서 어떤 태도로 관계를 맺고 대응해 왔는가를 생각해 보기 바란다.

왜냐하면 자기가 겪고 있는 '어려운 문제'나 '번뇌의 씨앗'과 맺고 있는 관계에는 그 사람이 살아가는 방식의 본질의 일부분이 잘 반영되고 있기 때문이다.

이와 같은 점을 생각하면서, 사람들이 '번뇌의 씨앗'이나 '문제'와 관계를 맺는 방식을 몇 가지 전형적인 유형으로 나눈다면 다음과 같이 생각해 볼 수가 있다.

① 첫번째 유형은 번뇌와 문제를 대결자세로 해결한다.

상당수의 사람의 문제해결 방식이 여기에 속할 것이다. 만약에 당신이 직장상사에게 업무보고를 할 때 조리있게 의사표시가 안 되어 고민이 될 경우 어떻게 하면 상대방에게 하고 싶은 말을 조리있게 잘 할 수 있을 것인가에 대한 그 방법을 찾고자 생각하게 될 것이다.

또는 회사를 운영하고 있는 사장의 경우 영업실적이 부진한 직원이 있을 때 그 직원의 전문기량을 길러서 성적을 올릴 방법을 생각하게 될 것이다. 이런 경우에 쉽게 생각해낼 수 있는 방법은 흔히 있을 수 있는 정공법正攻法에 의한 문제해결의 방법이다.

② 두번째 유형은 번뇌나 문제와 '싸운다'고 하는 ①보다 더 적극적인 해결방법이다.

이 유형도 정공법 못지 않게 많다고 본다. 성격적으로 자기중심적이며 너무도 개성이 강하거나 완고한 사람일수록 문제에 대한 태도가 투쟁적이다. 이런 유형은 좋게 본다면 집념이 강해서 중간에 그만 두거나 양보하는 법이 없으며 끝장을 보고야마는 유형이다. 예컨대, 어떤 질병에 걸렸을 때는 그 병이 완치될 때까지 오로지 병과 싸우는 자세로 철두철미 한 가지 방법(서양의학 또는 한의학)으로만 치료하고자 하는 경우이다.

이처럼 '문제'와 '번뇌의 씨앗'을 자기를 괴롭히는 '적'이나 '방해자'로 보아, 여기에 단호하게 싸워서 이긴다고 하는 태도다. 이 방법도 좀 극단적이기는 하지만 정공법이라고 볼 수 있다.

③ 세번째는 번뇌와 문제를 '내버려 둔다'고 하는 유형이다.

이 유형은 이유야 어떻든 결과적으로 포기상태의 태도이다. 인간관계, 작업상 트러블, 자녀문제, 부부관계, 취직문제, 주거문제 …… 등 이러한 문제들과 마주 대하지 않으면 안 된다고 하는 것은 알고 있으면서도 바쁘기도 하지만 심신이 지쳐 있기 때문에 진지한 마음으로 문제와 마주 대할 수가 없게 되는 것이 대부분일 것이다. 하루의 일과를 처리해 내는 데 심혈을 기울이고 나면 신경 쓸 여력이 없기 때문에 할 수 없이 '방임'적인 태도를 취하게 되는 경우가 의도적인 경우보다 많으리라고 본다.

이 방법은 의도적이든 무의도적이든 문제가 있다는 것을 알고 있으면서도 문제에 대해서 눈을 감아 버리거나 자기에게 유리한 쪽으로 모르고 있는 것처럼 자기를 속이려는 자기기만적 태도라고도 볼 수 있다. 이 유형은 그렇게 권장할 만한 태도는 못된다.

④ 네 번째는 번뇌와 문제에 대해서 '게정을 피운다'고 하는 유형이다.

이 유형도 흔히 있을 수 있는 유형이다. 이 유형은 인간관계, 업무상 트러블과 같은 문제나 번뇌에 대해서 거기에 차분하게 대처하지 못하여, 문제를 내버려두고 있으면 그만큼 스트레스가 쌓이기 때문에 그대로 있을 수가 없어서, 다른 사람들에게 불평스러운 태도나 언동을 일부러 겉으로 나타내는 방법을 쓰는 유형이다. 이러한 방법을 사용함으로써 다소간의 마음의 짐을 덜고 불만을 해소하려는 계산이 깔려 있다고 볼 수 있다.

이상 네 유형 가운데서 ① 또는 ②는 정공법의 유형이며, ③, ④는 성격적으로 인생을 냉담하게 보거나 '자기방어'에만 급급한 나머지 문제 자체를 멀리 피하려는 유형이며, 매사에 무사안일함을 우선시하는 유형이다.

'문제'와 '번뇌의 씨앗'은 깨달음과 학습의 기회

여기서 말하려고 하는 것은 ③, ④의 '도피형'은 틀렸다든가 ①, ②의 '문제해결·투쟁형'이 좋은 방법이라고 말하려는 것은 아니다.

트랜스퍼스널 심리학, 특히 이제부터 소개하려는 과정지향 심리학process-oriented psychology(pop)에서는 그 어느 것도 좋게 보지 않는다. POP에서는 문제와 번뇌를 '인생의 과정흐름이 우리에게 필요하기 때문에 갖다 주고 있는 사건이다.' 라고 생각하여 다음 ⑤와 ⑥의 유형을 제시해주고 있다.

⑤ 다섯번째는 상식 수준에서 생각한다면 기이하게 생각할지도 모르지만, 문제와 번뇌, 인간관계의 갈등이나 만성질환 등을 '내가 지금 자각할 필요가 있는 중요한 것을 깨닫게 해주고 있는 것', '인생의 중요한 메시지를 전해 주고 있는 것'으로 보며, 나에게 무언가 중요한 것을 가르쳐 주고 있는 '인생의 스승'으로서 '대한다'고 하는 태도이다.

아마 상식 수준에서 생각한다면 이해하기 어려우리라 본다. 생각만 해도 혐오스럽고 불길한 문제에 대해서 인생의 스승으로서 대하는 태도를 가지라는 말을 하다니 어불성설로 받아들이는 사람도 있을 것이다.

지금 이 시간에도 인간관계의 갈등에 말려들어 회사를 그만 두려하고 있는 사람, 만성질환으로 고통을 겪고 있는 사람, 가정내 폭력 때문에 삶의 의욕을 잃고 있는 사람, …… 이처럼 숨막히는 상황 속에 있는 사람이라면 '그런 일이 가능할 수가 있단 말인가'라고 생각하는 것도 무리는 아니라고 본다. 그러나 이런 사람일수록 ⑤의 태도가 절실하게 필요한 사람이다.

현실적으로 문제와 싸워온 사람은 인생의 심각한 문제는 아무리 '해결'하려고 해도 그렇게 간단하게 해결되는 것이 아니라는 것을 잘 알고 있다. 빨리 해치워야겠다고 마음먹어도 생각처럼 간단하게 해결되는 것이 아니라고 하는 것은 몸에 배어 있을 정도로 잘 알고 있을 것이다.

이런 사람은 자기야말로 ⑤의 태도를 갖추도록 인생으로부터 초대받은 사람이라고 생각하기를 바란다.

다시 말해서, 인생에서 일어나는 각종 문제나 번뇌, 갈등 등을 단순히 해결해야 할 '문제'로 보는 것이 아니라, 이 문제는 나에게 '중요한 것을 가르쳐 주려하고 있음이 틀림없다', '깨달을 필요가 있는 중요한 메시지를 내게 갖다주고 있음이 틀림없다'고 생각하여, 이 문제와 번뇌로부터 무언가를 '배우려는 태도'와 여기서 무언가를 '깨닫고자 하는 태도'를 갖추어 주기를 바란다.

문제와 싸워서 해결하려는 ①, ②의 태도를 '문제해결·투쟁형'으로 보고, 문제를 그대로 방치해두고 계정피우는 ③, ④의 태도를 '도피형逃避型'이라고 한다면, 문제와 번뇌로부터 무엇을 배우려고 하고 무엇에 '깨닫고자 하는 ⑤의 태도'는 '자각하고 학습하는 형'이라고 볼 수 있다.

좀 과장해서 말한다면, 인생에서 부딪치는 번뇌와 문제를, 자기 자신의 성장의 기회로 보고, 배움과 정신 성장의 기회로 볼 수 있다는 점에서 '정신의 수행형修行型'으로 보아도 좋을 것이다.

'자각하고 학습하는 형'의 태도는 힘든 문제와 고민에 직면하고 있는 사람들일수록 필요하다고 본다. 그러나 그렇지 않는 사람, 지금은 별로 문제가 없는 사람에게도 예방적 관점에서 반드시 갖추어야 할 삶의 태도라고 볼 수 있다.

예컨대, 별로 고민도 없는 젊은 신입사원이 어느날 오후에 멍하니 서 있다가 상사로부터 주의받았던 한마디가 이상하게도 마음에 걸렸다고 생각하자. 이 경우에 '자각과 학습의 형' 태도를 갖추고 있는 사람이라면 여기서 어떤 중요한 암시를 받을 수가 있을 것이다.

이를테면, 확실히 저 상사는 성격적으로 이상한 데가 있다. 나쁜 것은 저 사람이다. 그렇지만 그런 사소한 한마디가 이렇게 마음을 쓰게 되는 것은 역시 그 한마디가 내 안에 있는 무언가에 와닿았음이 틀림없다. 그것이 과연 무엇일까? 라고 생각하게 된다면 그 한마디에서 무언가 중요한 것을 깨닫게 될 수도 있다는 것이다.

또는 '최근 이상하게도 견비통 증세가 왔을 때, 이것이 나에게 무엇을 가르쳐주고 있는 것일까?'라고 여러모로 생각한 끝에 거기서 무언가 새로운 의미를 깨닫게 될 수 도 있을 것이다.

이런 식으로 문제에 부딪치기 전부터, '깨달음과 배움'의 태도를 갖추고 있게 되면, 그것은 하나의 '예방의학'이 아닌 '예방심리학', '예방카운슬링' 또는 확대해서 '예방인생학'이라고 볼 수가 있는 매우 값진 삶의 지혜가 될 수도 있을 것이다.

'문제'와 '번뇌'의 감정으로 돌아가 본다

마지막으로, 가장 기묘한 방법이라고나 할까, 세간의 일반상식과는 너무도 동떨어진 사고방식을 하나 소개하고자 한다.

그것은 '인생의 깨달음과 배움의 비의秘儀'이며 '인생의 비법'적 접근방식이다.

⑥ 여섯번째는 평소에 우리를 고민하게 하거나 난처하게 만들고 있는 '문제'나 '번뇌의 씨앗'에는 그 자체의 '감정'이 있다고 생각하여, 그 감정으로 돌아가 본다고 하는 방법이다.

예컨대, 슬롯 머신에 중독된 사람이라면 코인을 넣고 레버를 잡아 당겼을 때 짤랑짤랑 소리내며 떨어지는 코인과 그 소리로 '되돌아가 본다' 그래서 '슬롯 머신의 코인의 기분', '코인의 세계'에 젖어서 이를 음미해 볼 수도 있다. 또는 위암으로 고통받고 있는 사람이라면, 위암의 종양이 '되어 본다'. 그래서 '위암의 감정'이나 '위암의 세계'를 음미해 볼 수도 있다.

이처럼 각각 다른 감정이나 기분을 음미하면서, 이로부터 지금의 자기를 바라보는 방법이다.

요컨대 슬롯 머신의 코인이 되어 '슬롯 머신의 코인의 세계'로부터 지금의 자기를 본다. 위암의 종양이 되어 '위암의 세계'로부터 지금의 자기를 본다는 방법이다. 이때 위암의 세계와 코인의 세계가 무언가 말하고자 하는 것, 메시지를 자신에게 던지게 된다.

이런 점에서 문제해결 및 고민극복의 여섯 번째 방법은 '문제와 번뇌의 입장에서 본다'고 하는 태도라고 말할 수가 있다.

여섯번째 방법에 대해서도 상식수준에서 생각하는 사람은 과연

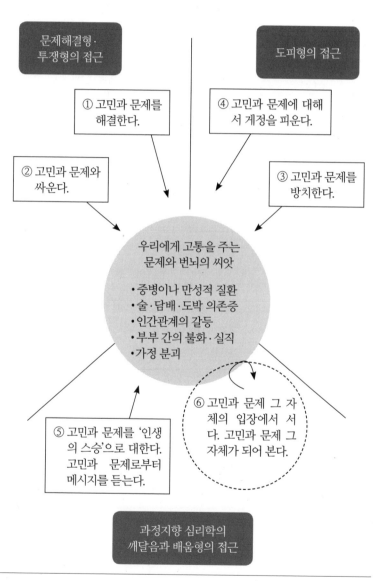

그림 4-1 '문제'와 '번뇌'에 대응하는 태도

그렇게 될 수 있을 것인가 회의적인 생각을 하는 사람도 많을지 모른다.

그렇지만 실제로 이 방법이 우리가 인생에서 알 필요가 있는 아주 중요한 메시지를 얻을 수 있는 가장 실천적인 지름길일 때가 적지 않다.

왜냐하면 위암으로 고통받고 있는 사람에게 있어서는 '위암의 기분'이야 말로 그 사람의 마음의 가장 깊숙한 곳에 숨어있기 때문에 본인은 이를 의식하지 못하고 있지만, 기실은 무엇보다도 먼저 알 필요가 있는 그 사람 자신의 '의식의 그림자가 되어 있는 일부'일 경우가 많기 때문이다.

혹은 보기만 해도 역겨워지는 사람이 있을 경우, 실은 '그 역겨운 사람'이야말로 그렇게 생각하는 '그 사람의 마음 깊숙한 곳에 숨어 있기 때문에 본인은 알지 못하지만, 알고 보면 그 사람이 가장 알아야 할 필요가 있는 그 사람 자신의 일부'일 때가 많다는 것이다. 마찬가지로, 슬롯 머신 중독자라면, 실은 '슬롯 머신 코인의 세계'야말로, '그 사람의 마음 깊숙한 곳에 숨어 있기 때문에 본인은 모르지만 알고 보면 반드시 알 필요가 있는 그 사람 자신의 일부'일 때가 많은 것인다.

여섯번째 태도에 대해서도 믿기 어려운 사람이 있을 것이다. '역겨운 사람이 나 자신의 일부'라고 생각하며, 나를 죽음의 골목으로 몰아가고 있는 위암을 '나 자신의 일부'라고 생각하라는 것에 대해서 절대로 인정하고 싶지 않을 것이다.

이렇게 생각하는 것은 너무도 당연하다. 오히려 쉽게 납득하는 사람이 이상하게 보일 것이다.

그러나 이러한 태도로 자기가 안고 있는 '문제'와 '번뇌' 그 자체가 '되어 보고' 거기서 '말하고 싶은 것'을 듣는다고 하는 마음가짐으로 문제를 대할 것 같으면, 아주 중요한 깨달음이나 메시지를 얻을 수가 있어서, 그 결과 인생에 어떤 변화가 일어나기 시작하는 경우가 많다. 지금까지의 설명을 그림으로 요약한다면 다음 그림 4-1과 같다.

과정지향적 심리학process-oriented psychology(pop)의 접근

앞에서 문제와 번뇌의 극복방법에 대해서 여섯 가지 유형의 태도를 소개하였다. 이 가운데서 마지막의 ⑤, ⑥의 방법, 문제와 번뇌를 무언가 중요한 것을 가르쳐주는 '인생의 스승'으로서 대하며, 문제나 번뇌의 입장에 서서 중요한 깨달음과 '메시지를 얻는' 방법은 과정지향심리학이라고 하는 새로운 심리학의 해석방식이다.

과정지향 심리학은 트랜스퍼스널 심리학transpersonal psychology의 흐름 속에 포함되는 여러 가지 접근 방법 가운데서 가장 임상적 유효성이 높은 방법으로서 급속도로 관심을 끌고 있는 심리학이다. 과정지향 심리학은 편의상, 세 개의 이니셜을 따서 POP로 사용되기도 한다.

그렇다면 과정지향 심리학이란 무엇인가?

한마디로 말해서 그것은 마치 대하大河와 같은 인생의 흐름=과정 process(의식의 1차 과정primary process과 무의식의 2차 과정secondary process)[1]이 지금 나에게 무엇을 갖다 주고 있는가에 대해서 깨닫고 자각하기 위한

---

1) 1차과정·2차과정에 대한 설명은 제1장의 '각주 9)'를 참고할 것

종합적인 아트art와 같은 심리학이다.[2]

다시 말하여, 가능한 한 깨달음awareness을 통해서 인생을 살아가는 기술技術이라는 것이다.

POP에는 무엇을 '설명'하는 것과 같은 이론은 존재하지 않는다. 물론, 인격이론도 없고 병리론이나 치료론도 없다. 그 대신 '과정'을 지켜보는 '관점'을 중요시한다. 극단적으로 말해서 POP는 '자각'만을 소중하게 생각한다.

여기에 그 전제가 되고 있는 것은 '지금 일어나고 있는 것에는 의미가 있다.'라고 규정하고 들어가는 목적론적目的論的인 시각을 가지고 있다.

따라서 POP를 알게 되면 인생의 다양한 문제에 대한 대처법을 생각해 낼 수 있을 뿐만 아니라, 창조성을 키우고, 행운을 끌어내어 불운을 피하는 데도 도움이 된다. 또한 질병치료에서 다른 방법의 치료로는 효과가 없었던 만성적 증상의 치료에 도움이 되기도 하며, 암예방에도 도움이 되는 등, 대체 의료와 예방의학의 측면도 가지고 있다(실제로 이 방법을 배운 사람은 암에 걸리는 비율이 매우 낮다고 하는 문헌상의 보고도 있다.).

POP는 아놀드 민델Arnold Mindell(1940~)에 의해서 만들어진 심리요법 체계를 말한다. 그는 현재 오리건 주 포틀랜드에 있는 '포틀랜드 프로세스 워크센터The Process Work Center of Portland'에서 POP 교육과 연구를 위해 이바지하고 있다.

본래 그는 명문 매사추세츠 공과대학MIT 대학원에서 이론 물리학

---

2) A. Mindell, *River's way*, New York : Routledge & Kagan Paul, 1987.

석사과정을 마치고 박사과정 재학 중 물리학의 꿈을 접고 스위스 취리히에 있는 '융 연구소Jung Institute'의 훈련생이 되어, 연구소 소장인 프란츠 리클린Franz Riklin(융의 조카)과 폰 프란츠Marie-Louise von Franz로부터 교육 분석을 사사받아 1969년에 융학파 분석가의 자격을 얻었으며, 리클린의 지도하에서 '공시성synchronicity'에 관한 박사논문으로 1971년 유니온 대학원으로부터 학위를 받았다.

초기에는 융 연구소에서 '꿈 분석'에 관한 공부를 하였다. 프로이트Sigmund Freud가 '꿈'을 인과적으로만 해석하는 것과는 달리 목적론적 관점teleological point of view에서 접근해가는 분석법을 배웠으며, 이를 다시 신체 증상의 접근에 적용시켰다.

다시 말해서 융 심리학에서는 꿈을 해석하는 것보다는 그 '이미지'를 주의깊게 분석하는 것처럼, 융은 꿈을 넓은 의미로 무의식 내의 현실상황을 상징형식으로 자기를 묘사한 것으로 보았다. 그러나 민델은 이러한 관점에서 한걸음 더 나아가 신체증상의 체험을 중시하고 체험 자체를 심화시켜가는 접근을 시도한 것이다.

이와 같은 접근으로 시도한 임상실험의 결과 꿈과 신체증상의 체험의 공시적共時的인 관련synchronistic connection을 설명하기 위하여 '드림 보디dream body'[3]라고 하는 개념을 사용하였다.

'드림 보디'라고 하는 개념은 세계 각지의 영적 전통에서 말하는 '보이지는 않지만 육체를 초월해서 분명하게 체험되는 신체'의 재발견이라 말할 수가 있다(예컨대 드림 보디는 '신비체subtle body'〈육체에 겹쳐서 오감으로는 식별할 수 없는 초감각적 세계에 존재하는 몸의 총칭〉이나 '기氣'에 해당한다).

---

3) A. Mindell, *Dreambody*, Los Angeles, Cal. : Sigo Press, 1982 ; London : Routledge & Kogan Paul, 1984 : and Portland, Oregon : Lao Tse Press, Ltd., 1998.

이로 인하여 '마음'만을 대상으로 삼았던 심리요법에 상징적 또는 상상계적想像界的imaginal인 신체에 접근해가는 획기적인 방법론을 도입하게 되었다. 그 결과 '신체증상 = 꿈의 반영'으로 보게 되었다.

그러나 '드림 보디'라고 하는 개념은 얼마가지 않아 이론적인 수정을 하지 않으면 안 되게 되었다. 처음에는 꿈과 신체증상의 체험의 공시적인 관련밖에 알지 못했으나, 임상실험을 계속함으로써 꿈이 '신체감각', '동작', '인간관계', '현세적인 사건'에까지 미치게 된다는 것을 발견하게 되었다.

그 결과 민델은 체험 '지각'의 흐름인 과정proess이나, 이 과정에 수반하는 매체인 채널channel(오감五感·꿈·신체동작 등) 또는 신체적인 동작으로부터 이미지시각·청각이미지로 바꾸는 채널 변환을 중시하게 되어 과정지향 심리학을 탄생시켰다.

그리하여 민델은 융 연구소로부터 떨어져 나와 독자적인 접근을 창조하고 펼쳐갔다. 한마디로 말해서 '자각awareness'을 얻는 데 도움이 되는 온갖 수단이 동원되는 개방적이고 종합적인 방법을 펼쳐갔다.

그가 사용한 기본적 채널은 '청각음향과 언어', '시각꿈이나 이미지', '신체적 감각', '동작', '인간관계', '현세적인 사건' 등, 여섯 채널이었으며 이 여섯 채널로 지금 일어나고 있는 것이 '시각 이미지'로서 체험되고 있는가, '신체 감각'으로서 체험되고 있는가를 파악해 갔다.

POP에서는 인생에는 눈에는 안 보이지만, '나를 초월한 큰 파도'나 '큰 강물의 흐름'과도 같은 힘과정이 작용하고 있다고 생각한다.

'나의 의사'(이렇게 하고 싶다, 이렇게 살고 싶다고 하는 희망이나 욕망)를 초월하여 이쪽 의사와는 관계없이, 이를 초월해서 저 너머에서부터 '인생의 파도'나 '흐름' 또는 '넘실거리는 물결', '소용돌이' 같은 힘이 밀려오고 있다고 본다. 이 힘에 의해서 인생이 어느 방향으로 이끌려 가게 되며 옮겨지게 되는 것이 인생에는 있다는 것이다.

인생의 흐름 = 과정을 자각한다

이 문제에 관해서는 자기 자신에 관련지어 생각해 보기로 하자. '내가 지금 왜 이와 같은 인생을 살고 있는가? 왜 이와 같은 직업을 갖게 되었으며, 이런 생활을 하고 있는가?' 이렇게 생각하게 되면 거기에는 나의 의사를 초월한 어떤 힘, 여러 가지 '우연'이나 '만남', '인연'을 인정하지 않을 수가 없다.

이런 것들이 겹겹이 쌓여서 우리의 인생은 만들어지게 된다. 견해에 따라서는 어느 부모에게 태어났느냐조차도 당신의 생명의 혼魂이 어떤 힘에 실려서, 당신의 부모와 DNA를 선택했다고 볼 수도 있을 것이다.

인생에는 인위적인 것을 초월한 큰 힘, 눈에 보이지 않는 '물결'이나 '파도', '흐름', '소용돌이'와 같은 힘이 작용하고 있다. 과정지향 심리학에서 말하는 '과정process'이란 이 인위적인 것을 초월하여 힘이 작용하고 있는 인생의 큰 흐름 = 과정인 것이다. 그러기에 '인생의 흐름 = 과정'은 우리에게 필요한 것을 갖다주고 있는 것이기 때문에, 그것이 지금 나에게 무엇을 갖다주고 있는가를 깨닫고 자각하면서 살아가라고 말하고 있는 것이다.

'인생의 흐름=과정'은 눈에 보이지 않는 방법으로, 우리에게 무언가를 갖다주고 있다. 그러나 눈에 보이지 않는 '물결'이나 '파도', '흐름'은 점차 눈에 보이는 구체적인 '모습'으로 달라지게 된다. 그 '모습'으로 달라진 것이 '사람과의 만남'이며 '영화나 문학작품과의 만남'인 것이다. 또한 그것은 기쁨·슬픔이기도 하며 '이미지'와 '꿈'이며, '질병'이나 '신체증상'이기도 하다.

이와 같은 각종 매체를 통해서 일어나고 있는 것들을 좇아서, 인생의 흐름에 관심을 돌려 순간순간을 보내게 되면, 거기서 무언가 아주 중요하며 알 필요가 있는 귀중한 메시지를 얻게 된다. 과정지향 심리학이란 이러한 심리학이다.

우리는 이와 같은 어떤 '모습'을 갖는 꿈이나 이미지, 신체증상을 통해서 인생의 흐름 = 과정이 지금 나에게 무엇을 갖다주고 있는가를 깨달을 수도 있다. 그러나 동시에 미세한 감각을 예리하게 연마해두면 눈으로 볼 수 있는 '모습'이 나타나기 전의 인생의 '물결'이나 '파도', '흐름'에 자각적으로 주의를 집중시킬 수도 있게 된다.

이것이 가능하게 되면, 이제부터의 인생에서 일어나게 될 것과 인연을 맺을 수도 있으며, 불운한 사건으로부터 피할 수도 있고 행운을 불러오게 할 수도 있다. 또는 앞으로 자기가 어떤 질병에 걸릴 것인가를 예감할 수도 있고 이를 예방할 수도 있다는 것이다.

과정지향 심리학은, 이렇듯 '보이지 않는 차원'에서 일어나고 있는 인생의 '파도'나 '물결'에 대한 감각을 예리하게 연마해둘 것 같으면, 앞에서 말한 바와 같은 힘을 얻을 수가 있다고 말하고 있다. 과정지향 심리학은 심리학이지만, 넓은 의미의 '인생술'이기도 하며, 어떤 점에서는 인생의 보이지 않는 차원과의 연결을 여는 '역경易經'과 겹치는 부분도 있다.

과정지향 심리학은 이상과 같은 성격 때문에 실제 치료에 있어서는 다분히 자기통찰적自己洞察的이고 자기치유적이며 종합적인 기예와 예술적인 매력을 주고도 있다.

심리학과 양자역학 및 동양의 지혜

과정지향 심리학에 관해서 알아두어야 할 또 하나의 특징은 POP 는 양자역학quantum mechanics과 동양사상의 영향을 받고 있다는 점이다.

민델이 MIT 대학원 석사과정에서 물리학을 전공했다는 것은 앞에서 이미 말한 바가 있으나, 그는 직선적인 시계열時系列에 입각한 원인 − 결과의 인과율因果律을 추구하는 뉴턴 물리학Newtonian Physics이 아니라, 항상 유동적으로 생성·소멸하는 가능태를 인정하는 양자역학, 특히 '장場의 양자론quantum field theory'이나 '파동함수wave function'의 관점으로부터 지대한 영향을 받았다. 이런 점에서 과정지향 심리학은 '보이지 않는 차원'에 대한 과학적 접근인 양자역학을 배경으로 하고 있는 심리학이다.

민델은 마음의 가장 깊은 층에 대해서 '양자 파동함수'의 개념을 사용하여 설명하고 있다. '양자파量子波 = 눈에 보이지 않는 차원의 작용', '물질화 이전의 작용'이 우리들의 마음과 신체에 영향을 주고 있다는 것이다.

그러나 그것은 우리들 스스로가 아주 '미세한 감각sentient'을 예리하게 연마해 가게 되면 인생의 흐름이 무엇을 갖다주고 있는지를 감득할 수가 있게 된다고 본 것이다.

이와 같은 수준까지 달하게 되면 건강을 해치는 질병의 조짐도 예감할 수 있기 때문에 과정지향 심리학은 예방의학에도 이용할 수 있다고 한다. 민델은 앞으로 10년 내지 15년 사이에 심리학과 물리학은 매우 가깝게 접근하게 될 것이라고 예언하고 있다.

민델은 최근에 양자역학과 심리학의 접점에 관한 역저[4]를 내놓은 바가 있으며, 그는 과정지향 심리학의 이론과 기법을 더욱 심화시킬 것으로 본다.

민델은 또한 노장사상老莊思想Taoism에도 심취하고 있으며, '우주의 자체 조화self-consistency와 상호연결성interrelatiouship의 과정에 순응함'을 배우는 데 과정지향 심리학의 목표가 있다고 말하고 있다. 그는 과정지향 심리학에서 말하는 '과정process이란 '우주의 도道; Tao'라고 보고 있다.

민델이 '비전 탐구Vision Quest'(자연 속에서 수일간 명상하며 여기서 메시지를 얻는 미국 인디언의 신명탐구 의식儀式)를 통해서 명상 중에 의식에 떠오른 메시지를 다음과 같이 말하고 있다.

모든 인간의 사는 의미란, 우주의 진화 과정의 채널이 되는 데 있다. 우리의 눈과 귀가 우리의 지각을 돕는 채널인 것처럼, 우리 자신도 우주의 눈과 귀인 것이다. 이렇듯 인간의 사는 의미란, 우주 진화의 완벽한 채널이 되는 데 있다. 왜냐하면 우주 속에서 오직 인간만이 스스로의 변화에 자각적으로 순응할 수가 있는 유일한 존재이기 때문이다.

모든 사람은 우주의 한 채널로서, 인생에서 수행해야 할 스스로의 역할을 짊어지고 있다. 만약에 우리가 채널로서의 자기 역할을 모르고, 이 세상에서 해야 할 역할을 하지 못하고 있다면, 그것은 인생에 있어서 최대의 고통이 될 것이다.

---

4) A. Mindell, *Quantum Mind : The Edge Between Physics & Psychology*, Lao Tse Press, 2000.

과정지향 심리학이란, 우리들 한사람 한사람이 인생에서 수행해야 할 스스로의 '역할', 프랑클Frankl이 말하는 '사는 의미', 윌버Wilber가 말하는 우주진화 과정에 있어서 인간의 '사명'을 발견하기 위한 구체적인 방법으로서의 심리학이라고 볼 수 있다.

　그렇다고 해서 민델은 무언가 특별한 우주의식에 관해서 말하고 있는 것도 아니다. 다만 자신의 내외에서 일어나고 있는 과정에 철저할 뿐이다. 요컨대 우주에 관해서 생각하고 느끼고 하는 것이 아니라 우주의 일부인 자기의 과정인생의 흐름에 대한 자각을 하면서 살아가는 태도를 철저하게 강조한 것이다.

　윌버의 사상이 다분히 서구적이고동양적인 면도 있지만, 그리스 도교적인 색채가 짙은 것과는 달리, '오직 과정에 철저'한 민델의 관점은 보다 더 동양적이다. 때문에 그의 사상 가운데는 '모든 것은 변화하는 자연의 흐름으로부터 나와서 다시 자연으로 돌아간다'고 하는 자연관, 생명관이 짙게 반영되고 있음을 엿볼 수가 있다.

아놀드 민델에게 배우다

과정지향 심리학 (2)

번뇌의 씨앗인 '어려움 속에 있는 사람'.
그렇지만 인생에는 따라 다니기 마련인 '어려움 속에 있는 사람'.
인간관계의 문제만큼,
인생에서 '번뇌의 씨앗'이 되기 쉬운 것은 없다.
그러나 '어려움 속에 있는 사람'은 실은,
우리가 인정하고 싶지 않는 우리 자신의 일부이다.
인간관계의 문제를,
무언가 중요한 것을 깨닫는 기회와
배움의 기회로 만들자.

인간관계의 트러블은
'또 한 사람의 자기'의 과제

인간관계의 불화만큼 고통스러운 것은 없다

인생에서 인간관계의 갈등 불화만큼이나 우리를 고통스럽게 하는 것은 없다. 상담을 해 보면, 인생문제의 대부분이 어떤 인간관계의 대립과 단절에서 기인하고 있음을 알 수가 있다.

사람이 남과의 접촉을 하지 않고 살아갈 수만 있다면 이런 문제는 생각할 필요도 없을 것이다. 그렇지만 이런 생각은 환상에 지나지 않으며, 역시 인간은 혼자서는 살아갈 수 없는 사회적 존재이기 때문에 싫든 좋든간에 이런저런 일로 생각이 다른 사람들과 만나고 인간관계를 맺게 된다. 이때마다 생각도 안 했던 새로운 고민과 불화에 말려들게 된다.

인간관계의 문제에 직면했을 때, 대부분의 경우 우리는 자기를 문제의 '피해자'라고 생각한다. 이렇게 생각하는 것은, 인간에게는 자기중심적인 데가 있어서, 자기입장에서만 문제를 보려고 하기 때문이다. 나를 힘들게 하고 난처하게 만드는 저사람 때문에 내가 이렇게 고민하고 있으며, 피해자가 되고 있다고 생각하며, 자기 입장에서만 문제를 이해하기 쉽다는 것이다.

객관적으로는 자기 잘못으로 발생한 문제임에도 불구하고, 자존심이나 남을 인정할 줄 모르는 기질 때문에 일응 자기변호의 수단으로 자기가 문제의 피해자라고 생각하는 사람도 있을 수 있다. 그러나 실은 인간관계의 갈등이나 불화를 야기시키고 있는 것은 우리가 '힘들게 하는 사람'이라고 생각하고 있는 그 사람이기보다는 '우리가 인정하고 싶지 않은 우리 자신의 일부'일 때가 많다.

요컨대 인간관계의 문제는 우리들의 마음(의식)의 '그림자(의식의 빛이 가리워진 어두운 부분)'가 되어 있는 '또 한 사람의 자기'의 문제일 경우가 많다.

이렇게 말하면 많은 사람이 꿈에라도 볼까 두려운 저 '골치아픈 사람'이 내 자신의 일부라니 이해가 안 된다고 펄쩍 뛰게 될 것이다. 내 안에 내가 의식하고 있지 않은 그림자가 되어 있는 '또 한 사람의 나'의 존재를 생각하고 싶지도 않은 사람도 많을 것이다.

그러나 앞에서 말한 것처럼 인생의 흐름과정은 우리에게 필요한 것을 갖다 주고 있다는 것을 받아들이지 않으면 안 된다. 요컨대 귀찮고 힘들게 하는 사람과의 만남을 포함해서, 인생의 모든 것은 당연히 일어날 필요가 있기에 일어난 것이며, 어떤 일에도 무언가 의미가 있다는 것을 이해하지 않으면 안 된다.

이런 생각을 갖고 인간관계의 갈등이나 긴장상태를 대하게 되면, 문제가 되는 사람의 존재도 거기서 무언가 중요한 것을 깨닫고 배울 수가 있는 기회로 전환시킬 수가 있을 것이다.

상대의 마음을 이해하게 되면 화는 사라진다

인생을 살다보면 마음에 드는 사람도 있고 같이 있기만 해도 싫어지고 보기만 해도 역겨운 사람도 있다. 그러나 이 문제도 과정지향 심리학의 시각에서 본다면 크게 문제될 것이 없다.

왜냐하면 이것도 무엇을 '깨달을 수 있는 기회'가 되고 '배움의 기회'가 되기 때문이다. 여기서 인류학을 전공한 한 대학교수의 사례를 들어 생각해 보기로 한다.

K교수는 같은 학과에 있는 L교수가 입고 다니는 옷차림이나 헤어스타일만 보아도 싫어지고 얼굴만 떠올려도 역겨워지는 인간관계를 가지고 있다. K교수의 변은 이러하다.

L교수는 매사에 아는 척하고, 옷차림도 교수신분에 어울리지 않으며, 50대의 나이에 걸맞지 않게 생트집을 잡기 좋아하며, 젊은 후배교수나 조교들에게 군림하는 자세로 설교하기를 좋아한다. 또한 학문을 연구하는 사람으로서의 실력도 없다. 대학교재 한두 권 이외에 책을 써 본 일도 없는 사람치고 그가 출세하고 있는 것은 윗사람이나 실권자에게 아첨하는 데 능숙하기 때문이라고 생각한다고 말한다.

이렇듯 K교수는 L교수의 싫은 점을 열거한 것이다.

문제는 다음 단계이다. K교수가 L교수의 '싫은 상대'의 입장에 서 본다고 하는 것이다.

도대체 이 사람은 무엇 때문에 이렇게 참견하기를 좋아하고 설교하기를 좋아한단 말인가. 이 사람이 매사에 아는 척하며 설교하지 않고서 그대로 있을 수가 없는 성격이란 어디서 생겨났을까?

이 사람은 이렇게 처신함으로써 어떤 열등감이나 결손으로부터 자기를 지키려하고 있기 때문일 것이다. 이 사람은 과거에 어떤 경험을 했기에 이렇게 하지 않고서는 못배긴단 말인가?

이상과 같이 K교수는 L교수의 문제점으로 돌아가서 자신에게 물어본 것이다. 여기서 K교수는 다음과 같은 메시지를 얻었다고 하자.

L교수는 성격적으로 과시하기를 좋아하며, 자기를 표현함에 있어서 실력보다는 허세부리는 방법밖에 모르기 때문에 자기가 어떤 역할을 뺏기게 되면 거북하게 생각하는 사람이다. 그러기 때문에 그는 후배교수나 조교들에게 일부러 압력을 가해서 위축시키려고 하는 것일 것이다.

특히 나처럼 자기 마음대로 다룰 수가 없고 쉽게 넘어가 주지 않는 경우에는 한층 더 마음에 거슬릴 것임에 틀림이 없을 것이다.

이렇듯 상대의 마음과 그 사람이 그렇게 행동하지 않을 수가 없는 사정을 이해하게 되면 K교수의 불쾌감은 그만큼 사라지게 될 것이다.

그러나 L교수의 행위가 나이와 교수신분에 어울리지 않게 미혹迷惑한 처신이라고 생각하는 점에는 변함이 없다. 다만 L교수의 '존재' 그 자체에 대한 증오와 분노는 사라진다는 것이다.

요컨대 '상대를 이해하게 되면 분노와 증오심은 사라진다'는 것이다. 이것이 나를 힘들게 하고 난처하게 만든 사람과 원만하게 사귀기 위한 제1의 원칙이다.

이 원칙은 직장의 인간관계에만 국한하지 않는다. 부모에 대한 불신감이나 혈육간의 증오심 같은 것도 상대의 처지와 마음을 이해하게 되면 불신감이나 증오심도 사라지게 된다는 것이다.

이와 같은 사례는 KBS TV 아침마당 프로그램 중 수요일8:30~9:30의 '이산가족찾기'에서도 많이 찾아볼 수가 있다. 40대의 여성이 어려서 부모의 버림으로 고아원에 수용된 후 외국에 입양되어 양부모의 보살핌으로 훌륭하게 성장한 그녀는 자기를 버린 부모의 살기 어려웠던 당시의 부득이한 아픈 사정을 이해하기 때문에 부모에 대해서는 원망하지 않는다는 말과 부모를 위로하고 싶다는 감동적인 말을 한 것을 보았다.

이렇게 우리는 자기중심적이어서 자기도 모르게 자기 입장에서만 문제를 보려며, 임의로 자기 편리한 대로 부정적인 감정을 갖는 데 길들여져 있다. 그렇지만 상대가 그럴 수밖에 없는 '사실'을 알고 '상대방의 딱했던 마음과 사정'을 이해하게 되면 불필요한 분노와 증오심은 사라지게 된다는 것이다.

'문제가 되는 사람'도 우리 자신의 일부

과정지향 심리학은 여기서 한걸음 더 나아가, '문제가 되는 사람'과의 관계를 '깨달음'과 '배움'의 기회로 전환할 것을 가르쳐주고 있다. 앞에서 이미 말한 바와 같이 POP는 '문제가 되는 사람'과의 만남을 우리에게 우리 자신의 그림자의 부분='또 한 사람의 나'를 자각의 계기로 삼을 것을 권장하였다.

인생의 흐름과정이란, 우리가 알 필요가 있는 것에 깨달을 수 있도록 무언가를 갖다 주고 있는 것이며, 그것이 '문제가 되는 사람과의 만남'의 의미이다. 다시 말해서 그것은 '인생으로부터의 선물'인 것이다.

그렇지만 현실적으로 힘들게 하는 것은 '문제가 되는 사람'을 이쪽에서 아무리 좋은 쪽으로 피해간다 해도 근본적인 마음의 전환이 있지 않는 한 몇 번이고 되풀이해서 나타난다는 점이다.

이런 경우에 받을 수 있는 메시지의 하나를 소개하면 다음과 같다.

"나는 내 안에 있는 문제가 되는 사람 그대가 싫어하고 있는 그대 자신의 그림자이다. 그대가 인정하지 않고 있는 그대 자신의 일부이다. 나를 보시오. 나를 인정하시오."

요컨대 그대는 상대야말로(=나를) '문제가 되는 사람'이며, 고통을 주는 장본인이며, '가해자'이며, 그대 자신은 '피해자'라고 보지만, 실은 '가해자'도 그대 자신의 일부이기 때문에 그대가 그것을 인정하지 않는 한 되풀이하여 닮은 유형의 사람을 만나게 된다는 것이다.

그대가 그대 자신의 내적인 '가해자'를 지각하기 위한 가장 직접적인 방법은 '그대가 싫어하고 있는 사람과 그대 자신의 어떤 점이 닮아 있는가'에 대해서 깨닫는 일이다. 자기가 싫어하고 있는 사람과 닮은 점이 자기 자신에도 있다는 것을 인정한다는 것은 매우 고통스러운 일이다.

그 '닮은 점'이 그대 자신에게 있어서 인정하기 힘든 그대 자신의 일부인 것이다. 그렇지만 그것을 깨닫는다고 하는 것은 그대를 크게 변화시키는 계기가 된다는 데서 의미를 찾을 수가 있다.

다음에 닮은 점을 깨닫는 방법의 하나로서 '문제가 되는 본인'이 되어 보는 경우를 간단한 실습의 예를 들어보고자 한다.

'문제가 되는 사람', '싫은 사람'이 되어 본다

① 당신이 평소 '문제가 되는 사람'이라고 생각되는 사람을 한 사람 떠올리기 바란다. '어딘가 호감이 가지 않고' '대하기가 어렵다'고 생각되는 사람을 떠올리기 바란다.

② 당신은 그 사람의 어떤 점이 싫으며, 어떤 점을 받아들이기 어려운지 생각해 보아라. 그 사람의 마음씨인지, 그 사람의 음색이나 어조인지, 그 사람의 수다스러움인지, 헤어스타일인지, 피부색인지, 체취인지 혹은 새침한 태도인지 구체적으로 마음속에 그려보도록 하여라.

무엇이든 상관없다. 당신이 그 사람의 싫은 점, 가장 받아들이기 어려운 점이 무엇인가를 확인하기 바란다. 그리고 나서 그것을 곰곰이 생각해보기 바란다.

③ 다음에는 '문제가 되는 사람', '싫은 사람'이 되어 주기를 바란다. 그 사람의 말하는 태도, 행동매너 등, 가급적 진지한 마음으로 닮아가기를 바란다. 실제로 행동하거나 소리를 내도 좋으며, 마음속으로 상상해 보아도 상관은 없다.

요컨대 그 사람이 된 심정으로, 그 사람의 관점에 서서, '그 사람의 세계'를 확실하게 체험해 주기를 바란다. 즉, '그 사람의 세계'의 핵심을 붙잡아 정확히 체험해주기를 바란다.

④ 그 사람의 진수를 붙잡았으면 그것을 깊이 생각하면서 그 사람의 입장에서 지금의 자기를 생각하기를 바란다. 이때 지금의 자기가 어떻게 보이며, 만약에 말을 건다고 한다면 어떤 말을 하며, 어떤 메시지를 보낼 것인지를 생각해보기 바란다.

⑤ 이번에는 평소의 자기 자신으로 돌아가 주기를 바란다. 그리고 나서 조금 전에 말했던 '싫은 사람의 세계'와 평소의 자기

가 어디에 닮은 데가 없는가를 찾아봐 주기를 바란다.

평소의 당신은 싫은 사람의 세계를 어떻게 배제해 왔는지 또 그렇지 않았는지를 생각해보기 바란다. 그리고 나의 일부인 싫은 사람의 내가 내게 준 메시지를 평소의 생활 속에서 어떤 식으로 살려왔는지를 생각해 보기를 바란다.

이상의 실습을 앞에서 말했던 K교수와 L교수의 인간관계에도 적용시켜보기 바란다. 우리는 싫은 사람을 통해서 인생의 중요한 메시지를 발견할 때가 있다는 것도 마음속에 간직할 필요가 있다.

'싫은 사람'이 무언가를 가르쳐준다

과정지향 심리학의 상담이나 연수회에서는 이와 비슷한 일들이 빈번히 일어나고 있다. 여기서 한 여성의 상담사례를 들어 설명하고자 한다.

상담자에게 상담을 받고 있는 한 여성은 면접 중에 자기도 모르는 사이에 손가락으로 쿡쿡 찌르는 동작을 하고 있음을 알게 되었다.

상담자는 내담자에게 이 동작을 다시 할 것을 말하였을 때, 그녀는 자기가 아주 싫어하는 같은 회사에 근무하고 있는 선배의 모습이 떠올랐던 것이다. 상담자는 다시 그 동작을 계속할 것을 말했을 때, 이번에는 그녀는 돌연 웃음을 터트리고 말았다. 그녀는 그 선배의 '억지가 센 것이' 매우 싫었던 것이었건만, 어쩐지 자기에게도 그 선배와 같이 '억지가 센 데가' 있는 것을 알게 되었다는 것이다.

앞에서 든 사례와 같이 우리들의 내면에 있는 '자기 자신이 인정하지 않고 있는 부분'은 '자신도 알지 못하는 사이에 취하는 동작'

을 통해서 나타나는 경우가 많이 있다.

앞에서 든 여성의 경우, '손가락으로 쿡쿡 찌르는 동작'을 통해서 그녀는 그녀 안에 있는 그림자의 부분이었던 '선배의 억지 쓰기'가 다른 모습으로 나타나기 시작한 것이다.

과정지향 심리학에서는 본인도 모르는 사이에 취하는 동작을 좀 더 '자각적'으로 할 것을 요구하게 되면, 이는 자신의 내면에 의식의 빛이 차단되어 생긴 '그림자shadow'에게 의식의 '빛'을 던져주는 것과 같아서, 지금까지 몰랐던 '그림자' 부분이 자기에게도 있다는 것을 알게 된다고 말한다.

따라서 지금까지 몰랐던 자신의 그늘진 반쪽을 알게 되어 이를 충분히 살릴 수 있게 된다는 것이다.

민델 부부가 주최한 어느 연수회에 참가한 한 여성의 경우도 그러하였다. 그녀는 걸어갈 때면 자기도 모르는 사이에 무언가를 두려워하는 것처럼 조심스레 걸어가는 것이었다. 민델은 그녀에게 '당신은 도대체 누구를 두려워하고 있습니까?'라고 물었을 때, 그녀의 의식에는 P라고 하는 비판적인 친구가 떠올랐다.

민델은 이 여성에게, 그 '비판적인 친구'를 재연하도록 말하였다. 처음에는 망설이던 그녀였지만 드디어 '비판적인 친구'를 재현하였다. '비판적인 친구'역을 맡고 있는 그녀는 이렇게 말한다.

"네가 하고 있는 것은 정말로 시시하다. 시간의 낭비다. 그런 짓은 그만두고 결혼이나 하라. 그래서 아이나 낳도록 하라!"

처음에는 이처럼 신랄한 비판조의 말밖에 하지 않던 '친구'였지만, 본인역을 맡고 있는 민델과 대화를 하고 있는 동안에, 조금씩 유익한 조언을 해줄 수 있게 되었다.

"너는 재능이 있는 사람이다. 네가 가지고 있는 재능이나 지식을 네가 하고 있는 일에 좀더 마음껏 살려라. 지금의 너는 주위 사람들의 이목에만 마음을 쓴 나머지 전혀 실력을 살리지 못하고 있다. 그러기 때문에 너는 어쩔 수 없이 사는 인생밖에 살고 있지를 않는 것이다. 이제는 주위의 이목에 신경을 쓰지 말고, 자신을 갖고 네가 하고 싶은 것만을 해내면 되는 것이다!"

완전히 '친구역'이 된 그녀는 '자기역'이 된 민델을 향해 이렇게 말했을 때, 그녀는 무언가 '자기 안의 깊은 곳에 있는 진정한 자기'가 말하고 있는 것과 같은 감을 잡을 수가 있었던 것이다.

이 여성이 두렵게 생각하고 있었던 '비판적인 친구'는 실은 그녀가 아직 살고 있지 않은 그녀 자신의 일부였던 것이다. 때문에 그녀는 과감히 '친구역'을 실연하고 있는 가운데 자기가 아직 마음껏 능력이 신장되지 못한 채로 있는 자신의 '반쪽'을 깨닫게 되었으며 여기서 자기역을 맡고 있는 민델에 말할 수 있는 힘도 나왔다고 볼 수 있다.

이처럼 두 사람이 한 조가 되어서 '자기가 두려워하고 있는 사람', '거북한 사람'을 실제로 역할연기役割演技;role playing로 실연해 보게 되면 혼자서 하는 경우보다도 더 강력한 자각을 할 수 있게 된다는 것을 알 수가 있다.

이런 점에서 누군가가 협력해 줄 수 있는 사람이 있다면, 그 사람에게 '평소의 자기역'을 부탁하고, 자기는 '두렵고', '거북한 사람'역이 되어 대화를 나누어 보는 것은 아주 좋은 방법이다. 만약 협력해줄 사람이 없을 때는 혼자서 '두렵고', '거북한 사람' 역을 맡아서 거울에 비친 자기 모습을 향해서 말하는 것도 하나의 방법이 될 수도 있다.

부부와 연인 사이의 관계를 개선하는 지혜

힘들고 어려운 인간관계 가운데서도 가장 벅찬 것은 부부관계와 연인관계일 것이다. 처음에는 서로 호감을 가지고 사랑했고 결혼했음에도, 어느덧 마음과 마음이 엇갈리고 만다. 대화도 없어지고 부부생활도 소원해진다. 언제나 옆에 있기에 뒤틀린 관계를 푸는 것을 고생스럽게 생각한다. 결국 서로가 고집과 감정의 대립을 만들고 만다.

이와 같은 관계를 개선하는 데 도움이 되는 세 가지 지혜를 소개하고자 한다.

첫째는 상대의 감정상태가 매우 흥분되어 있을 때는 푸념과 원망을 들어주는 방법이다. 상대를 보았을 때, '오늘따라 좀 심하다', '상당히 스트레스가 쌓여 있다'고 보였을 때는 오로지 상대방의 말을 듣는 마음의 여유와 인내가 필요하다.

사람은 메아리 없는 외침에 대해서는 의욕이 떨어지는 법이며, 상대가 맞서지 않고 듣기만 할 때면 다소 자기 말을 인정하는 것처럼 자위적으로 생각하는 경향이 있기 때문에, 듣는 것이 이기는 것이라는 열린 마음으로 상대의 말을 듣는 것이 효과적이다. 이때 충고 섞인 말 같은 것은 필요 없다.

그렇지만 어느 정도 감정발산이 된 것으로 보일 때는 지나가는 말로 가볍게 '성격 한번 대단함'을 빗대어 한마디 하는 것도 좋다. 사람은 누구나 정말로 힘들고 골치 아플 때는 신경이 예민해 지기 때문에 가급적 말을 걸지 않는 것이 상대방의 감정을 덜 돋우게 된다. 때문에 부부관계, 연인관계도 상대가 어떻게 나오느냐에 따라서 좋게 수습되기도 하고 완전히 결렬되기도 한다.

둘째는 때때로 서로가 상대의 마음이나 바라고 있는 바를 구체적으로 확인하는 일이다.

① 먼저 한쪽이 상대방에게 '최근에 자기를 위해서 마음 써준 것에 대해서 고맙다'는 말을 한다. 이때 한쪽은 말없이 상대의 말을 듣기만 하며, 말이 끝난 다음에 역할을 바꾼다.

② 다음에는 한쪽이 '상대에게 이제부터 해 주기를 바라는 것' 하나만을 요구한다. 이때의 요구는 예컨대 '좀더 상냥하게 대해 주기를 바란다'와 같이 추상적으로 말하는 것보다는 행동용어를 써서 '고맙게 느꼈을 때는 고맙다고 말하는 것이 좋겠어', '때로는 내가 만든 요리를 칭찬해 주었으면 좋겠어', '안마해 주었으면 좋겠어' 등 구체적인 행동수준에서 자기 희망을 말하는 것이 효과적이다. 이때도 한쪽은 상대방의 말만을 듣기만 하며, 말이 끝난 다음에 역할을 교대한다.

③ 마지막으로 한쪽이 '상대방에게 이제부터 해서는 안 될 것' 하나만을 말한다. 이때도 추상적으로 말하기 보다는 '식사가 끝났을 때 바로 자기 방으로 가는 것은 삼갔으면 좋겠어', '술 마시는 것은 1주에 두 번 정도가 좋겠어' 등 구체적인 행동수준을 말하는 것이 효과적이다. 역시 이때도 한쪽은 말없이 듣기만 하며, 말이 끝났을 때 역할을 교대한다.

이런 식으로 정기적이든 아니면 필요할 때 수시로 단시간이라도 서로간의 마음을 나눌 수 있는 시간을 갖기만 해도 설혹 실행할 수는 없어도 상당히 관계는 개선될 것이다.

셋째는 때로는 행동으로 애정을 표시하는 방법이다. 우리나라 사람은 유교문화의 전통의 뿌리가 아직도 잔존하고 있기 때문에 과거에 비해서 상당히 개방되기도 하였지만 '애정'표현을 당당하게 하는데 자연스럽지도 않고 서툴다. 그러나 '애정'이란 극히 추상적인 것이어서 이를 구체적인 형태로 나타내지 않으면 누구나 정확하게 파악할 수도 없을 뿐더러 불안하고 초조해지게 된다.

때문에 마음속에 깊은 사랑도 있어야 하지만, 이를 표현해 줄 때 사랑의 의미도 드러나며 고마움을 느끼게 된다. 그러나 애정의 표현이란, 물질적인 표현방식만이 아니라 사랑하는 마음을 언어로 표시하는 방법도 필요하다. 중요한 것은 무슨 표현이든 성의가 담긴 것이라야 한다.

똑같은 애정의 표현도 선물이 주는 감동과 말이 주는 감동은 다르다는 것도 참고할 필요가 있다. 직접 말하는 것이 쑥스러울 때는 아침에 메모를 남겨두는 방법도 좋다. 좀 겸연쩍게 생각하는 사람도 있겠지만 이 정도의 간단한 메모를 남기기만 해도 감동을 받아 상당히 관계가 개선될 수도 있다.

무의식중에 하는 동작과 자세를 깨닫는다

부부와 연인 사이의 관계에서는 다소 기분이 엇갈리는 일이 있어도, 이를 교묘하게 속이는 일에 길들여져 있다. 다소 손해를 느끼면서도 그것을 모른 척하는 것이 관계를 유지하기 위한 지혜라고 생각하기 쉽다. 그러나 그와 같은 적은 기분의 엇갈림이 축적되게 되면, 언젠가는 돌이킬 수 없는 사태에 이르게 된다.

그렇다면 부부와 연인 사이에, 사소한 기분의 엇갈림을 서로가 소중히 하면서 대화를 나누는 일은 어떻게 해서 가능할 것인가? 필자가 권하고 싶은 것은 부부와 연인 사이에 대화를 나눌 때, '자기도 모르는 사이에 무의식적으로 하고 있는 동작'을 깨닫는 일이다.

그리고 나서 오로지 그 동작을 하는 데만 마음을 쓰게 되면, 상대방에 대해서 자기가 지금까지 쭉 억제해 왔던 감정이 단숨에 분출될 때가 있다. 이 감정을 함께 나눔으로써 부부나 연인 사이의 관계가 돌연 두터워질 수가 있다.

예컨대 어느 여성의 경우, 남편과 이야기할 때면, 자기도 모르는 사이에 '오른쪽 손으로 자신의 왼쪽팔을 부드럽게 쓰다듬고 있다'는 것을 알게 되었다고 한다. 이 동작은 무엇을 의미하고 있는 것일까? 자기도 무의식중에 하고 있는 동작을 이번에는 좀더 정신을 이 동작에 집중시키면서 되풀이하다 보면 갑자기 눈물이 쏟아졌다.

그리고 그녀는 '나는 쓸쓸해! 좀더 나를 소중하게 대해줘!'라고 부르짖었다. 이것은 무엇을 의미하고 있는 것일까? 그녀가 처음 자기도 모르는 사이에 '오른손으로 왼쪽 팔을 쓰다듬고 있었던 동작'은 좀더 소중하게 대해주고 사랑해 줄 것을 바라는 그녀의 남편에 대한 무의식無意識의 외침의 표현이었던 것이다.

남편은 그녀와 시간도 많이 가져주는 편이며, 결혼기념일이나 생일에도 잊지 않고 선물을 해 주고 육아에도 자상하고 협력적인 사람이었다. 그러나 그녀는 이렇게 말하는 것이었다.

남편이 자상하고 가정적인 점에 대해서는 고맙게 생각하지만, 최근에 와서 남편의 마음은 사업적인 업무에 완전히 뺏기어 '진정으로 나를 사랑하고 있다'는 것을 느껴본 적이 없다고 말하는 것이었다. 결국 그녀는 자기라도 무의식적으로 취한 동작을 되풀이함으로써 지금까지 계속 억제해 왔던 자신의 감정을 남편에게 전달할 수 있게 된 것이다.

또 어느 남성의 경우, 그는 자기 아내와 대화를 하고 있을 때면 자신의 자세에 주의를 돌려보면 자기도 모르는 사이에 어깨가 처져서 평소보다 힘이 빠져 있음을 알게 되었다는 것이다. 상담자로부터 이렇다는 것을 지적받은 그는 자각적으로 그런 자세를 취하고 있노라면 마음속으로부터 '나는 내 자신에 관한 것을 좀더 지키고 싶다'고 하는 감정이 치밀어 올라왔다.

이때 상담자로부터 "어떻게 하면 자기를 좀더 튼튼하게 지킬 수 있겠습니까?"라고 질문 받은 남성은 옆에 있는 방으로 들어가 구석진 곳에 무릎을 껴안은 채 앉고 말았다. 상담자가 물어본즉 이와 같은 자세를 취하고 있을 때가 마음이 가장 편안하다는 것이었다.

이 남성의 아내는 잔소리가 많아, 끊임없이 여러 가지 요구만 할 뿐이었다. '좀더 집안일에 협조해주기를' '좀더 나에게 관심을 가져주기를', '좀더 좋은 고급승용차를 사자'는 등, 이런 식의 주문을 받은 그는 '남자라는 자존심 때문에' 이를 악물고 조금도 위축되지 않고 아내의 기분에 부응하려고 하였다.

그러나 지나친 아내의 주문은 그에게는 너무 무리한 주문이었기에 억압된 감정은 무의식의 동작으로서 나타난 것이다. 이 남성에게 필요한 것은 좀더 자기를 지키기 위해서는 어떻게 하면 좋은가를 아내의 이해를 얻어내는 데 있었던 것이다.

독자 여러분도 부부 사이, 연인 사이, 혹은 자녀와의 사이에 대화를 하는 동안에, 무의식중에 어떤 자세나 동작을 취하고 있지는 않은지 생각해보기 바란다. 만약에 평소에는 없는 동작이나 자세를 발견했을 때는 자각적으로 그 자세나 동작을 서서히 반복시켜보기 바란다. 이때 나타난 그 동안 억압되었던 감정을 상대방과 나누어 가짐으로써 소원했던 관계가 두터워질 수도 있다.

서로간의 감촉을 통한 명상

마지막으로 부부 사이, 연인 사이에 간단하게 실시할 수 있는 명상법을 한 가지 소개하고자 한다. 명상瞑想Meditation이라고 해서 좀 거창하게 들리겠지만 여기서는 삼매三昧samadhi의 경지나 어떤 최고의 종교체험을 하기 위한 명상은 아니며, 잠시 조용한 시간을 갖기 위하여 눈을 감고 마음을 가다듬는 정도로 생각하기 바란다. 그렇지만 이정도의 시간을 가짐으로써, 서로 시간을 공유했다는 의미도 있으며, 평소에 알지 못했던 자기발견에도 도움이 된다고 본다.

Exercise ————————————————————————

부부, 연인 사이에 '서로간의 감촉을 통한 명상'

① 가위·바위·보로 순서를 정한다.

② 이긴 사람이 '손을 대는 쪽', 진 사람이 '받는 쪽'이 된다. '손을 대는 쪽'은 '받는 쪽'에게 신체 어느 부위를 댈 것인가를 물어 본다. 이때 '받는 쪽'은 '어디든지 상관없다'는 식의 말보다는 어깨, 등, 팔 등 몇 가지 장소를 구체적으로 정해주는 것이 좋다.

③ '손대는 쪽'은 눈을 감고 상대가 정해준 부위를 부드럽게 만

진다. 이때 손가락 끝에 미세한 감각을 집중시켜 자신의 주
의를 집중시킬 부위를 찾는다. 자신의 의식을 집중시킬 부위
가 발견되면 그 자리를 부드럽게 약간 지압하는 기분으로 만
진다. 그리고 미세한 감각을 집중시켜, 그 부위를 만지는 참
뜻을 붙잡을 때까지 이 동작을 계속한다.

④ 그 부위를 만지고 있으면 이때 무언가 이미지로 의식에 떠오
르는 것이 있을 수가 있다.

이 경우에는 떠오른 이미지를 그림으로 그려봐도 좋을 것이
다. 또는 노래 부르고 싶으면 노래를 불러도 좋다. 뿐만 아니
라 운동을 하고 싶다거나 춤을 추고 싶을 때도 그렇게 하는
것이 좋다. 상대방의 몸으로부터 자기가 느낀 것을 창조적으
로 표현한다고 하는 데에 의미가 있다.

⑤ 만약에 상대와 더불어서 그것을 같이 표현하고 싶을 때는 두
사람이 함께 표현하는 것은 인간관계를 두텁게 하는 데 더
욱 바람직하다.

⑥ 한쪽의 역할이 끝났다고 보았을 때는 역할을 교대해서 지금
까지의 과정을 다시 시작하면 된다.

이상은 즐거운 마음으로 할 수 있는 실습이다. 이 방법은 두 사람
사이가 좋지 않을 때보다 원만한 사이일 때, 더욱 그 관계를 두텁게
하는 데 효과적인 방법이다. 이때 중요한 것은 이미지를 창조적으로
표현하는 두뇌이며, 그리고 여기서 두 사람이 공감할 수 있는 의미
를 얻는 일이다. 그것은 두 사람의 노력에 달려 있다.

최근에 우리에게 널리 알려진 틱낫한Thick Nhat Hanh(1926~)[5] 스님도

---

5) 베트남의 승려이자 시인, 평화운동가, 참여불교(Engaged Buddhism)의 제창자. 1982년
   프랑스 보르드 지방에 명상수련센터 '플럼 빌리지(plum village; 자두마을)를 세워 세

'화anger'를 다스리는 방법의 하나로서 포옹명상hugging meditation과 행선行禪walking meditation을 권장했다. 다음은 그가 프랑스 보르드에 명상수련센터로 세운 플럼 빌리지plum village에서 거둔 포옹명상의 사례이다.

스물두 살의 젊은 자매가 다시는 서로 보지 않겠다고 다짐했던 한 모녀를 도와 그들이 서로 화해하도록 이끌어 준 일이 있었다. 모녀간의 갈등을 말끔히 풀어주는 데는 단 세 시간밖에 걸리지 않았다. 세 시간이 지나자 모녀는 서로 끌어안았다. 서로 끌어안고는 몇 번 의식적인 심호흡을 했다.

숨을 들이쉴 때breathing in 나는 내가 지금 살아 있다는 것을 깨닫고 숨을 내쉴 때breathing out 나는 내가 사랑하는 사람이 지금 살아 있다는 것을, 그리고 지금 나의 품에 안겨있다는 것을 깨닫는다는 식으로 심호흡을 한 것이다.

그들은 서로에게 서로가 있다는 사실을 자각하고 각자의 백퍼센트를 던져서 서로가 서로를 끌어안으며 현재의 순간을 완전히 깨달았다. 그것은 놀라운 치유력을 갖는 행위였고 그 수련을 통해서 그들은 서로가 서로를 한없이 사랑한다는 사실을 깨달았다. 그들은 단지 서로에 대한 한없는 사랑을 깨닫지 못했을 뿐이다.

계 각국에서 온 많은 이들에게 종교 간의 벽을 허물고 각자의 신념에 따라 수행하는 길을 지도하고 있다. 그리고 1990년대에는 미국 버몬트 주에 단풍림 승원(Maple Forest Monastery)과 그린 마운틴 수행원(Green Mountain Dharma Center)을 설립하여 현대인에게 영적 안식을 주며 종교의 실천영역을 확장하고 있다.

아놀드 민델에게 배우다

과정지향 심리학 (3)

———

암과 같은 중병.
편두통, 견비통, 인후염 등 만성적인 증상.
술·담배·도박 등 '끊고 싶어도 끊을 수가 없는 의존증'
이것들은 실은 우리에게,
그렇게라도 하지 않으면 깨달을 수가 없는,
소중한 그 무엇을 가르쳐주고 있다.
'질병의 심정', '증상의 심정'으로 돌아가서,
여기서 들려오는 호소에 귀를 기울여보자.

'질병의 심정', '증상의 호소'에 귀를 기울인다

질병·증상의 호소에 귀를 기울인다

암이나 위궤양 같은 중병, 견비통이나 편두통과 같은 만성적인 증상 등은 인간관계의 문제와 더불어 인생 최대의 '번뇌의 씨앗'이라고 본다.

그래서 누구나 '만약에 내가 평생 건강할 수만 있다면 이 이상 더 큰 행복이 어디 있을까', '만약에 증상이 깨끗이 없어진다면 얼마나 사는 것이 재미있을까'라고 생각하게 된다. 질병이나 신체증상은 우리들의 인생으로부터 영원히 퇴치해버리고 싶은 '인생의 방해자'인 것이다.

이점에 대해서는 서구의학이나 동양의학에 이견이 있을 수 없다. 그러나 과정지향 심리학은 질병 증상에 대해 취하는 태도는 이것과는 정반대이다.

과정지향 심리학은, 질병이나 증상은 우리에게 중요한 인생의 메시지를 보내주고 있기 때문에 이를 소중하게 받아들이지 않으면 안 되며, '질병의 심정', '증상의 심정'이 되어 그 '호소'에 귀를 기울여 거기에 순응할 것을 권장하고 있다.

때문에 과정지향 심리학의 관점에서는 질병이나 증상을 그렇게라도 하지 않으면 우리가 모르고 있었던 '중요한 것'을 깨달을 수 있도록 깨우쳐 주는 고마운 '선물'로 본다.

이런 점에서 과정지향 심리학은 질병·증상을 '적'이나 '방해자'로 보아, 질병 증상을 공격·치료의 대상으로만 보는 것은 애써 보낸 선물='중요한 깨달음과 배움의 기회'를 휴지통에 버려버리는 어리석은 태도라고 본다.

이점은 이미 앞에서 말했던 '문제가 되는 사람', '싫은 사람'도 실은 우리 자신의 일부임을 말한 것과 같은 뜻이다. 마찬가지로 질병·증상도 우리가 인정하고 싶지 않는 우리 자신의 일부인 것이다.

때문에 '싫은 사람'의 입장에 서서 거기서부터 어떤 메시지를 얻는 것과 동일하게 질병 증상의 입장에 서서 완전히 질병 그 자체가 되어서, 거기서부터 메시지를 얻는다는 것이다.

이뿐만은 아니다. '질병·증상의 호소'에 귀를 기울이는 일은 우리 자신의 생활방식의 개선에도 도움이 되며, 또한 예방의학적인 효과도 있다.

실제로 과정지향 심리학에 손대기 전에는 각종 질병에 시달렸던 민델Mindell도 과정지향 심리학을 연구하기 시작한 후부터는 감기조차도 걸리지 않았다고 말하고 있으며, 과정지향 심리학을 공부한 사람은 암 발생율도 현저하게 낮았다는 것을 그는 말하고 있다.

'인후염'의 메시지

여기서 구체적인 사례를 하나 들어보자.

민델의 세미나에 참석한 어느 한 여성의 경우, 그녀는 처음에는 극도의 피로와 발열 때문에 쓰러져 누워 있었다. 그녀는 심한 인후염으로 인하여 만성적으로 고통받고 있었기 때문에 기대를 걸고 민델을 찾아온 것이다. 그녀는 잠시 동안 인후염의 통증을 느끼고 있었다.

통증의 정체가 무엇일까를 생각하면서 통증을 느끼고 있을 때, 문득 그것은 '얼음처럼 날카롭고, 차가운 금속편金屬片이다'라고 하는 이미지가 떠올랐다. 그래서 그녀는 얼음처럼 날카롭고 찬 금속편이 되어 보았다.

그리하여 그녀는 잠시 '금속편의 세계', '금속편의 심정'으로 돌아가 이를 진지하게 체험해 본 것이다. 금속편이 되어 본 그녀는 평소의 자기에게 말을 던져보았다. 이때 튀어나온 말은 다음과 같았다.

"당신은 너무도 호인이어서 지나치게 온순하다. 주위 사람들의 이목에 신경쓴 나머지 무서워 떨지 말고 좀더 당당하게 자기 의견을 말하시오!"

그녀의 '인후통증'은 '좀더 자기주장을 하도록'하기 위한 메시지를 그녀에게 보내기 위하여 신체적인 증상으로 나타난 것이라고 볼 수 있다. 뒤집어 말한다면, 그녀는 본래 자기주장적인 면이 있음에도 불구하고, 그런 면을 만족하리만큼 실현시키지 못했기 때문에 '인후통증'이 만성적인 증상으로 나타나서, 그녀에게 이를 깨닫게 해 준 것이다.

이 메시지를 받은 그녀는 매우 늠름하게 보였다. 그리하여 자기가 진정으로 말하고자 하는 것을 저서로 말할 것을 다짐했던 것이다. 이렇게 마음먹은 후 그녀의 '인후통증'은 거짓말처럼 사라졌다고 한다.

드림 보디dream body ― 꿈과 신체증상의 공시성共時性

민델은 또 한 가지 흥미 있는 사실을 지적하고 있다.

사람이 고통받고 있는 만성적인 증상이나 질병의 메시지는 반드시 그 사람의 꿈을 통해서도 보내진다는 것이다.

다시 말해서 꿈은 질병과 증상을 비추는 거울이며, 또 반대의 경우는 질병과 증상도 꿈을 비추는 거울이라는 것이다. 융 심리학 Jungian psychology에서 말하는 공시성synchronicity6)의 관계가 꿈과 질병 사이에는 반드시 성립되고 있다는 것이다.

어느 여성 피부병 환자의 경우, 그녀는 매우 얌전하며, 조용한 성격의 소유자로서 심한 가려움증을 수반한 습진 때문에 오랫동안 고생해 왔다. 그런데 이 여성의 꿈에는 몇 번이고 '호랑이'가 나타나는 것이었다.

꿈의 내용인 즉, 호랑이가 빵가게의 빵을 전부 먹어치우는 꿈을 몇 번이고 꾸었다는 것이다. 이 경우에 '꿈 속에서 설치며 할퀴는 호랑이'는 그녀가 고통받고 있는 '심한 가려움'으로써 나타나고 있는 것이다.

이때의 메시지는 '좀더 세게 긁어라. 호랑이처럼 주위를 휘저어라'를 말하고 있다. 자기의 얌전함과 차분함에 동일화되어 정숙하게 처신해왔던 이 여성은 '자기 안에 있는 호랑이 같은 부분=주위를 휘젓는 부분'을 충분히 살리지 못했던 탓으로, 그것이 꿈 속의 호랑이나 심한 피부가려움증의 형식을 통해서 그녀에게 메시지를 보내왔던 것이다.

---

6) 서장 각주 1) 참조.

민델은 꿈과 신체증상과의 공시적 관계는 모든 경우에 다 성립한다고 보아, 이 관계가 성립되고 있지 않았던 경우는 본 일이 없다고 단언하고 있다.

혹자는 꿈이 먼저냐, 신체증상이 먼저냐, 어느 쪽이 원인이고, 어느 쪽이 결과냐를 따지는 사람도 있지만 과정지향 심리학에서는 이를 그렇게 의미있는 것으로 보지 않는다. 종래의 심신의학psychosomatic medicine에서는 마음의 변화가 원인으로 먼저 작용하고, 그 결과로서 신체증상가려움이 생긴 것이라고 보는 인과관계를 생각하기 쉽다.

그러나 과정지향 심리학에서는 이와 같은 인과론因果論은 중요하게 생각하지 않는다. 본래 있는 것은 다만 마음도 신체도 아니며, 이들과 함께 하면서 초월한 '인생의 큰 흐름＝과정'뿐이며, 이 '과정'이 우리에게 필요한 것, 깨달을 필요가 있는 것을 끊임없이 보내주고 있다고 생각한다.

그것이 '형상'으로서 나타난 것이 '꿈 속의 호랑이'이며, '피부의 가려움'이라고 생각한다. 이렇듯 과정지향 심리학은 '과정 일원론過程 一元論'에 근거를 두고 있다. 그러기 때문에 구체적인 '형상'은 꿈이든 신체증상이든 상관이 없다.

예컨대 그 사람이 보고 있는 TV 프로그램에 웬일인지 계속해서 호랑이나 고양이가 나와서 무엇을 할퀴는 장면이 나타날 수도 있을 것이다. 혹은 부부싸움에서 무의식중에 남자의 얼굴을 손톱으로 할퀼 수도 있을 것이다. 이처럼 '인생의 큰 흐름＝과정'은 우리가 알 필요가 있는 것을 알 때까지, 동일한 메시지를 이 방법, 저 방법을 다 써서 여러 가지 형상으로 보내주고 있는 것이다.

그것은 우리가 그 메시지의 의미를 자각적으로 살릴 수 있을 때까지 계속된다. 이와 같이 과정지향 심리학에 있어서 '심신론心身論'은 '과정 일원론'이다. 이는 심신의학 같은데서 '마음의 변화가 신체에도 나타난다'고 생각하는 흔히 있는 평범한 '심신상관론心身相關論'과는 분명하게 구별되고 있다.

어느 말기 위암 환자의 사례

어느 중년 남성의 위암 환자의 경우, 그는 최근에 입원하여 종양 절제수술을 받았으나, 이미 말기 상태여서 손쓸 필요가 없을 정도의 상태였다.

이 환자는 민델Mindell을 만나자마자 몇 번이고 신음소리를 내면서 절제했을 종양의 아픔을 호소하는 것이었다. 게다가 그는 "종양이 자꾸 커져가고 있다"고 말하는 것이었다. 물론 수술해서 조금 전에 종양을 제거했기 때문에 현실적으로 그런 일은 있을 수는 없다.

민델은 필시 마취 때문에 아직 의식이 완전히 돌아오지 않아서 그러하리라고 생각하였다. 그러나 환자는 '종양이 점점 커져가고 있다'고 호소하면서 놀랍게도 배를 밀어내 보일려고 하는 것이었다. 민델은 방금 수술한 상태이기 때문에 무엇보다도 봉합상처가 걱정된 나머지, 어찌할 바를 몰랐다. 그렇지만 민델은 '지금 여기서 일어나고 있는 사태에 따르자'라고 생각하였다.

그리하여 환자에게 통증을 좀더 흠뻑 느끼도록 말하였다. 그랬더니 그는 점점 배를 내밀면서 통증을 느끼려고 하는 것이었다. 이때 상처가 벌어지는 것을 걱정한 민델은 "종양이 커져가는 것을 몸으로 느끼면서 상상해 보라."고 제안하였다. 그러자 그는 "아 활화산이다!"라고 외쳤다. 환자에게 물어보니 떠오른 이미지 가운데서 화산활동이 연달아 폭발했다는 것이다.

그는 이어서 이렇게 말하는 것이었다.

"나는 다만 폭발하고 싶다. 폭발하고 싶을 뿐이다. 나는 지금까지 폭발할 수가 없었다. 나의 문제는 나를 충분하게 표현하지 못했던 점에 있었다"

이 말을 하는 동안, 환자는 입원 직전에 꾸었던 꿈을 생각해냈다. 그 꿈 속에서 그는 불치병을 치료하는 약이 '폭탄'이었음을 알게 되었다. 따라서 폭탄이 폭발하는 것이, 불치병이 치유되는 꿈이었다고 말하는 것이었다. 민델이 폭탄에 대해서 물어볼 때, 평소에는 말이 없고 소극적이던 그가 공중에 폭탄이 떨어질 때와 같은 소리를 흉내내면서 '슈—', '퓨—'라고 큰소리로 외쳤다.

그런데 바로 이때였다. 얼마나 불가사의한 일인가. 건물 밖에서도 역시 사람들이 쏘아올린 불꽃이 터지는 소리가 들려오는 것이었다. 이날은 마침 스위스의 독립기념일이며, 스위스에서는 보기 드문 불꽃놀이를 하는 날이었던 것이다.

그 후 민델은 그를 몇 번이고 문병갔었지만, 그 때마다 그는 침대 위에서 몇 번이고 계속하여 '폭발'했다고 말하며 큰소리로 울부짖었다. 그리고 고함쳐대며 째지는 소리를 질렀다. 이런 일이 있고나서 여생이 얼마 남지 않았던 그의 증상은 조금씩 호전되었다.

민델은 물었다. "당신은 진정 어디서 폭발하지 않으면 안 된다고 생각하는지요?" 환자는 대답했다. "처와의 관계입니다. 솔직히 말해서 나는 처에게 말하고 싶은 것을 말하지 못하고 지내왔습니다." 요컨대 그 남성의 문제는 처에게 자기주장을 하지 못했다는 점에 있었다.

여기서 민델은 환자에게 '부부 카운슬링marital counseling'을 받을 것을 제안하였다. 처음에는 아내에게 큰소리로 외칠줄밖에 몰랐던 그였는데 민델의 도움을 받아서 점차로 자기가 말하고자 하는 것을 자기 말로 분명하게 전할 수 있게 되었다.

이런 일이 있은 후 그의 증상도 점점 좋아졌다. 퇴원한 후의 생활에서도 외부 사람과의 관계에 있어서 과거에는 볼 수 없을 만큼 자기주장도 잘할 수 있게 되었다. 그는 놀라울 정도로 3년이나 더 살았다고 하며, 어느 때보다도 만족스럽고 충실한 인생을 살 수 있었다고 한다.

앞에서 든 사례에서는 동일한 메시지가 여러 가지 형태로 바뀌어져서 보내진 경우이다. 자꾸 커져가고 있다고 느꼈던 위암의 종양, 배를 내보이는 동작, 종양을 느꼈을 때의 '활화산'의 이미지, 꿈 속에 나타난 '폭탄', 폭탄이 떨어질 때 발생하는 소리와 같이 '슈 —', '퓨 —' 흉내내며 외치는 소리, 건물 밖에서 쏘아올리는 불꽃, 그리고 아내와의 관계 등 이들은 모두가 그의 인생의 과정이 '폭발하라'고 하는 하나의 메시지를 보내기 위해서 취해진 다양한 형태였던 것이다.

증상을 만드는 쪽이 되어보는 실습

민델은 각종 암환자와 접촉하는 동안에 그들 대부분이 발병 전 장기간에 걸쳐서 긴장을 억압하고 있었다고 하는 것을 알았다. 이 억압된 긴장이 암의 형태로 나타난 것으로 본 것이다.

이렇게 본다면, 마사지로 일시적인 긴장을 완화시키는 것은 어떤 의미에서는 속임수에 지나지 않다. 왜냐하면 '긴장'으로부터 메시지를 받을 수 있는 귀중한 기회를 놓치고마는 것이 되기 때문이다.

이 점은 각종 보디 워크body work에도 적용시킬 수가 있다. 보디 워크에서는 각종 신체증상에 작용을 가해서 긴장을 제거하며 자아와 신체 사이의 갈등을 풀어서 감정을 해방시켜준다. 그렇지만 긴장이 발생하는 것은 어떤 필요성이 있어서 발생하는 것임에도 불구하고, 이를 생각하지 않고 쓸데없이 증상만을 제거하고 긴장을 해소시킨다면 일시적으로는 편안해지겠지만, 그 사람이 그 사람으로서 존재하기 위하여 '필요한 지주支柱(=증상 및 긴장)'를 잃어버림으로써, 강한 공허감에 휘말리거나 우울상태에 빠져버리는 경우도 있다.

요컨대 과정지향 심리학에서는 증상이나 긴장을 단순히 제거하기만 하면 되는 걸로 생각하지 않는다. 이보다는 증상이나 긴장이 어떤 필요성을 가지고 나타났는가를 의미있게 보며, 증상쪽에 서서 '증상을 만드는 입장'이 되어 그 세계를 충분히 음미하고 체험하는 것을 소중하게 생각한다.

Exercise ─────────────────────────────
'증상을 만드는 입장'이 되어 본다

① 당신을 고민하게 만들고 있는 신체증상을 하나 선택하라. 예컨대 견비통, 편두통, 구내염 등과 같은 만성적인 증상을 말하며, 만약에 특별한 증상이 없는 사람은 지난날에 있었던 증상도 상관없다.

② 잠자리 위에 누워있는 당신의 건강한 모습을 상상해 주기 바란다. 그리고 그 건강한 몸에 지금 생각해 낸 증상을 만든다고

한다면 어떤 모습으로 만들겠는가. 자신의 몸을 사용하여 그 증상이 되어 보아라. 자기 자신의 몸을 사용해서 그 '증상을 만드는 입장'이 '되어 보는' 것이다.

③ 증상이 만들어졌으면 여기서 일어나는 동작을 천천히 자각적으로 몇 번이고 반복하기를 바란다. 어떤 느낌을 받게 되는지, 증상의 심정, 증상의 세계를 충분히 체험하고 음미해 보기 바란다. 그것은 어떤 세계이며, 어떤 분위기가 있는 곳인지 음미하기 바란다. 만약에 소리지르고 싶을 때는 소리질러도 좋고 말하고 싶을 때는 말을 해도 상관없다.

④ 완전한 증상이 되어 동작을 반복하면서, 평소의 자기를 의식에 떠올리기 바란다. 이때 자기가 어떤 모습으로 보이는지 이를 잘 기억해두기 바란다. 그리고 무언가 말을 걸고 싶을 때는 말을 해도 좋다. 어떤 메시지를 보내게 될 것이다.

⑤ 동작을 멈추고, 평소의 자기로 돌아가 증상 부위에 관심을 돌려 앞에서 체험했던 '증상의 세계'가 어떻게 나타났었던가를 확인해 주기 바란다. 그리고 앞에서 증상으로부터 받은 메시지를 어떻게 이제부터의 인생에서 살려갈 수가 있는가를 생각하기 바란다.

만족할 때까지 붙들고 늘어져라

어느 관리인인 남성은 심장병과 여기에 수반하여 나타나는 가슴의 통증 때문에 민델의 상담을 받기 위해 왔다. 그는 '술주정꾼이 자기 집에 침입해 온다'고 하는 꿈을 되풀이해서 꾼다고 말한다.

민델은 "술주정꾼이 당신 몸의 어느 부위로 침입해 옵니까."라고 물었을 때, 그는 "가슴 부분입니다."라고 대답한다. 그리고 "최근에는 일을 하고 있을 때면 몹시 피곤해서 팔의 힘이 완전히 빠져버리고 만다."고 말한다. 이어서 그는 "그렇지만 일하지 않으면 안 된다는 것을 생각하게 되면 이번에는 가슴 부위의 통증을 느낀다."고 말하는 것이었다.

그는 성격적으로 유별나게 성실한 사람이었다. 그 사람 가운데도 '게으른 부분'='꿈에 나오는 술주정꾼과 같은 부분'이 있어서 그것을 내쫓으려고 할 때면 그의 심장은 아프기 시작한다는 것이다.

민델은 내담자에게 "술주정꾼을 방안으로 들어가게 하시오."라고 말하였다. 그의 심장병과 술주정꾼이 집안에 들어오는 꿈은 성실일변도로 살고 있는 그에게 좀더 긴장을 풀 것과 자기 안에 있는 '게으른 부분=술주정꾼과 같은 부분'을 더욱 살릴 것을 촉구하고 있음을 시사하고 있다.

이것과 반대방향으로 펼쳐지는 경우는 다음과 같다.

어느 등교거부의 남학생초등학생과 어머니가 민델의 상담실을 찾아왔다. 남자학생은 뇌종양 때문에 생긴 두통증세에 시달리고 있었다. 어머니는 이성과 지혜를 겸비한 사람으로서 친절하고 매사에 수용적인 태도로 어린이를 대해주고 있다. 그래서 무리해 가면서 학교에 가지 않아도 되고, 공부도 하기 싫으면 억지로 하는 것을 좋게 보지 않을 정도였다.

어머니는 공부보다 건강을 더 소중하게 생각하여 몸에 좋은 음식에 마음을 쓰며, 자연생태가 잘 보존된 환경 속에서 키웠다. 특히 몸에 해로운 자극물, 예컨대 커피같은 것도 너무 많이 마시지 않도록 세심한 마음을 써왔다.

민델이 남학생에게 "머리가 어떻게 아프지?"라고 물었을 때, "이렇게"라고 하면서 주먹으로 자기 머리를 망치로 때리는 것과 같은 행동을 보였다. 이때 민델이 "이 쿠션이 네 머리라고 생각하고, 어떻게 머리가 아픈지 좀더 잘 설명해 줄 수 있겠지?"라고 말할 때, 남학생은 자기 손이 망치인양 쿠션을 쿵! 쿵! 쿵! 힘차게 두드리기 시작했다.

너무 세게 두드리기 때문에 어머니가 놀라는 표정을 짓고 있을 때, 남학생은 "나는 강자가 되고 싶다. 더욱 센 강자가 되고 싶다"고 외치기 시작했다.

민델은 "강자가 되고 싶다니 무슨 말이지?"하고 물었다.

남학생은 "나는 학교에 가고 싶다. 그리고 마음껏 공부하고 싶다."고 말했다.

지금까지 이 학생을 치료했던 의사나 어머니는 이 학생에게 절대로 무리해서 학교에 가지 않도록 타일러왔다. 그러나 이 학생은 이제 그 정반대의 것을 하고 싶다고 말한 것이다. 학생은 쿠션을 두드리는 동작을 반복하면서 "나는 학교에 가서 아주 열심히 공부할 것이다. 커피도 마음대로 마시며, 하루에 다섯 시간밖에 자지 않고 공부할 것이다."라고 말하는 것이었다.

이때 민델은 과정에 따라서 이렇게 말하였다. "그렇다면 그렇게 해 보렴. 이제 본격적으로 공부해 보아라. 커피도 많이 마시고, 잠도 많이 자지 말고 열심히 공부하여라."

실제로 이 학생은 다음 날부터 이것을 실천하였다. 그 결과 학교에 다니기 시작하여 무섭게 공부한 지 2개월 정도 되었을 무렵 뇌종양도 사라졌다고 한다.

우리는 보통 지나친 분발심은 건강에 좋지 않으며, 편안한 마음으로 수면을 충분히 취하고, 스트레스를 받지 않도록 하는 것이 중요하다고 생각하고 있다. 그러나 이 학생의 경우, 어머니가 너무도 마음씨 곱게만 대해 주었기 때문에 자식의 '강한 부분', '씩씩한 부분'이 자라고 싶어도 자랄 수가 없었던 것이다.

이점은 가정교육의 관점에서도 시사하는 바 의미가 크다. 어떻게 하는 것이 좋은가는 지침서처럼 단정적으로 말하기는 어렵다.

앞의 예에서, 관리인의 남성에게는 '긴장을 풀고 편안한 상태를 갖는 것'이, 등교거부의 학생에게는 '분발하는 것'이 각각 필요한 것으로 되어 있었던 것이며, 그것은 과정이 갖다 준 메시지였던 것이다.

그러나 '심신의 이완'이 아니라 '분발'하는 것이, '무관심'이 아니라 '집착'하는 것이 필요할 때도 있는 것이다. 다음 민델의 말은 우리에게 인생의 중요한 의미를 시사해주고 있다.[7]

집착을 멀리하는 것을 배우려면, 당신이 평소 하고 있는 일을 확실하게 해내지 않으면 안 된다. 투쟁하고 싶은 만큼 인생과 싸우는 것도 좋을 것이다. 인생을 조종하면서 강물의 흐름을 바꾸어, 가능한 한 자기중심적이고 야심적이며, 완고하게 살아가라. 그리고 운명과 싸워라!

무슨 일에나 만족할 때까지 물고 늘어져라! 적어도 운명이 이젠 만족한다고 생각하여 당신으로부터 달아날 때까지 말이다. 이것이 과정지향적인 배움이다. 인생의 각 단계를 그것이 나타내주는 그대로를 받아들이며 그것을 살려서 살아가라. 그러면 자기도 모르는 사이에 어느덧 목적지에 도달해 있을 것이다.

'끊으려야 끊을 수 없는 병'의 메시지

우리에게는 대체로 한두 가지 후천적으로 길러진 '끊고 싶어도 끊

---

7) Arnold Mindell, & Amy Mindell, *Riding the Horse Backwards : Process Work in Theory and Practice*, London : Viking—Penguin—Arkana, 1992. p. 17.

을 수가 없는 것'이 있다. 대표적인 것으로는 술·담배·커피·도박 등이지만 그밖에도 습관적인 약물·연애·편식·양육 등이 있으며 흔히 이를 '~중독', '~의존증'으로 지칭되고 있다.

특히 산업경쟁사회와 업적지상주의 사회에서 살고 있는 과반수이상의 직장남성의 경우, 그들은 자기도 모르는 사이에 끊임없이 바쁘게 일하지 않으면 마음이 안정되지 않는 '작업 중독자workaholic(작업 work+알코올 중독자alcoholic의 합성어)'나 '작업 의존자work dependent'가 되어 있다고 한다면, 이런 사람이 많은 사회도 문제이지만 가정과 개인에게 있어서도 적은 문제는 아니다.

퇴근시간 이후 밤이면 작업중독의 긴장으로부터 벗어나기 위하여 음식점이나 술집마다 성황을 이루고 있는 광경을 볼 때면 우리나라 성인 남성의 과반수가 '작업 의존증 겸 알코올 의존증alcohol dependence'에 걸려 있는 것이나 아닐까 하여 걱정이 되기도 한다. 또한 주부들이나 젊은 여성에게서 볼 수 있는 '쇼핑 의존증'이나 '도박 의존증'도 끊을래야 끊기 어려운 병 중의 하나이다.

외국 유명 브랜드상품만 보면 당장에 필요하지도 않고 경제적으로 무리임에도 물건을 사지 않으면 직성이 풀리지 않는 경우, 도박에 손을 댄 여성이 자식과 남편을 버리는 한이 있어도 그 버릇을 버리지 못하는 경우, 이들의 종말은 결국 대부貸付 지옥에 떨어져서 어두운 인생의 길을 걷게 된다. 이런 사람들이야 말로 육도중생六道衆生 가운데서 제일 나쁜 지옥중생의 길을 걸어가고 있는 것이다.

이렇듯 '그만두고 싶어도 그만둘 수 없는 병' 때문에 고통받고 있는 사람들은 '질병', '증상'의 경우와 같이 이를 '인생의 적'이나 '방해자'로 낙인찍게 된다.

그러나 과정지향 심리학에서는 '질병·증상', '문제가 되는 사람'의 경우와 똑같이 '~의존증'도 거기서 무언가 깨달음과 배움을 얻을 수 있는 중요한 인생의 메시지를 보내준다고 생각한다.

'~의존증'같은 '집착'의 대상에는 거기에 무언가 탈속적脫俗的인 의미가 포함되어 있다고 보는 사람도 있다. 예컨대 알코올 의존증으로부터의 회복과정에서 탈속적인 의식체험을 했다는 보고도 있다.

과정지향 심리학에서는 이 '의존증'에는 무언가 중요한 '의미'가 감추어져 있다고 말한다. 때문에 알코올·담배·쇼핑·도박 등, 이와 같은 집착의 대상도 '질병·증상', '문제가 되는 사람'의 경우와 똑같이 우리가 마음껏 살지 못했던 '우리 자신의 일부', '우리들의 의식이 미치지 못한 그림자 부분'으로부터 무언가 알아차릴 필요가 있는 중요한 메시지를 얻는 데 있다고 보는 것이다.

다음은 어느 20대 전반의 여성으로서 소위 '쇼핑 의존증shopping dependence' 때문에 대부 지옥또는 카드 지옥에 떨어져 있는 경우를 상담한 사례를 중심으로 생각해 보기로 한다.

이 여성은 쇼핑하고 싶은 충동이 발동할 때의 상태를 설명하면서, 오른손 주먹을 쥐고, 펀치를 가하는 동작을 두세 번 반복하였다.

상담자는 이 동작에 대해서 물어 본 즉 '야구의 피처가 직구直球를 던질 때의 동작'이라고 말하는 것이었다. 여기서부터 연상聯想한 그녀는 "나는 더하고 싶은 것은 하고 싶다고 말하며, 갖고 싶은 것은 탐이 난다고 단도직입적으로 말해야 한다."고 말했다.

그녀는 어렸을 때 자기가 갖고 싶은 것이나 하고 싶은 것이 있을 때 이를 솔직하게 말하지 못했다. 성인이 되어서도 연인이나 직장동료에게 대해서도 자기주장을 잘하지 못했다.

앞에서 소개한 그녀의 연상을 통해서 표현한 말을 분석한다면 '쇼핑 의존증'은 그녀에게 '좀더 자기를 주장하라'고 하는 메시지를 보내고 있는 것으로 볼 수 있다. 그러나 이와 같은 통찰을 이룬 후에도 그녀의 쇼핑 의존증은 별로 달라지지 않았다고 한다.

상담을 시작한 지 1년쯤 된 어느날 그 여성이 예약한 시간이 잘못되어 딴 사람이 면접실에 들어오는 사건이 생겼다. 이때 상담자가 면접시간을 잘못 알고 있다고 생각한 그녀는 화를 내면서 "이 시간은 내 시간입니다. 나와 상담해주십시오."라고 말하였다. 그리고 나서 다음 상담에서 자신의 쇼핑충동을 중심으로 이야기를 나누는 동안에 쇼핑 의존증이 진정되었다고 한다. 이 경우는 우연히 발생한 사건이 의미있는 치유로 연결된 사례로서 매우 흥미있는 상담의 효과라고 볼 수 있다.

Exercise
'그만두고 싶어도 그만둘 수가 없는 상태'가 된다

① 먼저 '그만두고 싶어도 그만두지 못해서 고민하고 있는 것'을 하나 선택하라. 알코올·담배·커피·연애·쇼핑·도박·자녀에 대한 지나친 간섭 등 무엇이든 상관없다. 만약에 이런 점이 없는 사람은 과거에 집착했던 것을 하나 선택해 주기를 바란다.

② 중독되어 있고 의존하고 있는 것 가운데서 마시거나 입에다 대며 또는 행동할 때의 자신의 감각을 상기하기 바란다. 그리고 그것을 진지하게 음미해보고 몇 번이고 느껴주기 바란다. 이때 여기서 어떤 이미지가 떠올라왔을 때, 그것을 동작으로 또는 소리로 표현하기 바란다.

③ 다음에는 자기가 '그만두고 싶어도 그렇게 되지 않는 것' 그
자체가 '되어' 본다. 예컨대 그것이 담배라면 담배, 슬롯 머신
이라면 코인과 코인이 떨어지는 짤랑짤랑하는 소리 그 자체,
술이면 술 그 자체가 되어본다. 그리고 거기에 따른 기분, 묘
미 등을 다시 한번 가상체험해 보자. 담배나 술의 세계, 도박
의 세계가 어떤 세계인지, 그 분위기를 미세한 감각을 사용
하여 진지하게 체험을 음미해 주기 바란다. 그래서 그 세계의
진수를 붙잡아 주기 바란다.
④ 그만둘 수가 없는 그 세계로부터 평소의 자기를 볼 때 어떻게
보이는지 생각해 보아라. 이때 평소의 자기에게 무언가 말을
하기 바란다. 다시 말해서 메시지를 보내기 바란다.
⑤ 평소의 자기로 돌아가서, 자기가 집착하고 있는 그 세계는 평
소의 자기 생활에 어떻게 모습을 나타내고 있는지 또는 모습
을 나타내고 있지 않은지 그리고 평소의 자기는 그 세계를 어
떻게 배제해 왔는지를 생각하기 바란다.
그리고 ④에서 받은 메시지를 이제부터의 자기 생활에서 어
떻게 살려갈 수가 있는가를 자신에게 물어보기를 바란다.

독자 여러분 가운데 만약에 커피 중독자가 있다면 앞에서 든 실
습을 적용시켜보기 바란다. 예컨대 커피의 독특한 향을 상상하면서
추운 겨울에 따뜻한 커피잔의 감촉과 커피빛깔 그리고 마실 때의 입
안에 감도는 미각과 인후를 통과할 때의 묘한 감각 등, 커피의 세계
에 들어가 커피 그 자체가 되어서, 그 세계에서 지금의 자기를 보게
되면, 무언가 평소의 자기에게 말할 수 있는 메시지가 떠오르게 될
것이며, 그리고 이 메시지를 앞으로의 자기생활에 어떻게 살려갈 수
있는가를 자신에게 물어봐 주기를 바란다.

제 5 장

죽음을 직시한다

아놀드 민델에게 배우다

코마 워크 coma work

코마 워크란 무엇인가?
그것은 혼수昏睡/식물상태에 있는 사람과 실시하는
심리요법적인 '대화'이다.
'죽음의 과정'을 완수하고,
인생을 완성시키기 위한 심리학적 원조이다.
죽음으로 향할 것인가, 이 세상으로 되돌아 올 것인가,
그 결정을 하는 것은 혼수상태에 있는 본인이다.

혼수상태는 인생을 완수하는 최후의 기회

혼수/식물상태에 있는 사람에 대한 심리치료적인 원조(코마 워크)

여기서 말하려는 것은 앞에서 소개한 과정지향 심리학의 창시자 아놀드 민델Arnold Mindell이 말하는 '코마 워크coma work'1)에 대해서이다.

코마coma란, 생명의 위기상태를 나타내는 말이며 의식혼탁이 가장 심한 상태인 혼수/식물상태를 지칭한 말이다. 따라서 코마 워크란 혼수/식물상태에 있는 사람에 대한 심리치료적인 도움을 말한다.

민델은 혼수/식물상태에 있는 사람의 심적인 작용도 우리들의 일상생활과는 다른 '별개의 의식상태'하에서 생각과 감정이 일어나게 된다고 보고 있다. 때문에 혼수/식물상태에 있는 사람의 페이스에 맞추어서, 그 사람의 마음의 과정흐름에서부터 나오는 반응을 진지하게 받아들여 이에 응답해간다면 혼수/식물상태에 있는 사람과도 상당히 '대화'를 할 수가 있다는 것이다.

---

1) A. Mindell, *Coma : The Dreambody Neat Death*, New York : Penguin, 1995.

또한 끈기있게 '대화'를 나누어 가다보면 두 번 다시 의식을 되돌릴 수 없을 것이라고 생각했던 사람도 상당히 높은 수준까지 다시 깨어나 이 세상에서 '다하지 못한 것', '말하지 못한 것'을 말하고 나서 저 세상으로 떠날 수가 있다. 혹은 '자기가 이대로 죽어갈 것인가, 아니면 잠시라도 이 세상으로 되돌아 올 것인가'를 자기가 결정할 수도 있다는 것이다.

코마 워크란 그렇게 널리 알려져 있지 않으며, 혹자는 '그런 일이 가능할 수 있는가?'라고 회의적인 생각을 하는 사람도 있을 것이다. 그러나 민델을 중심으로 연구한 사람들은 이미 상당히 많은 이 분야에 대한 연구업적을 남기고 있으며, 미국에서는 훈련을 통해서 혼수상태에 있는 사람에 대한 심리적 원조를 전문으로 하는 사람도 많이 배출되고 있다.

코마 워크는 다음에 소개할 사례를 읽어보면 이해하겠지만, 어디까지나 심리요법적인 원조이며, 어떤 종교적인 배경도 가지고 있지 않다. 그리고 혼수상태에 있지만 '그래도 역시 살 것인가/죽을 것인가'를 선택하는 것도 어디까지나 본인의 자기결정과 자기선택에 맡겨지고 있다.

혼수상태에 있는 사람의 의식은 물론 일상적인 현실수준의 '자기의식'의 상태는 아니며, 그런 상태에서는 자기가 어떻게 할 것인가의 선택을 혼자서 할 수는 없는 상태이다. 그 결과 죽음이라고 하는 인생의 마지막 문제의 결정을 거의 대부분 본인이 아니라 주위 사람들의 판단에 의해서 내려버리게 된다.

그러나 평소에 건강했을 때, "나는 식물상태가 되어서까지 살고 싶은 생각은 없다. 깨끗이 죽고 싶다." - 이렇게 말했다 할지라도 실제로 식물상태가 되어보지 않는 상태에서 한 말이기 때문에 그 말에는 신빙성이 없는 것이다.

때문에 '코마 워크'에서는 혼수/식물상태에 있는 사람에게 '바로 지금, 여기서' 자기가 살 것인가 죽을 것인가를 선택하는 것을 소중하게 생각한다. 그럼으로써 자기의 생사에 관한 인생 최후의 중대사의 선택을 다른 사람에게 맡기지 않고 자기 자신이 하도록 하며, '죽음을 완수하는=생을 완수하는' 도움을 주고자 하는 것이다.

고령화가 점점 진전되어가는 오늘의 우리 사회에서는 누구나 인생의 마지막 문제로서 앞으로 '어떻게 죽을 것인가'의 문제는 노인들의 중요한 과제로 되어 있다.

흔히 '죽는 모습도 삶의 모습처럼 가지가지이다'라고 전해지고 있지만, 이런 의미에서 본다면, 혼수/식물상태가 된 후에도 '미련없이 죽고=생을 마감하는' 과정을 완수할 수 있도록 원조해가는 코마 워크는 사람의 '죽는 모습'을 도와주는 활동의 결정적인 봉사라고도 볼 수 있다.

이런 문제는 호스피스hospice[2] 같은 영역에서도 관심을 갖는 매우 중요한 분야라고 보며, 말기환자의 고통을 덜어주는 말기의료terminal care를 위해서도 보다 효과적인 코마 워크의 기법이 연구·개발되어야 할 것은 매우 의미있는 일이라고 본다.

다음은 아놀드 민델의 『혼수죽음에 임한 드림 보디Coma : The Dreambody Near Death』(1995)에 있는 코마 워크의 실제사례를 소개한 내

---

2) 라틴어 호스피티움hospitium(숙박소·피난처)에서 유래하였으며 숙박소가 여행자의 여독을 풀어주듯이 인생여정의 말기환자에게 고통을 덜어주기 위한 시설, 지원활동이다. 영어에서 여행자를 친절하게 모시는 환대 hospitality도 여기서부터 나왔다.

용이다.

바하마Bahama3)로 여행을 떠난 남자

민델이 어느 병원에서 상담을 하고 있을 때의 일이었다. 한 간호사가 성급히 달려와 근심어린 표정으로 말하는 것이었다. "한가지 부탁이 있습니다. 어느 고령의 환자입니다만 너무도 귀찮게 하기 때문에 다른 환자에게도 방해가 되고 있습니다. 조용해질 수 있도록 좀 도와주실 수 있겠습니까?"라고.

간호사가 말하는 귀찮게 구는 환자의 이름은 존John이고 80대의 흑인 남성으로 생의 깊은 늪에 빠져 죽지 못해서 살고 있는 것처럼 보이는 노인이었다. 그러나 간호사의 설명에 의하면 존은 벌써 반년 이상이나 반혼수상태에 있으며, 때때로 아무런 의미도 없는 말을 중얼대거나 소리내어 신음하는 등 이런 상태가 오늘에 이르고 있다는 것이었다.

이쪽에서 말을 걸어도 전혀 알아들을 수 없는 말을 하거나 소리내어 신음하는 상태일 뿐이라는 것이다. 민델이 처음으로 존을 만났을 때도 침대에 누운 채, 뭐라고 외치거나 신음하고 있었다. 이때 민델은 일부러 농으로 이렇게 소리 질러 보았다. "이게 무슨 소리입니까? 이래가지고서는 누구라서 잠잘 수 있겠는가!" 존은 아무 소리도 못들은 듯 변함없이 소리내어 신음하는 것이었다. 여기서 민델은

---

3) 미국 플로리다 반도 동남쪽에 있는 바하마 군도(Bahama Islands)로 이루어진 공화국이며, 1973년 약 250년간의 영국 지배를 벗어나 독립하였다. 수도는 내소(Nassau)이며, 아열대성기후로 피한지 관광지로 유명하다. 바나나, 파인애플들을 수출하며 관광수입에 의존하고 있는 나라.

존의 소리와 똑같은 소리를 내기로 마음먹었다.

"오, 우, 와 오우, 이엣"

민델은 또 존의 한쪽 손을 다정하게 잡으면서 심장과 맥박의 박동을 살폈다. 그리하여 존의 호흡에 맞추어서 신음소리를 내주었다. 그 후 약 20분간, 민델은 존과 더불어 의미도 분명치 않는 신음소리를 내는 것이었다. 이때 돌연 신음소리가 알아들을 수 있는 말로 바뀐 것이다.

"와오, 이엣, 노……오……"

다음 대화는 그 후에 있었던 것이다. 다소 길어지지만 가급적 사실감있게 전하고자 하는 뜻에서 민델에 의한 축어기록^{逐語記錄}을 가능한 한 그대로 소개하고자 한다.

민델(존의 말에 첨가하는 것처럼) : "와오, 이엣, 믿어 지지가 않는다."

존(천천히, 처음에는 모호하게) : "아 아…… 너……너……아는가?"

민델 : "나 말인가?……아아"

존 : "배~"

민델 : "배~"

존 : "아아……크, 크, 큰~배, 큰 배~"

민델 : "크, 크, 큰~배, 큰 배……생각보다 아주 큰 배~"

존 : "아아……큰 배가 오고 있다……나를 위해서~"

민델 : "존 그 배에 탈 것인가?"

민델이 이렇게 물을 때 존은 별안간 있는 힘을 다해 큰소리로 이렇게 말하였다.

존 : "싫다. 타지 않겠다! 내가 아니다. 나는 타지 않겠다."

민델 : "왜 그런가."

존(잠시 있다가 기침을 하거나 목청을 돋구면서) : "그 배는 ……간다……휴

가를 위해. 그렇지만 나는 가지 않는다. 나는 아침 8시에 일
어나서 일하러 가지 않으면 안 된다."

민델 : "나도 그렇다……그렇지만 한 가지 부탁이 있다. 무슨 일
이 있어도 꼭 부탁할 것이 있다."

이때 존의 안구가 위로 움직였다. 정보이론情報理論에서는 사람의
안구가 위로 움직일 때는 무언가 상상하고 있을 때가 많다고 말한
다. 이런 점을 감안하여 민델은 지금, 존이 배를 상상하고 있음에 틀
림없다고 생각하여 존의 안구운동을 보면서 이렇게 말하였다.

민델 : "안구를 정확히 위를 향하시오. 그렇게, 거기에 있는 배
를 잘보기 바라오."

그러자 존은 흠칫흠칫 위쪽을 보기 시작했다.

민델 : "그래 그래요. 배 안을 차분히 봐주기 바라오. 그 배를 조
종하고 있는 사람이 누구인지 가르쳐주지 않겠습니까?"

존 : "응~ 이건 누구야……응~……놀란 표정을 지으면서 와!
아니!…… 천사가 있다. 천사들이 이 배를 조종하고 있다."

민델 : "천사라고!?"

천사가 배를 조종하고 있다는 말을 들은 민델은 흥분했다. 이때
민델은 존의 이와 같은 내적인 흐름=과정을 실수 없이 완성할 수
있도록 도와주지 않으면 안 된다고 생각하였다. 그러기 위해서는 존
이 좀더 깊은 코마 워크의 과정=흐름에 관여할 필요가 있으며, 그
렇게만 되면 그의 내적인 과정을 완성시키는 데 도움이 될 것이라
고 생각하였다.

민델 : "기관실을 보시오. 거기에는 누가 있는지?"

존(머리를 밑으로 돌려, 아래쪽을 보면서) : "응~, 와~, 응~, 아래쪽은……
　　　역시 천사가 있다(신체의 장애 때문에 소리가 나오지는 않지만, 그래도 흥
　　　분하여 큰소리로). 아……아…… 아아…천사들이 이 배를 움직
　　　이고 있구나."

민델 : "천사라구요!? 와! 부탁이 있는데 … 좀더 가까이 가서
　　　그 배를 타는데 얼마나 드는지 알아봐 주지 않겠소."

존 : "응~……아……응~…… 전연 들지 않는다… 거저다."

　이때 존은 안구를 좌우로 움직였다. 정보이론에서는 안구가 좌우
로 움직일 때 사람은 무언가 듣고 있는 것이 많다는 것을 의미한다
고 한다.

민델 : "아니!? 무엇 때문에! 거저란 말인가!"

존 : "싫습니다. 나는 가지 않습니다"

민델 : "잠깐 내 말을 들어주시오. 할아버지는 지금까지 한번도
　　　편한하게 쉬어본 일이 없었어요. 오직 오늘날까지 일만 해왔
　　　지요? 이제는 잠시 여행을 해보는 것이 어떻습니까? 한번 가
　　　봐서 만약에 싫으면 다시 돌아와도 좋고요. 여행이 즐거우
　　　면 그대로 가도 좋습니다. 모두 할아버지가 마음대로 정해
　　　도 좋습니다. 여행이 즐거워서 그대로 쭉 여행해도 상관없습
　　　니다. 반대로 만약에 여기 그대로 있고 싶으면 여행에 떠나
　　　지 않고 그대로 있어도 상관없습니다. 만약에 여행하게 된다
　　　면 거기서 언젠가 만납시다."

존 : "그렇습니까, 그렇습니까. 바하마Bahama. 바……하……마.
　　　아아…… 응~…… 일하지 않아도 된다."

이렇게 말한 존은 조용히 눈을 감았다. 떠들고 소리내어 신음하지도 않았다. 한숨 돌리고 난 민델은 자기 환자 쪽으로 돌아가 상담을 계속하였다. 그리고 나서 30분 후 존의 상태를 보기 위해서 다시 와보았다. 그랬더니 간호사는 이렇게 말하였다.

"조금 전에 존은 운명하였습니다."

존은 바하마로 여행을 떠난 것이다. 민델은 인생의 과정을 나그네 길로 본 것이다

혼수상태에 있어도 생사의 선택은 본인에게 맡긴다

앞에서도 말하였지만, 코마 워크에 있어서는 '이 세상으로 돌아올 것인가, 그대로 죽을 것인가'의 선택은 어디까지나 혼수상태에 있는 본인에게 맡겨져 있다.

코마 상태에 있는 존 할아버지는 몇 개월 동안이었지만 '열심히 일하는 것'(=이 세상에 머물다)과 '바하마로 여행을 떠나는 것'(=죽음)과의 갈등상태에 있었다. 어느 쪽으로도 결정하지 못한 채, 생각의 흐름이 '막혀서' 그것이 답답하고 고통스러워서 '신음소리'로 표현되고 있었던 것이다.

그러나 민델의 도움으로 그의 마음의 과정=흐름은 다시 작동하기 시작했다는 것이다. 그 결과 자기 선택에 의해서 '바하마로 여행을 떠나는 것'(=죽음)을 선택한 것이다.

물론 자기 인생에서 아직 다하지 못한 것이 있다는 것을 깨닫고 '되돌아오는 것'을 선택하는 사람도 있다. 어느 쪽이든 코마 워크에서는 생사의 결단을 환자 본인이 내리는 것이 마음의 과정을 '완수' 함에 있어서 매우 중요하다고 생각하며 이를 적극 지지하고 있는 것

이다.

예를 들어 언어를 상실한 경우에는 어떤 코마 워크의 방법이 있는지 생각해보자.

민델에 의하면, 눈꺼풀을 조금 움직인다든가, 새끼손가락을 1밀리미터씩 움직인다고 하는 방법을 써서 '예', '아니오'를 확인하는 방법을 사용하면 상당히 많은 것을 혼수상태에 있는 환자와 의사소통을 할 수 있다고 말하고 있다. 다음은 샘Sam의 경우에 이 방법을 사용한 사례이다.

살기를 바라는 샘의 경우

샘은 뇌간腦幹이 손상되어 몇 주 동안 혼수상태로 침대에 누워있었다. 심한 발작 때문에 무감각상태로 있으며, 그 어떤 자극에 대해서도 일체 반응이 없다. 소위 '식물상태'인 것이다.

이런 샘의 모습을 본 가족은 '본인의 의사와는 달리 억지로 생을 연장시키고 있는 것은 아닐까'하는 죄책감에 괴로워하고 있었다. 이렇게 생각하는 것은 예전에 샘이 자식들에게 이런 말을 한 사실이 있었기 때문이다.

> 만약에 내가 장기간 식물상태에 있을 때는 생명을 쓸데없이 연장하는 일은 하지 말아 달라.

그러나 '코마 워크'에서는 생사의 결정은 어디까지나 '지금 이 시각, 여기에서' 본인의 선택에 의해서 할 일이라고 생각한다.

사람의 마음은 건강할 때도 상황에 따라서 변하는 것이 일반적인 경향이다. 하물며 혼수상태에 있는 사람의 경우, 그런 상태에 처하게 되는 것은 처음으로 당하는 일이기 때문에, 실제로 혼수상태가 되어보지 않고서 건강했을 때 '살 것인가, 죽을 것인가'를 미리 선택하는 것은 의미없는 일이라고 본다.

민델 부부는 샘에 대해서 보통 때 같으면 무의미한 일로 생각하여 그냥 지나쳐버릴 수 있는 아주 미미한 안구의 움직임을 통해서 의사소통을 해보려고 마음먹었다.

그리하여 샘의 얼굴근육에 손을 가볍게 대어 근육의 반응을 통해서 '예', '아니오'의 의사를 확인하고자 하였다. '예'이면 '입가를 조금 움직인다', '아니오'일 때는 '아무런 움직임도 보이지 않는다'고 하는 신호를 해주기로 정하였다. 이 신호에 대한 양해를 얻어내는 데도 4시간이 소요되었다고 한다. 그만큼 조심해서 천천히 했다는 것을 알 수가 있으며, 이 방법으로 민델 부부와 샘 사이에는 각종 '대화'가 가능했다.

마침내 민델은 샘의 가족을 고민하게 만들었던 다음과 같은 질문을 샘에게 던졌다.

"당신은 살고 싶습니까? 아니면 이대로 죽고 싶습니까?"

말이 떨어지자마자 샘은 지금까지는 미미한 움직임밖에 보이지 않았던 입을 크게 벌려 '살고 싶다!'고 의사를 표시했다.

그 후에도 민델 부부의 여러 가지 물음에 대해서 샘은 '살고 싶다'고 하는 심정을 나타내었다. 그리고 민델 부부로부터 '마음의 워크 inner work'를 배운 샘은 "나는 지금 내적인 마음의 여행을 하는 중이며, 아름다운 산에 올라가기도 하고, 새로운 여성을 만나고도 있다."는 것을 표현했다고 한다. 그리고서 수개월 후 샘은 숨을 거두었다.

식물상태로 있던 수개월간, 샘은 이 세상에서 거칠 필요가 있는 마음의 과정을 분명하게 마친 후 저 세상의 여행으로 떠난 것으로 생각된다.

만약 코마 워크를 받지 않고 샘이 건강했을 때의 의사에 따라서 식물상태에 있었던 그를 그대로 죽게 했다고 한다면 아마도 그는 이 세상에서 다하지 못한 것을 그대로 끌고 가다 저 세상으로 갔을 것이다.

혼수/식물상태의 사소한 움직임에도 의미가 있다[4]

이렇듯 코마 워크에서는 설혹 밖에서 본다면 식물상태에 있고 아무런 반응도 나타내지 못한 사람이라 하여도, 나름대로는 풍부한 마음의 체험을 하고 있을 때가 있으며, 이때 주위 사람의 방법만 적절할 때는 예, 아니오의 의사를 전달할 수도 있다.

따라서 민델에 의하면 소위 '뇌사'로 판정된 사람과도 사용하는 방법 여하에 따라서는 의사소통도 가능하며 본인의 의사를 확인할 수도 있다는 것이다. 때문에 본인이 평소에 건강했을 때, 말한 의사라할지라도 가족이나 의사가 생사의 판단을 내릴 것은 아니며, 생사의 결정은 어디까지나 '지금, 여기에 있는 본인에 의해서만' 내려져야 한다는 것이다.

혼수상태에는 신진대사기능장애에 의한 혼수상태metabolic coma와 뇌의 구조기능장애에 의한 혼수상태structural coma가 있다. 민델에 의하면 전자의 경우에는 코마 워크에 의해서 거의 확실하게 '대화'할

---

4) A. Mindell, *Coma : Key to Awakening*, Boston : Shambhala, 1989.

수가 있다고 한다. 또한 교통사고 등에 의해서 뇌의 구조적인 손상을 입었을 경우에도 의사소통이 가능할 경우도 있다고 한다.

이렇게 볼 때 어느 경우에나 혼수상태에 있는 사람과 호흡을 맞추고, 어떤 신호를 보이고 있는가를 간파할 수가 있는 사람을 기르는 전문적 훈련이 필요한 것은 너무도 중요하다고 본다. 미국에서는 이와 같은 전문적 훈련을 상당히 본격적으로 받을 수 있다고 하지만 우리 나라는 아직 이와 같은 훈련을 받은 사람이 거의 없는 것으로 알고 있다.

우리나라도 하루 속히 보건·의학·사회복지 교육기관에 코마 워크의 전문적인 인력을 양성하는 과정이 생겼으면 하는 마음 간절하다.

어떻든 코마 워크에서는 사람이 혼수/식물상태에 있다할지라도 생사의 결정은 어디까지나 본인에 의해서 내려져야 한다고 생각하고 있는 것이다. 이것이 코마 워크의 첫번째 전제이다.

두번째 전제는 코마 워크에 있어서는 혼수상태에 있는 사람의 마음의 흐름을 '의미있는, 그리고 이해 가능한 대상'으로 본다는 것이다. 일반적으로, 혼수상태, 특히 식물상태에 있는 사람이 보여 주는 각종 신호, 예컨대 신음소리, 기침, 안구의 움직임, 근육의 움직임 등은 무의미한 생리적 반응으로서 무시해버리기 쉽다.

의사나 물리치료사가 직접 사용한 방법에 대해서 기대하는 반응이 일어나지 않을 때는 '무반응' 또는 '가망可望이 없다'는 식으로 처리하는 것처럼 성급하게 결론을 내리는 것은 금물이다.

그러나 실은 기침이나 신음소리 안구의 움직임은 무언가를 호소하고 표현하고 있는 것인지도 모른다. 단순한 육체적 고통의 표현이 아니라 죽어가는 사람의 마음의 세계의 표현일지도 모른다.

민델에 의하면, 혼수상태에 있는 사람은 우리의 일상의식과는 다른 별개의 의식상태 = '변성의식상태altered state of consciousness(=비일상적의식nonordinary consciousness)'에 있다는 것을 이해하지 않으면 안 된다.

우리에게 있어서 가장 가까운 변성의식상태는 '꿈을 꾸고 있는 상태'라고 볼 수 있다.

꿈 속에서 우리는 현실생활에서는 도저히 불가능한 일, 예컨대 하늘을 난다거나 별도의 생물이 되기도 하지만, 그러나 그렇다고 해서 꿈에서 있었던 일이 무의미한 것은 아니다.

꿈은 마음의 심층으로부터의 메시지이며, 상징적인 깊은 의미를 가지고 있다는 것은 이미 융 심리학자들에 의해서 밝혀진 바다.

혼수/식물상태에 있는 사람도 꿈을 꾸고 있는 사람과 똑같이 우리의 일상적인 의식상태와는 다른 상태의 의식, 변성 의식상태에 있는 것이다.

따라서 코마 워크에서 중요한 것은 혼수/식물상태에 있는 사람이 보여 주는 각종 신호 ─ 신음소리, 기침, 안구의 움직임, 근육의 움직임 등 ─ 를 일상적인 현실 척도에 비추어 무의미한 것으로 보아 이를 버릴 것이 아니라 그것을 있는 그대로(현상학적으로) 받아들여 소중하게 대하여 상대방의 호흡과 언어의 톤에 맞추어, 상대의 페이스에 따라 필요할 때는 적절한 자극을 주는 등, 혼수상태에 있는 사람의 마음의 세계가 마음껏 펼쳐가는 것을 도와가는 일이다.

죽어가는 사람은 마음의 지주를 찾고 있다

민델은 말한다. 오늘날 과거에는 볼 수 없을 정도로 '여유있는 마음으로 죽는 태도'에 대한 이해가 깊어져가고 있다. 호스피스의 보급이 그러하며, 자택에서 사랑하는 가족들이 지켜보는 가운데서 생을 마감하는 죽음에 대한 의미도 다시 생각되고 있다.

그렇지만 바로 지금 죽어가는 사람, 특히 혼수상태에 있는 사람이 별개의 의식상태하에서 느끼고 있는 본인의 미묘한 감정을 보살피는 수준까지에는 아직 이르지 못하고 있다.

대부분의 사람들은 죽어가는 사람이 천국과 극락정토로 들어갈 수 있도록 사랑과 자비로 기도하는 길밖에는 없다고 생각한다. 그러나 실제로 이런 사고방식은 그 누구에게도 도움을 주지 못한다. 왜냐하면 그런 사고방식 때문에 죽어가는 사람에 대한 심리학적 접근의 가능성을 떨어뜨려버리고 말기 때문이다.

민델의 체험에 의하면 죽어가는 사람도 마음의 깊은 곳에서는 아주 무서울 정도의 강렬한 심적이며 감정적인 흐름의 사건들이 일어나고 있다는 것을 말하고 있다. 이럴 때 인생의 최후에 이르러 일어나고 있는 심적이며 감정적인 흐름을 편안하게 마무리 짓고 마음껏 체험하면서 죽기 위해서는 누군가 죽어가는 사람의 구체적인 보살핌을 필요로 하고 있다고 말하고 있다.

죽어가는 사람은 무언가에 의해서 괴로워하는 표정을 보인다. 우리는 보통 이것을 단순히 육체적인 고통에 의해서 생긴 것이라고 착각하고 만다. 그러나 대부분의 경우 이렇게 생각하는 것은 오해이다. 죽어가는 사람의 괴로움의 표정은 그들의 '마음의 세계'에서 일어나고 있는 강렬한 체험을 혼자서 받아들이기에는 너무 힘들어서 어쩔줄 몰라 누군가의 도움을 찾고 있는 표현이라고 민델은 말한다.

반대로, 조용하게 죽어가는 사람을 볼 때는, 대부분의 사람들은 '이 사람은 편안한 마음으로 죽음을 맞이하고 있다'라고 생각하기 쉽지만, 이런 사람에게도 코마 워크를 실시해 보면, 실은 내심으로는 인생에서 해결하지 못했던 문제에 사로잡혀 괴로워하면서 죽어가는 사람이 많다고 한다.

죽어가는 사람은 누구나 자기내면에서 일어나고 있는 것들을 두려움 없이 마음껏 체험하고 나서 죽음을 맞이하기 위한 심리적 원조를 필요로 하고 있다. 그럼에도 불구하고 우리는 이 점을 빠뜨려 보지 못하고 있는 것이다. 코마 워크는 이를 위해서 구체적인 방법론을 제시해주고 있는 것이다.

다음에 어느 교수가 고백한 아버지의 죽음에 대한 후회와 불효의 변을 들어본다.

아버지의 죽음

M교수는 4년 전 암으로 투병하다가 돌아가신 아버지의 죽음에 대해서 다음과 같은 후회와 불효의 변을 고백하고 있다.

아버지는 수일간의 혼수상태가 있고나서 갑자기 용태가 급변하여 숨을 거두셨다. 의사는 아버지가 죽는 전날까지도 "걱정하지 마십시오. 회복합니다"라고 말하였기 때문에 가족들은 안심하고 있었다. 그러나 죽는 당일에서야 암의 전이로 뇌내출혈腦內出血임을 알게 되어 손 쓸 도리가 없이 그대로 운명하고 말았다는 것이다.

수일간 아버지의 혼수상태가 지속되는 동안 의식을 회복할 것이라고 말한 의사만 믿은 어머니는 설마 그대로 죽으리라고는 생각하지도 않으면서도, 혹시나 해서 "여보"하고 이따금 조심스러운 소리로 불렀을 때, 단 한 번 "예~"라고 대답하였다.

결국 이 한마디가 아버지가 이 세상에 남긴 마지막 말이 되고 말았음을 M교수는 후회하고 있으며 마지막 가시는 아버지를 도와드리지 못한 불효에 대해서 마음아파하고 있다.

M교수의 아버지가 혼수상태에 있는 동안 그가 어떤 '심적인 체험'을 하고 있었는지, 어머니의 말에 어떤 생각으로 대답했을 것인지를 생각한다면 유족들의 마음이 너무 아팠을 것은 충분히 이해하게 된다.

M교수는 내가 코마 워크의 훈련을 받았더라면 혼수상태에 있었던 아버지와의 최후의 '대화'가 가능했었음을 후회하고, 아버지가 죽은 1개월 후에 민델이 운영하는 오리건 주Oregon State의 포틀랜드Portland에 있는 민델 연구소The Process Work Center of Portend에 가서 코마 워크 훈련을 받았다.

만약 당신의 가족이 혼수상태에 있다고 한다면 당신은 그 사람과 '최후의 대화'를 하고 싶다는 생각은 하지 않겠습니까?

엘리사베스 퀴블러 로스에게 배우다

죽음의 태도 4단계

지구에 태어나서, 주어진 과제를 다 끝냈으면,
이젠 몸을 벗어 던져도 좋단다.
몸은 번데기가 고치 속에 있다가 날아가는 나비처럼,
우리의 영혼을 싸고 있는 껍질인 것이다.
때가 되면 우리는 몸을 내놓아도 좋은 것이란다.
그렇게 생각하면 아픔과 공포로부터,
근심 걱정으로부터도, 자유로울 수가 있단다.
신이 있는 집으로 돌아가게 되며,
매우 아름다운 나비처럼 자유롭게……

암에 걸린 어린이에게 보내는 편지에서*

* E. Kübler-Ross, *The Wheel of Life : A Memoir of Living and Dying*, New York : Touchstone, 1998, p.7.

이 세상에서 과업을 끝냈으면
우리는 몸을 벗어 던진다

죽음의 공포에 대하여

퀴블러 로스Elisabeth Kübler-Ross(1926-2004)는 『죽음과 그 과정에 관하여On Death and Dying』의 제1장 「죽음의 공포에 대하여On the Fear of Death」에서 인도의 사상가이자 시인이었던 라빈드라나트 타고르Rabindranath Tagore(1861~1941)의 다음과 같은 서정시로 '죽음의 공포'에 대한 서술을 시작하고 있다. 독자 여러분은 여기서 그녀의 죽음에 대한 초연한 사상의 일면을 엿볼 수 있을 것이라고 생각한다.

위험으로부터 지켜주기를 기도하는 것이 아니라,
두려워하지 않고 위험에 맞설 수 있는 인간이
될 수 있도록 해 주십시오.
아픔이 진정될 것을 기도하는 것이 아니라,
아픔을 이겨내는 마음을 구하는 인간이 될 수 있도록 해 주십시오.
인생의 싸움터에서 동지를 찾는 것이 아니라,
오직 자신의 힘을 찾는 사람이 될 수 있도록 해 주십시오.
공포에 떨면서 도와주기만을 갈망하지 않고,
오직 자유를 쟁취하기 위한 인내를 소망하는 인간이

될 수 있도록 해 주십시오.

나의 성공 안에서만 그대의 자비를 느끼는 비겁자가 아니라,

내가 실패했을 때, 그대의 손에 붙잡혀 있음을 발견할 수 있는

그런 인간이 되도록 허락하여 주십시옵소서.

> *Let me not pray to sheltered from*
> *dangers but to be fearless in facing*
> *them.*
> *Let me not beg for the stilling of*
> *my pain but for the heart to conquer it.*
> *Let me not look for allies in life's*
> *battlefield but to my own strength.*
> *Let me not crave in anxious fear to*
> *be saved but hope for the patience to*
> *win my freedom.*
> *Grant me that I may not be a*
> *coward, feeling your mercy in my*
> *success alone; but let me find the grasp*
> *of your hand in my failure*

– 라빈드라나트 타고르Rabindranath Tagore의
『결실*Fruit-Gathering*』(1916)[5]에서

나비가 된 어린이들

앞으로 수일 후면 죽음이 다가온다. 당신이 만약 이런 어린이들로 부터 "죽으면 어떻게 되는 거지?"라고 물음을 받았다고 한다면 어떻게 대답할 것인가.

암으로 고통받고 있는 어린이들을 매일 보살펴 온 퀴블러 로스

---

5) E. Kübler-Ross, *On Death and Dying*, New York : Touchstone, 1969, p.15.

Kübler-Ross(1926~2004)는 세계적 명성을 얻고 있는 의학박사, 정신과의 사이기도 하지만, 『죽음과 그 과정에 관하여*On Death and Dying*』(1969)[6]와 『죽는 순간의 어린이들*Living with Death and Dying*』(1981)[7]의 저자이며 '죽음의 과학thanatology'의 선구적 존재인 그녀는 이런 어린이들에게 어떻게 말했을까?

말기 의료terminal care에 관심을 갖고 있는 사람들의 '성서'로 불리어지고 있는 『죽음과 그 과정에 관하여』의 저자인 그녀는 어린이들에게 천국에 간다고는 말하지 않았다. 잠드는 것이라고 속이지도 않았다.

'나비'에 관한 상징을 사용하여 "몸은 누에고치와 같은 것이다. 누에고치 속에 있는 번데기가 더 머무를 필요가 없게 될 때면 나비가 되도록 풀어 놓는다. 그것은 누에고치 속에 있는 것보다도 훨씬 좋기 때문이다."라고 말하는 것이었다.

퀴블러 로스는 누에고치＝현실적인 몸, 영혼＝나비와 같은 이미지를 어디서부터 얻었을까? 그것은 아직 퀴블러 로스가 젊었던 시절 폴란드 여행 중 방문했던 2차대전 당시에 있었던 나치스 비극의 '마이다네크 수용소Maidanek concentration camp'로부터였다.

이 수용소는 목조 가건물로 지어졌으며 96만 명의 죄없는 어린이들이 가스실에서 최후의 밤을 보낸 곳이다.

이 건물의 벽 곳곳에는 무엇에 걸려 찢기어 상처난 것과 같은 필적으로 엄마나 아빠에게 보내는 메시지가 적혀 있었다. 그리고 거기

6) E. Kübler-Ross, *On Death and Dying : What the dying have to teach doctors, nurses, clergy, and their own families*, New Yorks : Touchstone, 1969.

7) ＿＿＿＿＿, *Living with Death and Dying*, New York : Scribner, 1981.

에는 무슨 의미인지는 몰라도 작은 나비의 상징이 새겨져 있는 것이었다.

"왜 나비일까……?"

이때 젊은 퀴블러 로스는 나비가 상징하는 의미를 이해하지 못한 채 그 자리에서 잠시 사색에 잠긴 채 서 있었다.

그러나 그녀는 그 후 많은 사람의 죽음을 보고 느낀 것 가운데 '생명은 어떤 방법으로 사라지는 것일까?', '그리고 만약 생명이 가는 곳이 있다고 한다면 어디로 가는 것일까?', '사람은 죽는 순간 어떤 경험을 하는 것일까?'라고 하는 문제를 자신에게 물었다.

그녀는 이 물음에 답하기 위해 궁리한 끝에 문득 떠올렸던 것이 바로 젊은 시절 여행 중에 폴란드에서 보았던 수용소 벽에 새겨진 나비의 이미지였다.

퀴블러 로스는 말하고 있다.

"이제 겨우 알았다. 죄 없는 어린이들은 빈사상태의 환자와도 같이, 그러면서도 앞으로 자신의 운명이 어떻게 될 것인지에 대해서도 알고 있었던 것이다. 자기가 얼마 후 나비가 될 것을 알고 있었던 것이다. 죽으면 이와 같은 지옥 같은 장소로부터 벗어날 수가 있다. 더 이상 고문도 없다. 가족과 헤어지는 일도 없다. 가스실로 보내지는 일도 없다. 이런 소름끼치는 생활과도 인연을 끊을 수가 있다. 나비가 번데기로부터 하늘로 날아가는 것처럼 이제 곧 이 몸으로부터 벗어날 수가 있다. 저 나비 그림은 소위 나치들이 말한 죄수들이 후세에 남기고 싶었던 사후의 메시지였던 것이다."

퀴블러 로스는 이 나비의 상징성에 눈을 뜬 후부터 죽음과 그 과정에 대해서 설명할 때는 나비의 이미지를 사용하게 되었다.

죽음이 선고된 후의 4단계

퀴블러 로스는 200명 이상의 말기 환자의 임상을 통해 '죽어가는 사람들의 반응'을 듣고 나서 내놓은 그의 명저 『죽음과 그 과정에 관하여*On Death and Dying*』(1969) 가운데서 말기 환자가 종말에 체험하는 마음의 변화 과정을 그림 5-1과 같이 ① 부인denial, ② 분노anger, ③ 거래bargaining(생명연장을 위한 신과의 암묵적인 약속implicit promise), ④ 억울depression, ⑤ 수용acceptance의 5단계로 요약하였다.[8]

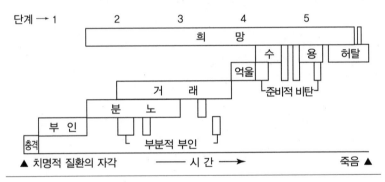

그림 5-1 죽음의 과정의 제단계

그녀는 환자가 직면하는 고통스러운 위기의 비극적인 상황에서 어떤 방어기제defense mechanism를 사용하여 대처하는가에 관심을 두고 보았다. 퀴블러 로스에 의하면 각 단계는 지속하는 시간도 다양하며 순서를 바꿔 나타나기도 하며 또는 동시에 나타나는 경우도 있었다. 그렇지만 대부분의 경우 환자가 어느 단계에 처해 있느냐와 어떤 대처에 어떤 메커니즘을 사용하고 있느냐와는 상관없이 각 단계

---

8) *ibid.*, pp.51~146; p.265.

316   제5장 죽음을 직시한다

를 통해서 지속적으로 나타나는 것은 '희망hope'이라는 심리기제가 있다는 것을 보았다고 한다.[9]

여기서 그녀가 내린 결론은 "죽음은 무섭지 않다. 죽음은 인생에서 가장 훌륭한 경험이 될 수도 있다. 훌륭한 경험이 될 수 있느냐, 없느냐는 그 사람이 어떻게 살아 왔느냐에 달려 있다"는 것이었다.

그러나 그녀의 관심은 점차 '죽음의 과정'에서부터 '사후의 생'과 그 곳으로의 '이행移行'으로 발전하였다. 즉, '어떤 존재상태로부터 다른 존재상태로 이행'하는 관점에서 죽음의 문제를 생각해보게 되었다.

본래 사후의 세계에 대해서는 전혀 믿고 있지 않았던 퀴블러 로스였지만, 그녀가 이와 같은 문제에 관심을 갖게 된 데에는 그동안 임사체험臨死體驗near-death experience의 공통점에 관해서 알고 있었던 것이 큰 힘이 되었던 것 같다.

교통사고를 당하여 의사로부터 사망선고를 받은 어느 한 여성은 저 세상에서 남편을 만났으며, 그리고 이 세상으로 돌아왔다고 말하였다. 또한 처자식을 교통사고로 잃은 충격 때문에 자살한 남성도 의사로부터 사망선고를 받았음에도 저 세상에서 가족을 만나고 다시 이 세상에 돌아왔노라고 말한 바 있다.

이밖에도 '죽음에는 전혀 고통이 따르지 않는다는 것', '두 번 다시 이 세상으로 돌아오고 싶지 않았다는 것', '과거에 사랑했던 사람들과 재회하여, 정말로 아름다운 곳에 닿은 후, "아직 때가 아니

---

9) *ibid.*, pp.147~148.

다."라고 하는 소리를 듣고서 이 세상에 돌아왔다는 것' 등 이와 같은 체험이 많은 사람의 임사체험에 공통되고 있다는 것을 알게 된 퀴블러 로스는 이들 체험이 그들이 처해 있는 의식수준에서의 진실임을 믿게 되었던 것이다.

그 결과 처음에는 사후의 세계에 대해서는 믿지 않았던 퀴블러 로스는 이렇게 생각하게 되었다.

"(종래의 의미에서의)죽음은 존재하지 않는다"

"죽음은 형상의 생명으로부터 아픔도 번뇌도 없는 다른 형상의 생명으로의 이행에 지나지 않다"

퀴블러 로스는 또 많은 임사체험으로부터 생환한 사람들과의 면접을 통해서, 사망을 선고받은 후에도 사람이 체험하는 특징적인 단계를 『인생은 돌아가는 수레바퀴처럼*The Wheel of Life*』1998에서 다음 네 가지로 설명하고 있다.[10]

제1기 : 육체로부터 벗어나서 공중으로 떠오르는, '체외이탈체험 out-of-body experience'의 단계.

번데기로부터 하늘로 훨훨 날아오르는 나비와 같이 육체로부터 너무도 허망하게 빠져나간다. 자기에게 무엇이 일어나고 있는가를 확실하게 이해하며, 옆에 있는 사람들의 말소리도 들을 수가 있으며, 찌그러진 차체(교통사고자)로부터 자기를 구출하기 위해서 모여든 사람들의 모습도 보게 된다. 죽는 순간에 가족들이 침대 옆에서 한 말을 임사체험으로부터 '돌아온' 많은 사람들은 이를 기억하고 있

---

10) E. Kübler-Ross, *The Wheel of Life*, pp.190~192.

다는 것이다.

캘리포니아 대학 데이비스 캠퍼스의 심리학 교수인 찰스 타트 Charles Tart는 체외이탈현상을 정신생리학적인 관점에서 연구하여 체외이탈현상의 주요 특징 다섯 가지를 들고 있다.[11]

① 공중으로 떠오른 것 같은 체험
② 바깥에서 자기 육체를 바라보는 것 같은 체험
③ 밖에 있으면서 멀리 떨어진 장소를 떠올리면 바로 그곳으로 이동하는 체험
④ 비물리적인 몸을 수반하는 체험
⑤ 그 체험이 꿈이 아니라는 것을 확신하고 있는 체험

제2기 : 육체를 버리고, 영적이며 에너지로밖에는 말할 수밖에 없는 세계, 존재의 다른 차원(사후의 세계)으로 들어가는 단계. 혼자서 고독하게 죽는 일은 없다는 것을 알고 안심하는 단계이다. 어떤 장소에서, 어떤 상태로 죽든 '사고의 속도speed of thought'로 어디로든지 이동할 수가 있다. 자기가 죽어서 가족이 얼마나 슬퍼할 것인가를 생각하는 순간 가족과 만날 수가 있었다고 보고하는 사람도 많이 있다. 설혹 지구의 반대쪽에서 죽어도 그 사정은 똑같다. 구급차 안에서 죽은 어떤 사람은 친구를 생각하는 순간 직장에 있는 친구 옆에 가 있었다고 보고한 사람도 있다.

퀴블러 로스는 임사체험으로부터 생환한 전원으로부터 이 단계

---

11) C. Tart, "A psychophysiological study of Out-of-the-Body Experience in a selected Subject", *Journal of the American Society for Physical Research 62*, 1968.

에서 수호천사, 안내자와 만나서, 사랑으로 위로받고, 앞서 간 부모, 조부모, 친척, 친구들의 모습도 보여 주었다고 말한 것을 들었다고 한다.

　　제3기 : 수호천사guardian angel의 안내를 받아 터널과 문·다리·산길·아름다운 강 등을 지나서 마지막으로 현란한 빛을 목격하는 단계.
　　강렬한 빛은 에너지이며 무조건적인 사랑임을 체험하게 한다. 그리고 흥분이 가라앉고 평온함과 고요함이 찾아오게 된다. 마침내 고향으로 돌아가게 될 기대가 높아진다.
　　생환자들의 보고에 의하면 그 빛이야말로 '우주 에너지의 궁극적 근원the ultimate source of the universe s energy'으로서 이를 신God으로 말하는 사람도 있고 그리스도Christ 및 불타Buddha로 말하는 사람도 있었다.
　　그러나 생환자 전원의 일치한 점은 그 빛이 '압도적인 사랑overwhelming love'에 에워싸여 있었다는 말이었다. 이 사랑이란 모든 사랑 가운데서 가장 순수한 사랑, 무조건의 사랑으로 보아, 누구 한 사람도 육체로 돌아가고 싶다는 말을 하는 사람이 없는 이유를 이해한다고 퀴블러로스는 말하였다.

　　제4기 : 생환자가 '지상至上의 본원本源; the highest source'을 눈앞에 둔 단계.
　　이 단계에 도달하면, 그동안 걸치고 있었던 에테르 형상ethereal shape의 몸이 필요 없게 되며, 영적인 에너지로 변화하며, 사람이 이 세상에 태어나기 전과 같은 에너지 그 자체로 돌아옴으로써 '존재의 완전성a completeness of axistence'을 경험하게 된다.

주마등처럼 생애의 회고life review를 하는 것이 이 단계이다. 자기가 취했던 행동이 무엇이었는지 전혀 모르는 사람까지도 포함하여 타인에게 어떤 영향을 주었는지를 손바닥 보듯이 알게 된다. 그리고 어떤 인생을 살아왔는가에 대해서도 보여 주며 '어떤 봉사를 해왔는가'에 대해서도 엄하게 조사를 받는다.

또한 모든 사람의 생명의 연결관계, 모든 사람의 사고와 행동이 지구상의 전생물에 잔물결처럼 영향을 미치고 있는 모습을 눈앞에서 볼 수 있었다고 말했다. 생환자들은 마치 천국이나 지옥이 같은 곳으로 생각했다고 말했다. 아마 둘 다였을 것으로 본다.

생환자들의 보고에 의하면 4단계에 있었던 생전에 '어떤 봉사를 해 왔습니까?'의 물음이 가장 힘들었다고 한다. 이점에 대해서 퀴블러로스는 최후에 알 수 있는 것은 인생으로부터 교훈을 배웠든 안 배웠든 최종적으로는 '무조건의 사랑'을 실천하는 일이라고 말했다.

이상은 퀴블러 로스가 임사체험으로부터 생환한 사람들과의 면접조사를 통해서 얻은 4단계의 요지이다.

퀴블러 로스 자신의 체외이탈체험

퀴블러 로스는 스스로 체외이탈체험體外離脫體驗; out-of-body experience을 체험하였으며, 그 상황을 상세히 보고하고 있다. 다음은 그녀가 보고한 내용이며, 참고삼아 이를 소개하고자 한다.

어느 날 기묘한 일이 일어나기 시작했다. 최초에는 배의 진동부터 시작했다. 배의 외형은 달라진 것은 없는데도 맹렬한 속도로 진동하고 있었다. 분명히 근육운동은 아니었다. 퀴블러 로스는 무의식중에 "이런 어처구니없는 일이"하고 중얼거렸다.

그러나 착각은 아니었다. 옆으로 누운 채 몸을 관찰하고 있을 때, 더 이상한 일이 일어났다. 주의해서 보고 있을 때, 복부 부위가 닥치는 대로 믿어지지 않는 속도로 진동하기 시작했다. 진동은 복부의 기저층에까지 확산되어갔다. 그리고 어느 부분을 보아도 무수한 분자의 율동이 보이는 것이었다.

이때 처음으로 자기가 육체로부터 벗어나서 에너지로 변화된 것을 느꼈다. 눈 앞에는 이 세상의 것으로는 생각할 수 없을 만큼 아름다운 연꽃의 군락이 펼쳐져 있었다. 꽃은 천천히 느리게 피는 것이었다. 꽃이 피어남에 따라서 사방은 밝아지는 정도를 더해갔으며, 색채도 아름답고 정묘한 신비감을 주었다. 무수한 연꽃은 천천히 조금씩 모여들어 드디어 거대함과 현란함에 놀라서 숨을 죽일 만큼이나 아름다운 꽃으로 변했다.

그리고 이 꽃들의 배후로부터 빛이 쏟아져 나왔다. 이 빛은 점점 밝아지더니 눈부신 영묘靈妙한 빛이 되었다. 내 환자들이 보았다고 하는 그 빛과 완전히 같은 것이었다.

이 거대한 연꽃 속을 뚫고 빠져나가서 빛과 하나가 되고 싶다는 충동에 사로잡히고 말았다. 거부하기 어려운 인력引力에 빨려들어 빛에 가까이 갔다.

이 영묘한 빛이야말로 길고 고통스러운 여행의 종착점이라고 하는 확신을 갖게 하였다. 나는 조금도 서둘지 않고 나의 호기심에 감사하면서 나는 그 진동하는 세계의 평온함과 아름다움과 고요함을 잘 감당해냈다. 벽도, 천정도, 창도, 창밖의 나무들도, 보이는 모든 것들이 진동하고 있었다.

시야는 끝없이 내 앞에 넓게 펼쳐져 있었으며 풀잎에서부터 창문에 이르기까지 세부에 걸쳐서 분자구조의 자연적인 진동을 볼 수가 있었다. 나는 두려움을 느끼면서, 만물에는 생명과 심성心性이 잉태하고 있는 모습을 볼 수가 있었다. 그 사이에도 나는 연꽃을 지나서 빛을 향해 서서히 이동하고 있었다. 그리하여 빛과 나는 하나가 되었다. 훈훈함과 사랑만이 남았다. 100만회의 오르가슴도 그때 느꼈던 깊은 사랑의 자비와 환대에는 미치지 못하였다. 그리고 나는 두 가지 소리를 들었다.[12]

첫번째 소리는 "신들을 인정합니다"라고 하는 나의 목소리였다. 두번째 소리는 어디선가 들려오는 '샨티 닐라야Shanti Nilaya'[13]라고 하는 의미도 모를 말이었다.

이런 체험이 있은 다음 날 아침, 퀴블러 로스는 '인간이 느낄 수 있는 최고의 황홀 감각'을 체험했다고 말하고 있다. 풀잎·나비·자갈 등 눈에 보이는 것은 모두가 분자구조 속에서 진동하고 있는 것이 보이는 것이었다. 주위의 모든 것에 두려움을 느낌과 동시에 삼라만상을 사랑하고 있는 기분이었다고 한다.

---

12) *ibid.*, pp.220~221.
13) *Shanti Nilaya*는 산스크리트어이며, 인간이 신 곁으로 돌아갈 때 또는 지상의 여정을 끝낼 때 찾아오는 '마지막 평화의 집(the final home of peace)'을 의미한다.
op. cit., p.223.

예수님이 물 위를 걸어갔을 때 이런 기분이 아니었을까 생각할 정도로 나는 자갈길을 지복至福상태 속에서 걸어갔다고 한다. 그녀는 삼라만상森羅萬象에 깃들어 있는 '생명'에 대하여 각성한 것이며, 우주의식cosmic consciousness을 체험한 것이다.

이와 같은 체험을 통해서 퀴블러 로스는 다음과 같이 말하고 있다.

> "죽음에는 고통도, 공포도, 불안도, 슬픔도 없다. 있는 것은 오직 번데기에서부터 나비로 변용할 때의 훈훈함과 고요함뿐이다."

우리가 만약 퀴블러 로스와 똑같은 체험을 했다고 한다면, 그리고 그런 체험을 한 사람으로부터 체험보고를 들었다고 한다면, '죽음은 존재하지 않는다'라고 믿을지도 모른다.

사후의 세계＝영혼실재설을 어떻게 생각하는가

그렇다면 트랜스퍼스널 심리학에서는 임사체험의 보고를 어떻게 이해하는가?

영혼의 실재를 인정하여, '죽으면 영혼은 육체를 떠나서 영적 세계에 들어간다', '육체는 멸해도 영혼은 사후에도 존속한다. 그리고 언젠가는 이 세상에 다시 태어난다'고 생각하는 입장도 있을 수가 있고, 반대로 임사체험은 뇌내의 생화학적인 이상異常으로부터 생기는 '환상'이며, '망상'이라고 보아 이를 보잘 것 없는 것으로 생각하여 배격하는 입장도 있을 수가 있다.

임사체험에 관해서는 퀴블러 로스 외에도 의사이면서도 심리학자이며 철학자인 레이먼드 무디Raymond A. Moody(1944~)14) 같은 사람도 방대한 양의 연구자료를 수집 분석하여, 『티벳 사자의 서The Tibetan Book of the Dead』15)에서 말하고 있는 사후세계의 체험과 너무도 닮고 있음을 보고함으로써, 임사체험의 패턴에 놀랄 만한 공통점이 있음을 지적하고 있는 점에 대해서 주목을 받고 있다.

그 결과 임사체험은 사후의 세계를 잠깐 보고 온 체험이라는 것을 중심으로, 그것을 영혼이나 사후세계의 실재를 입증하고 있다고 보는 '사후의 세계=영혼실재설'을 받아들일 것인가, 이와는 달리 임사체험을 '환각'이며 '망상'으로 보는 '뇌내현상설腦內現象說'을 받아들일 것인가, 각각 다른 두 입장의 논의의 쟁점이 되고 있다.

현재로서는 압도적으로 지지도가 높은 것은 임사체험을 사후세계와 동일시하려는 '사후의 세계＝영혼실재설'이다. 그러나 양식파良識派의 입장에 서있는 사람들은 어느 쪽도 옳다고 보지 않는다. 실제로 '영혼실재설'이든 '뇌내현상설'이든 근본적인 결함은 있기 때문이다.

먼저 '사후의 세계＝영혼실재설'에 대한 비판에는 다음과 같은 점이 지적되고 있다.

임사체험에는 분명히 '어두운 터널의 통과', '체외이탈', '타자와의 만남', '빛과의 만남', '인생의 파노라마적 회고'라고 하는 체험패턴의 공통점이 있으며, 이들 사건들은 '임사체험=죽어가는 순간의 체험의 사실'로서 인정할 수는 있다. 물론 사회가 가진 기성의 '사후세

---

14) R. A. Moody, *Reflections on life after life*, New York : Bantam, 1975.
15) Evans Wentz (ed.), *The Tibetan Book of the Dead*, London : Oxford, 1974. (류시화 옮김, 티벳 死者의 書, 서울 : 정신세계사, 1995)

계 이미지'가 임사체험에 반영되어 각각의 체험에 상이한 점도 많다. 예컨대 미국에 비해 인도인들은 '저승사자'를 만나는 경우가 많고 체외이탈의 체험이 적다. 일본인들은 '크고 환한 빛'을 만나는 경우가 서구인보다 적은 반면 꽃밭 등 아름다운 자연물을 경험하는 경우가 많다. 무디에 의하면 사람에 따라서는 임사체험의 내용이 하나의 요소만으로 되어 있는 사람도 있다는 것이다.

그러나 '죽어가는 순간의 체험'은 엄격하게는 '죽음 그 자체'와도 다르며 더구나 '사후의 체험'과도 다르다. 잠깐 보고 온 사후세계의 체험을 즉각 사후세계와 연결시켜 이를 동일시하는 것은 너무도 큰 논리적 비약이라는 비판이다.

또 한편으로 '뇌내현상설'에 대해서는, 그와 같은 환원론을 가지고서는 체외이탈한 임사체험자가 자기 집에 가볼 수도 있고, 보통 생각으로는 도저히 불가능한 정보를 입수할 수 있다는 현상을 설명할 수가 없지 않느냐의 비판도 있다.

현재 임사체험에 대한 연구는 '국제임사연구협회IANDS International Association of Near-Death Studies의 사무국이 있는 코네티컷 대학의 케네스 링Kenneth Ring[16](IANDS 회장)과 브루스 그레이슨Bruce Greyson[17](『임사연구저널 Journal of Near-Death Studies』의 편집주간)의 두 교수의 연구실이 중심이 되고 있으며, 종래의 퀴블러 로스나 무디의 이론적 취약점을 보완하고 과학자나 의학자들의 비판을 피하기 위하여 종래보다는 과학적으로

---

16) K. Ring, "From Alpha to Omega : Ancient Mysteries and the Near-Death Experience" *Anabiosis* 5(2), 1985.
17) B. Greyson, "Editorial : Can Science Explain the Near-Death Experience?" *Journal of Near-Death Studies* 8(2), 1989.

엄밀한 데이터를 수집하고 그것을 통계적으로 처리하여 양적인 분석을 통해 질적 논의를 전개하는 경향을 보여 주고 있다.

예컨대 임사상태에 이르는 원인(병·사고 등)과 체험내용이 서로 관계가 있는지, 또는 임사체험내용간에 서로 관계가 있는지, 임사체험 각 요소별 체험의 빈도는 어느 정도인지에 대해서 연구의 관심을 기울이고 있다.

그렇다면 트랜스퍼스널 심리학에서는 이를 어떻게 생각하는 것일까?

트랜스퍼스널 심리학에서는 '사후의 세계설'도 '뇌내현상설'도 취하지 않는다.

요컨대 임사체험을 '사후의 세계를 잠깐 엿본 체험'으로 보아, 사후세계나 영혼의 객관적 실재를 긍정하는 입장에도 서지 않을 뿐만 아니라 임사체험을 뇌 안의 생화학적인 이상異常으로 일어나는 환각이나 망상에 지나지 않다고 보는 입장에도 서지 않는다.

오히려 그와 같은 객관이냐, 주관이냐, 저 세상의 실재냐, 단순한 망상이냐의 날카로운 이원론二元論에 입각한 논의 그 자체가 우리에게 임사체험의 본질을 잘못 보게 하고 있다고 생각한다.

트랜스퍼스널 심리학에서는 그 어느 쪽도 아닌 제3의 입장을 취한다. 즉, 임사체험을 '어떤 특정한 의식상태에 있어서 일어나는 사실적인 현실'로 보는 것이다.

트랜스퍼스널 심리학의 기본적인 방법론은 현상학phenomenology이다.

현상학에서는 우리의 '의식consciousness'과 무관하게 실재하는 '객관적 현실'을 인정하지 않으며, 우리가 아는 현실은 모두 '의식된 현실'이며, 우리가 체험하는 세계란 모두 '체험된 세계'로서 의식과 무관하게 존재하는 객관적 현실이나 객관적 세계 같은 것은 있을 수 없다고 본다.

모든 사물은 우리의 '의식'의 내면에서 '의미'를 획득하게 되며, 사물이나 세계가 '존재한다'고 하는 것은 실은 그러한 것들이(대상의 실재성) 우리의 의식을 통해서 '의미'를 획득한다고 하는 '현상학적 환원phänomenologische Reduktion'의 입장을 참고할 필요가 있다.

'현상학적 환원'이란, 대상의 본질을 파악하는 초월론적 주관성에 이르는 길이며, 외부 세계, 의식, 이미 알려져 있는 대상에 관한 지식, 잘 알려진 과학적 방법 및 모든 종류의 논증 일반에 대한 '괄호치기'의 조작이다. 일체의 학學이나 이론의 타당성이 보류되고, 자연적 태도를 극복하여 초월론적으로 고찰하는 현상학적 태도를 통해서 '순수의식'이라고 하는 절대적 존재영역이 열리게 됨으로써 대상의 실재성에 관한 물음, 특히 객관적 실재성에 관한 물음은 모든 인식과정에서 괄호 안에 넣을 수가 있다는 이론이다.

이 현상학적 환원의 방법론은 '영혼의 객관적 실재'냐 '단순한 망상'이냐의 논쟁을 벌이는 것은 무의미함을 가르쳐주고 있다. '의식'의 본성상, 우리는 '의식의 밖'으로 조금도 나아갈 수가 없다. 따라서 당연히 '저 세상'이나 '사후의 세계', '다시 태어남'의 객관적 실재에 관해서 확인하는 일은 우리 의식의 본성으로 볼 때, 원리적으로 불가능한 일이다.

현상학이라고 하는 여과장치filter를 통해서 본다면 임사체험에 대한 발문방식發問方式은 이렇게 달라져야 할 것이다.

'영혼의 실재냐 망상이냐'의 물음에서부터 '임사체험에서 일어나는 각종 현상이 우리에게 있어서 지니고 있는 본질적인 의미란 무엇인가?'라는 물음의 방식으로 달라져야 할 것이다.

이와같이 달라지게 되면 임사체험을 비롯한 각종 특이한 체험은 통상적인 일상의식과는 다른 '어떤 특별한 의식상태에 있어서의 현실체험'이라고 말할 수가 있을 것이다.

영혼세계의 리얼리티

앞에서 말한 '특별한 의식상태'란 무엇인가에 대해서 궁금하게 생각하는 사람도 있을 것이다.

예컨대 그것은 '꿈'이나 '최면상태', '황홀상태'(샤머니즘의 트랜스상태) 또는 종교적인 '각성체험', '명상' 우주 또는 대자연과의 합일된 '의식상태'나 '신비체험' 등 일상의식과는 다른 비일상적 의식체험이다. 이와 같이 통상의 자각적인 의식상태와는 다른 의식상태를 트랜스퍼스널 심리학에서는 변성의식상태變性意識狀態; altered state of consciousness라고 한다.

이와 같은 변성의식상태=특별한 의식상태는 일상적인 의식체험과 같은 수준에서 보려고 하면 본질적인 의미는 이해할 수가 없다. 이를 진정으로 이해하기 위해서는 각각 다른 의식상태에 부응한 특정 의식상태의 과학이 필요하다고 본다.

이와 같은 문제접근방식으로 신비체험이나 임사체험, 우주와의 합일체험, 체외이탈체험, 전세의 체험, 죽은 자와의 커뮤니케이션 체험 등 각종 특수한 체험의 본질적의미를 있는 그대로, 체험 그 자체를 말하게 하는 현상학적 방법으로 파악하지 않으면 안 된다.

이 현상학적 방법에 관통하고 있는 것은, 그것이 아무리 특수한 체험이라 할지라도 이를 무의미한 '환각', '망상'으로 무시해버리지 않고 그 특수한 체험에는 무언가 중요한 의미가 숨어 있음에 틀림없다고 보아 그 의미가 무엇인지를 분명하게 밝혀두고자 하는 현상학적 태도이다.

그렇다고 해서 이들 체험을 '사후의 세계'와 '다시 태어남'의 객관적 실재의 증거임을 간단하게 생각할 것도 아니다. 이러한 체험은 어느 것이나 '각각 나름대로의 특수한 의식상태에 있어서, 매우 사실적인 현실'을 보여 주고 있는 것이다. 우리 의식의 '현실'이란 결코 하나로 고정된 것도 아니며, '각각의 의식상태마다 의미를 달리하고 있는 현실'이 있는 것이다.

임사체험자가 특수한 의식상태에서 모두가 '체외이탈', 거대한 '빛과의 만남', '인생의 파노라마적 회고'등 공통체험을 하는 것도 그것 때문이다. 예컨대 밤에 꿈으로부터 인생의 중요한 메시지를 얻을 수가 있는 것과도 같이, 임사체험이나 전세의 체험과 같은 변성의식의 체험으로부터 우리는 일상의식에서는 얻을 수가 없는 인생의 중요한 '의미'와 '진실'을 배울 수가 있다. 이런 관점에서 이들 체험은 살아가는 방식으로서 또는 연구대상으로서 매우 중요한 의미를 갖고 있는 것이다.

우리가 얻는 체험은 어떠한 체험도 심적 체험이며, 우리들이 체험할 수 있는 세계 또한 어떠한 세계도 심적 세계인 것이다. 따라서 어떤 체험, 어떤 세계의 리얼리티도 '마음의 리얼리티'에 지나지 않는다고 하는 것을 이해하지 않으면 안 된다.

이런 사실에 입각하지 않는다면 우리는 임사체험이나 전세체험과 같은 특수한 체험으로부터 무엇을 배울 수 있는 핵심을 놓치게 되며, 무의미한 논쟁에 떨어지고 말 것이다.

대저 '사후세계'나 '임사체험'같은 특수한 의식상태를 통상적인 의식기능으로 실증하려고 하는 것은 적절치 못한 태도인 것이다. 죽음을 초월하여 삶을 계속하는 실체로서의 자기는 처음부터 존재하지 않는다. 죽음에 있어서 우리가 돌아가는 존재의 궁극적인 기반은 눈으로 볼 수 있는 것과 볼 수 없는 것까지도 포함한 우주만물의 근원인 것이다.

이를 굳이 언어로 표현한다면, 일체의 형상形相을 초월하고, 일체의 차이差異를 초월하며, 일체의 언어言語를 초월한 '에너지=의식'으로 지칭할 수밖에 없을 것이다.

생명은 돌아가는 수레바퀴와 같다

마지막으로 다시 한번 퀴블러 로스의 관점을 돌이켜보기로 한다. 그녀에게서 배울 수 있는 것은 많이 있지만, 다음은 그녀가 생각하고 있는 '생명'에 대한 관점이다.

퀴블러 로스의 말 가운데서도 가장 많이 사람을 감동시킨 것은 의사로부터 앞으로 3개월밖에 살 수 없다고 선고받은 다기Daugy라고 하는 9세 소년과 나누었던 대화이다.

어느 날 다기로부터 한 통의 편지가 왔다.[18]

---

18) E. Kübler-Ross, The Wheel of Life, New York : Touchstone, 1998, p. 227.

로스는 다기로부터 편지를 받고 이와같이 답을 해주었다.

로스가 다기에게 준 대답 가운데는 그녀가 생각하고 있는 '죽음'의 이미지를 너무도 꾸밈없이 잘 묘사하고 있다. 죽음은 결코 두려워할 것이 아니며 주어진 생명에 충실하게 의무를 다해 살아갈 것을 말하는 그녀의 생명관에서 우리는 깊은 의미의 가르침을 받을 수가 있다.

로스가 우리들에게 말하고자 하는 것은 다음과 같다.

사랑하는 사람과의 이별, 반평생 힘들여 쌓아올린 사업의 실패, 구조조정으로 인한 실직, 불치의 병, 자녀의 사망이나 중증장애 등등 무언가 중요한 것을 잃어버림으로써 죽고 싶을 정도로 괴로울 때일수록 알고 보면 그것은 가장 뜻있는 '배움'의 기회라는 것이다.

요컨대 이 기회는 우리가 무서운 상실감과 괴로움과의 싸움 속에서도 적극적으로 인생을 살아갈 수가 있는가, 없는가를 시험받는 인생 최대의 시련인 동시에 최고의 배움의 기회라는 것이다.

이런 점에서 우리는 이 기회를 살릴 수 있을 것인가 없을 것인가, 고통을 성장의 기회로 전환시킬 수 있을 것인가 없을 것인가를 시험받고 있는 것이다.

이 시련에 합격될 경우에 그 결과는 어떻게 될 것인가? 배우기 위해 지구상에 보내진 인간이 배움의 시험에 합격하여 졸업하는 것은 마치 미래의 나비를 잉태하고 있는 번데기로부터 나비가 되어 날아가는 것처럼, 영혼을 안고 있는 육체를 벗어던질 수 있게 하며, 때가 오면 영혼을 떠나게 하는 것이다.

이렇게 되면 아픔도, 두려움도, 근심도 사라지고 마치 아름다운 나비처럼 자유롭게 비상飛翔하여 신의 집으로 돌아갈 수 있게 된다. 번데기로부터 튀어나오는 나비처럼, 몸을 벗어던지고 비상을 지속하는 우리들은 점차로 지금까지 걸치고 있었던 에테르 형상ethereal shape의 미세한 육체조차도 필요없게 되며, 우주의 근원인 에너지 그 자체, 일체의 형상을 갖지 않는 에너지 그 자체로 돌아가게 된다.

그리고 다시 어떤 '형상'을 걸치고 이 세상에 내려오게 된다. 이는 해변에 밀려온 '파도'가 부딪쳐 산산히 부서져서 바다로 돌아가지만 또 다시 파도가 되어 밀려온다고 하는 이미지를 시사하고 있다.

이는 이 세상의 물질적 존재(색;色;ru-pa)의 진상眞相은 어떠한 형상도 갖지 않는 공śūnya이며(색즉시공色卽是空), 그리고 '공'은 모든 물질적 존재의 원리(공즉시색空卽是色)의 무한한 순환임을 말해주고 있다.

그러기에 퀴블러 로스는 '돌아가는 수레바퀴wheel'라는 용어를 사용하여 원환적圓環的인 '생명'을 설명한 것이며, '시간관'에 있어서는 그리스도교적인 직선적인 시간의 흐름인 '크로노스Kronos'의 시간이 아니라 불교적인 원환의 시간의 흐름인 '카이로스Kairos'의 시간관을 갖고 있음을 엿볼 수 있다.

특히 그녀에 의하면 '이 세상에서의 나의 생명'은 설혹 형상은 달라도 '먼 과거의 나의 생명'과도, '아득한 미래의 나의 생명'과도, 그리고 시공時空을 초월하여 일체의 '생명'과도 연결되어 있다는 것이다. 그 근원이란 하나의 '생명'이라고 하는 '생명의 연결'임을 말하는 퀴블러 로스의 가르침은 또 하나의 감동깊은 삶의 지혜를 우리에게 주고 있다.

퀴블러-로스의 성장과 휴머니티

퀴블러 로스는 스위스 취리히의 상위 중류계급(취리히 최대 사무용품회사 부사장)의 가정에서 오빠 에른스트Ernst와 1925년 여아 셋 쌍둥이(엘리사베스Elisabeth, 에바Eva, 에리카Erika의 첫째)라는 일남 삼녀의 가정에서 태어났다. 이들 세 자매 가운데서 엘리자베스는 언니들(서구문화권에는 다태아의 처음 출생아를 막내, 끝으로 태어나는 애가 언니다)보다 비교적 개성이 강한편으로 자유의지적인 성격을 보였다. 아마도 조물주가 엘리자베스에게 준 자유의지라는 최고의 선물이었을지도 모른다. 이런 점은 그녀의 앞으로의 인생에서 잘 보여주었다.

당시 스위스에서는 초등학교 6학년이 되면 앞으로 어른이 되어 무엇을 할 것인가에 대해 작문을 쓰게 하는 시간이 있었다. 이보다 먼저 아버지와 자식들의 잘래문제에 대하여 말을 나누게 된다. 그렇지만 아버지의 생각은 엘리자베스와는 너무도 달랐다. 장남 에른스트에게는 일류대학에 진학할 것을, 세 자매 가운데서 제일 몸이 허약한 에리카도 대학진학을, 제일 몸집이 크고 의젓한 에바는 가정교육을 받기를 원했으며, 마지막으로 엘리자베스는 아버지 회사에서 비서로서 일해주기를 바랐다. 엘리자베스의 실망은 너무도 충격적이었다고 한다.

엘리자베스의 꿈은 의사가 되어 시골에 가서 의료봉사를하는 것만이 유일한 꿈이었다. 그렇지만 엘리자베스는 조금도 아버지의 말과는 상관없이 응수하였으며 매이드가 되든 단식을 할 생각이었다.

다음날 학교에서 글짓기를 했을 때 전날 밤에 있었던 일로 심장이 터질 것만 같은 기분으로 글을 쓸 때 그녀는 직업에 대한 것은 한마디도 쓰지 않는 대신 앞으로 알베르트 슈바이처Albert Schweitzer (1875~1965/신학자·철학자·바흐Bach연주자·의사, 1952년 노벨평화상 수상)처럼 아프리카 밀림에 들어가서 의료봉사활동의 꿈과 생명에 대한 다양한 연구활동의 꿈만을 정열적으로 써냈다고 한다.

"나는 생명의 목적을 발견해내고 싶다고 생각한다."로 시작한 글에는 떳떳하게 아버지의 뜻에 거역하여 의사가 된다고 하는 결의에 찬 꿈이 쓰여져 있었다. 자신이 지은 글을 아버지가 읽어도 또한 질책을 받는다고 해도 걱정하지 않는다는 맥락이었다. 누구한테도 꿈을 빼앗기고 싶은 생각은 아니었다. "언젠가는 반드시 자기 힘으로 목적을 이루고야 말겠다." 이어서 "제일 높은 별을 지향하지 않으면 안 된다고 생각한다."라고 끝을 맺었다.

엘리자베스는 어떤 사람에게나 수호신이나 수호천사란 있다고 믿었다. 이들은 인간의 삶에서 죽음의 이행에 이르기까지 힘이 되어주고 태어나기 전에는 부모님에 인연을 맺어주고 생명의 탄생을 도와준다고 생각하였다.

그녀는 역시 자유의지적이어서 세 자매의 외톨이였으며 부모로부터 가장 사랑받고 있지 않았음을 의식하고 있었기 때문에 일찍이 집을 나가고 싶은 생각을 가졌다고 한다. 이로 인하여 고교졸업과 동시에 비즈니스계통으로 나아가라고 한 아버지의 의견을 뿌리치고 입주가정부로서 집을 나왔으나 주인의 비인간적인 대우 때문에 일단 집으로 돌아왔던 일도 있었다.

집에 돌아온 후에도 아버지에 대한 반항은 계속되었으며, 특히 제2차 세계대전(1939-1945) 중에는 생화학 연구소와 병원에서 일하였다. 이때 이미 그녀는 의료·간호의 봉사활동을 미래의 자신의 '천직'으로 생각하고 있었던 것 같다.

2차 대전 종전 후 그녀는 전쟁 이재민을 위한 힘이 되고자 하는 충동에 못이겨 「평화를 지키는 국제자원봉사단」의 한 사람으로서 폴란드로 갔으며, 특히 이곳 마이드내크 강제수용소Maidnek concentra-tion cemp로부터는 죄없는 어린이들이 남긴 벽에 그려진 나비를 통해서 일종의 '신의 계시' 같은 것을 받았다.

스위스에 돌아온 그녀는 평소에 꿈꾸어오던 정신과 의사가 되기 위해 취리히 대학 의학부에 진학하였다. 취리히라고 말하게 되면 분석심리학자 칼 구스타프 융Carl Gustav Jung(1875-1961)을 상기하게 되지만, 그녀는 1학년 때부터 취리히Zürich의 거리와 호반을 산책하는 전설적인 스위스인의 정신의학자 융의 모습에서 묘한 경외와 친근감을 갖게 되었다고 한다. 재학 중에 취리히에 유학온 유대계 외국인 임마누엘 로스Immanuel Ross와 결혼하여 일남일녀를 두었다. 결혼 후 그녀는 인도와 아프리카에 가서 슈바이처Albert Schweitzer(1875-1965) 같은 의료봉사 활동을 해보고자 생각하고 있었으나 결국 그 꿈은 실현되지 못하고 뉴욕에서 활동하게 되었다.

이때 그녀는 맨해튼 주립병원Manhattan State Hospital에서 분열병환자들에 가하는 체벌을 폐지하고 '치유의 희망이 없다'고 판단된 분열병환자의 95%를 퇴원시켜 사회에 복귀시킨 사건은 너무도 유명하다.

그 후 뉴욕의 몬티피올 병원Montefiore Hospital, 콜로라도 대학병원Colorado University Hospital(여기서 그녀는 처음으로 '죽음'에 관한 강의를 하였다)을 거쳐, 1965년 시카고 대학 빌링스 병원Billings Hospital 정신과에서 일하게 되었다. 그 해 가을, 죽음을 인생 최대의 위기로 생각하여 '죽음에 대해서 연구하고 싶다'고 희망하는 4명의 신학생이 찾아옴으로써, '죽음과 그 과정'에 관한 세미나를 시작하게 되었다.[19]

이 세미나의 경위는 『죽음과 그 과정에 관하여On Death and Dying』(1969)[20]의 제2장에(pp.28-49) 자세히 소개되고 있다. 퀴블러 로스의 이와 같은 남다른 처신에 대해서 주위로부터 오해도 받았고 심하게는 '시체를 낚는 독수리'라는 혹평을 받으면서도 그녀는 세미나를 계속함으로써, 1969년에는 그녀의 세미나가 「라이프지Life」 11월호의 특집 기사가 되기도 하였다.

앞에서 이미 설명한 1969년에 출판된 『죽음과 그 과정에 관하여』는 출판되자마자 베스트셀러가 되었으며, 퀴블러 로스의 이름과 이 책에서 논술되고 있는 '죽음의 5단계설Five stages of dying'은 널리 전세

---

19) E. Kübler-Ross, "The Dying Patient as Teacher: An Experiment and An Experience", *Chicago Theological Seminary Register*, Vol. LVII, No.3(December, 1966).
20) 사후의 생이나 윤회전생을 믿든 안믿든 것과는 상관없이 생의 종착점인 죽음에 이르는 인간의 마음의 변화과정을 연구한 당대(1969)의 획기적인 책으로서 각광을 받았다. 원제 가운데 'dying'이 '죽음의 준비'라는 뜻이 있기 때문에 원제의 의미를 살려서 『죽음과 그 과정에 관하여』로 옮겼다.

계적으로 알려지게 되었다.

이리하여 1969년 이후부터는 더욱 바쁜 생활이 시작되었다. 그녀는 이때부터 세계를 무대로 돌아다니며 수많은 강연을 하였으며, 세미나·연수회를 지도하였다. 이 시기에 그녀에게는 한 가지 변화가 일어났다.

1969년 『죽음과 그 과정에 관하여』를 출판할 때만 해도, '죽음의 과정'이란 '죽음에 이르는 과정'으로만 생각하고 있었으나 그 후 '유령'을 목격하고, 스스로 '임사체험臨死體驗near-death experience'을 하였으며, 채널링Channeling(영매현상의 하나인 일종의 빙의憑依 현상possession)에 대해서도 깊은 관심을 가짐으로써, '사후의 생'과 '윤회전생'을 믿게도 되었다.

그 결과 죽음의 5단계설에 대응시킨 것과도 같은 임사체험에 있어서의 의식변용의 5단계설을 제창하였다. 이것이 원인이 되어 그녀는 남편과 이혼까지도 하게 되었다.

1984년 그녀는 이혼의 아픔을 딛고 남은 인생의 꿈을 펼치기 위해 샌디에이고에 부지를 사들여 7년의 노동과 고투와 눈물의 결실로 누구에게도 부끄럽지 않는 평소의 꿈이었던 '엘리자베스 퀴블러-로스 센터'의 문을 열게 되었으며(1990년 7월), 또 한 이곳에 자기가 주관하는 단체 '샨티 닐라야Shantia Nilaya'(마지막 평화의 집/에이즈AIDS 감염아의 양자 알선소)의 본부를 두었으나 불행하게도 1994년 그녀의 부재중에 불의의 화재로 전소되고 말았다.

이 화재사건에 대해서 퀴블러 로스는 자기가 구상하고 있던 에이즈AIDS에 걸린 어린이들을 위하여 이곳에 수용시설을 건설하려고 한 계획에 반대하던 주민들에 의해서 저질러진 방화였다고 단언하고 있다. 참으로 불운한 만년의 좌절이었다.

이런 일이 있은 후 퀴블러 로스는 아들의 간곡한 권유를 받아들여 애리조나 주 스콧데일로 은퇴하여, 일체의 공적인 활동으로부터 손을 떼고 '샨티 닐라야'도 해산시켰다.

그녀가 지은 『인생은 돌아가는 수레바퀴처럼 The Wheel of Life』(1997)은 퀴블러–로스라고 하는 유례가 드문 한 여성이 20세기를 살아온 보기 드문 사랑과의 싸움의 기록이었다. 장기이식, 유전자 치료, 육체의 재생을 꾀하는 시체나 뇌의 냉동보존 등 오로지 '신에 대한 도전'을 위해 살았으며, '인간의 오만과 어리석음의 극치'와 투쟁해 온 투사의 기록이었다.

또한 그녀가 살아온 족적은 침략전쟁, 나치즘, 편견, 차별로 인한 희생자, 이재민을 위하여 몸을 던져 도움을 주고자 나선 국제적 자원봉사자의 기록이었으며, 초일류의 정신과의의 임상기록이었으며, 과학기술과 물질문명의 시대로부터 영성으로 이행하는 과도기에 살아온 과학자의 관찰기록이었으며, 끊임없는 신비가의 수행의 기록이었다고 본다.

> 죽음은 생生에 속한다. 탄생이 그러한 것처럼.
> 보행이란 발을 올리는 것인 동시에 발을 내리는
> 것이기도 하다.
>
> 라빈드라나트 타고르 Rabindranath Tagore의
> 『길을 잃은 새 Stray Birds』 176절
>
> *Death belongs to life as birth does*
> *The walk is in the raising*
> *of the foot as in the laying of it down.*

RABINORANATH TAGORE,
from Stray Birds, CCLXVII

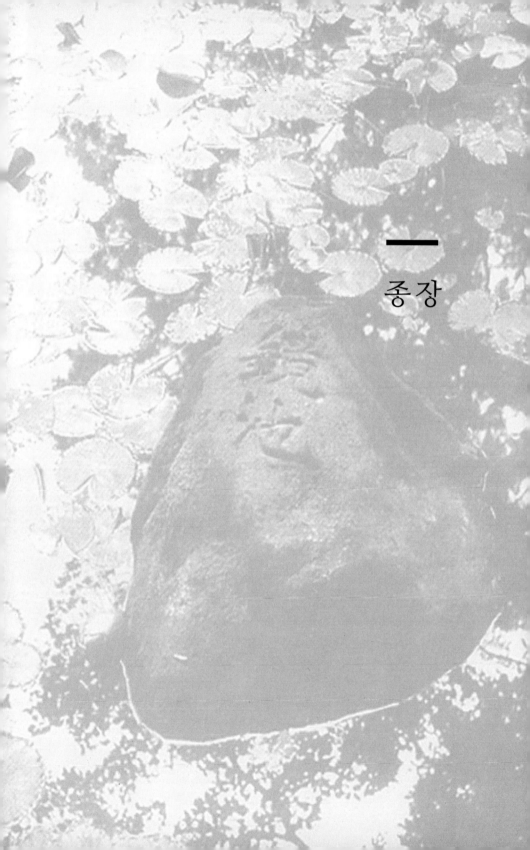

━

종장

인과론과 목적론의 관점에서

인간은 인생으로부터 '의미와 사명'의 물음을 받고 있는 존재이다.
인생에서 일어나고 있는 사건들은 그것이 아무리 힘들고 괴롭다할지라도
그렇게 된 데에는 무언가 '의미'가 있기에
그것이 무언가에 대해서 깨닫고 배우도록 재촉하고 있는 것과 같다.
인생이란 우리에게 있어서 그와 같은 '배움'과 '깨달음'을 얻는 과정이며
정신적 성숙과 영적 성장의 기회이자 시련의 장場인 것이다.
그러기에 인간의 '자유'는 조건으로부터의 자유가 아니라
조건에 대하여 어떤 '태도'를 취할 수 있는가의 '자유'인 것이다.

'보이지 않는 차원'에 이르는 두 가지 접근

두 가지의 다른 접근

지금까지 이 책에서 소개한 이론들이 심리학의 여러 입장 가운데서 어떤 위치를 차지하고 있으며, 그것이 인생의 문제를 어떻게 보느냐에 대해서 설명해왔다.

종장인 본장에서는 본론에서 설명의 기반이 되었던 문제접근의 방법에 대해서 간단하게 요약함으로서 끝을 맺고자 한다.

심리학에는 보이지 않는 차원에 대한 접근이론이 여러 가지 있지만 크게 나누면 두 가지 입장이 있다.

하나는 '인과론적 접근因果論的 接近'이다. 이 방법은 마음의 질환이나 인간관계의 문제의 '원인'을 과거에서 찾으며, 그 '결과'가 지금의 문제임을 설명하려고 하는 입장이다.

예컨대 성격적으로 어떤 문제가 있는 경우나 비행청소년의 경우, 그 원인을 과거의 어린시절의 체험이나 '심적 외상psychic trauma'에서 찾으려고 하는 방법이다.

그 대표적인 예로서는 프로이트Sigmund Freud(1856~1939)의 정신분석을 들 수가 있으며, 한때 유행했던 '어른 어린이adult children'(어린 시절을 어린이답게 보내지 못했기 때문에 자기다운 인생을 살 수 없게 된 사람)에 대한 해석도 인과론의 입장에 속한다.

이와 다른 입장으로는 '목적론적 현상학적 접근目的論的 現象學的 接近'이다. 이 입장에서는 마음의 질환이나 인간관계의 문제의 원인을 과거에서 찾아 '설명'하지 않는다. 그 사람이 무슨 이유로 고민하고 있으며, 왜 계속적으로 문제를 일으키고 있는가, 그 '원인'을 설명하는 것이 중요하다고는 생각하지 않는다.

심리적 장애psychological disorder나 문제가 일어나고 있는 데에는 무슨 '의미'가 있을 것으로 본다. 그러한 것들은 인생의 흐름가운데서 일어날 필요가 있어서 일어나고 있는 것이며, 당연히 일어나야 했기 때문에 일어나고 있으며, 거기에는 나름대로 무슨 '의미'와 '목적'이 있을 것이라고 생각한다.

중요한 것은 이제 와서 과거로 돌아가 '과거의 원인진단'을 하는 것이 아니라, 그런 문제들이 지금 일어나고 있는 데는 어떤 '의미'와 '목적'이 있는가, 그리고 이런 문제들을 통해서 인생이 어떤 교훈을 주려하고 있으며, 어떤 메시지를 전달하려 하고 있는가를 찾아내어 이를 이제부터의 인생에 살려가는 것이라고 보는 것이다.

그러기 위해서는 발생한 문제들을 허심탄회하게 '직시'하고 '통찰', '음미'하는 소위 현상학적으로 접근하여, 문제 안에 '숨은 의미'가 의식에 떠올라올 수 있도록 하지 않으면 안 된다고 보는 것이다. 이 책에서 소개한 접근은 어느 것이나 여기에 속한다.

필자가 여기서 말하고자 하는 것도 다름 아닌 나를 초월한 차원인 '보이지 않는 차원'에 대한 접근에도 두 가지 입장이 있다는 것에 대해서이다.

인과론적 접근 ① 재탄생의 심리학

'보이지 않는 차원'에 대한 인과론적 접근에서 가장 대표적인 것은 재탄생rebirthing의 심리학이다. 이 심리학에서는 '의지치료법'(1936)의 창안자 오토 랑크Otto Rank(1884~1939)의 '자궁−산도−출산의 체험이 성격형성의 결정적 원형이 된다'는 『출산외상Das Trauma der Geburt』(1924)의 이론에 근거하여, 분만시의 산도체험에서 고통스러운 힘든 체험이 '심리적 외상'의 근원적 원인이 된다고 보았다. 때문에 심리적으로 고통 없이 다시 '새롭게 태어나는' 것을 '재체험'함으로써 마음의 상처는 치유된다고 생각한 것이다.

이와 같은 '재탄생'의 방법에서는 특수한 '호흡법'을 사용하여 갓난 아이의 모습이 되어 고통 없이 다시 태어나는 것을 재체험함으로써 마음의 상처는 치유될 수 있다고 본 것이다.

이에 가장 가까운 방법에는 스타니슬라브 그로프Stanislav Grof(1931~)[1]에 의해서 개발된 홀로트로픽 브리딩holotropic breathing:전체성향적 호흡법이 있다. '홀로트로픽'이란, 그리스어의 홀로스holos(=전체)+트레페인trepein(=~향해 나아가다)을 합성하여 그로프가 만든 용어이며, 일명 그로프식 호흡법Grof breathing 또는 통합적 호흡법integral breathing이

---

1) 그로프는 1931년 체코(Czecho)의 수도 프라하(Praha)의 교외에서 태어났다. 고교시절부터 정신분석에 대한 관심이 남달리 높았으며, 찰스대학교 의과대학(Charles University School of Medicine)에서 정신의학(Psychiatry)을 전공한 연후에 체코 학술원으로부터 Ph. D.(doctorate of philosophy in medicine)를 받았다. 현재 미국 국적의 정신의학자로서 그는 트랜스퍼스널 심리학회 창립(1969)멤버의 한 사람이었으며, 국제트랜스퍼스널 학회(ITA International Transpersonal Association)의 초대회장으로서 오래도록 역임하였다.

라고도 한다.

홀로트로픽 치료법holotropic therapy의 기법인 홀로트로픽 호흡법은 통상 30명 전후의 집단이 반드시 누워서 실시되며, 의식의 심층적인 내용을 환기시킬 수 있는 음악에 맞추어 '가급적 깊고도 빠른 호흡'을 계속해 가게 하는 방법이다.[2]

이 방법을 계속하게 되면 자기의 과거, 특히 유아기의 불만이나 고통, 마음의 상처 등이 강한 감정과 더불어 떠올라와 '출생 전후의 체험'이 되살아나는 경우도 있다. 실제로 이 치료의 체험 중에 태아의 모습을 취한다거나 태아가 산도에서 발버둥치는 것과 같은 몸놀림을 하는 참가자도 많으며, 이와 같은 체험을 철저하게 재체험함으로써 극적인 치유가 될 수 있다는 것이다.

그로프는 이 점에 관해서 이와 같이 설명한다. 그에 의하면, '자궁산도탄생'의 '출생의 과정'을 어떻게 체험하느냐에 따라서 그 사람의 인생의 기본적인 청사진이 만들어져버리기 때문이라고 말한다.[3]

때문에 태아가 산도를 지나올 도중에 기절하거나, 출생의 과정이 순조롭지 못했을 경우, 인생 최초의 행동 프로그램 안에 일을 끝까지 완수해낸다고 하는 청사진이 만들어질 수가 없기 때문에 이런 사람은 인생에서 어려운 문제에 직면하게 되면 '처음에는 잘하다가도 어떤 고비에 이르면 쉽게 포기해 버린다'고 하는 행동의 원형을 몸에 붙이고 만다는 것이다.

이와 같은 행동의 패턴으로부터 벗어나는 길은 오직 하나, 다시

---

2) 정인석, 트랜스퍼스널 심리학(제3판), 서울 : 대왕사, 2003, pp.430~442.
3) S. Grof, *Beyond the Brain*, Albany : State University of New York, 1985, pp.102~127.

한번 심리적으로 출생을 재체험함으로써만 마음의 상처는 치유된다는 것이다. 그러나 일반적으로 '재탄생의 기법rebirthing'은 유소년기 때까지의 '마음의 외상'이론을 출생시 때까지 적용시킨 것이 그로프의 심리학이다.

그로프 심리학의 전체상全體像은 단일 이론만으로는 설명할 수가 없기 때문에 이를 한 가지 방향에서만 논할 수는 없다. 그렇지만 적어도 탄생의 재체험 부분만은 전형적인 인과론적 접근을 취하고 있다고 말할 수 있다.

인과론적 접근 ② 윤회전생의 심리학(전세치료법)

또 한 가지는 '보이지 않는 차원'에 대한 인과론적 접근 가운데서 한때 유행했던 전세치료법past-life therapy에 의해서 다른 모습으로 다시 태어난다는 불교의 윤회전생samsāra의 심리학이 있다. 육체는 멸해도 영혼은 멸하지 않고, 일단 '바르도Bardo'⁴⁾에 가게 된다는 관점이다. 이 바르도의 과정을 거쳐 다시 새로운 몸을 걸치고 전생한다는 것이다.

---

4) 『티벳 사자의 서』에서는 바르도Bardo(중유中有)를 다음 3단계의 과정으로 나누고 있다. 제1바르도는 '치카이 바르도(Hchikhahi Bardo)'의 단계며 죽는 순간의 바르도이다. 이때 사자에게 찾아오는 모든 존재의 근원인 최초의 광명을 각지(覺知)하게 되면 즉시 해탈하게 되고, 광명을 각지하지 못하면 '제2의 바르도'인 초에니 바르도(Chösnyid Bardo)의 단계, 즉 '존재의 근원'을 체험하게 된다. 이 단계에서도 해탈하지 못하면 '제3바르도'인 시드파 바르도(Sridpahi Bardo), 즉 '환생의 길을 찾는 바르도'의 단계, 천상의 극락세계에 환생함으로써 막을 내리게 된다.
또한 이 '바르도'는 윤회전생의 관점에서 다음과 같은 네 과정이 있다고 한다. 첫째는 '생유生有'이며, 한사람의 생명체로서 태어나는 한순간 본연의 모습. 둘째는 '본유本有'이며, 탄생 후 죽을 때까지의 일생에 걸친 본연의 모습. 셋째는 '사유死有'이며, 죽음을 맞이하는 찰나의 모습. 넷째는 '중유中有'이며, 죽고 나서 다음의 생을 받아 태어날 때까지의 중간적인 모습의 상태다.

티베트어 바르도는 '사이Bar'와 '둠do'를 뜻하는 합성어다. 두 상태 사이, 죽음과 환생 사이가 바로 바르도이다. 이 세계와 저 세계 사이의 틈새다. 티베트에서는 사람이 죽은 다음에 다시 '환생하기까지 머무는 사후의 중간 상태를 '바르도'라고 한다.

이때 머무르는 기간은 7주 49일간이며 이 기간을 '중유中有Bardo'라고 한다. 이 윤회전생에는 다음과 같은 과정이 있다.

이때 전세past-life의 삶은 카르마Karma 업;業로서 현세에 전해지고, 현세의 삶도 카르마로서 내세에 남기게 된다는 것이다. 우리가 이 세상에 태어난 것은 전세에서 다하지 못하고 남겨놓은 과제가 있기에 그 과제를 수행하기 위하여 지상으로 보내진 것이다. 때문에 우리는 그 임무를 수행하지 않으면 안 된다. 이 임무를 완수했을 때 비로소 우리들의 영혼은 윤회輪廻의 수레바퀴로부터 해방될 수가 있다는 것이다.

예컨대 남편의 주색잡기에 화가 난 나머지 남편을 죽이고 만 부인은 '사람의 잘못을 용서한다'고 하는 과제를 전세로부터 현세로 넘겨받아 가지고 왔다는 것이다.

때문에 이 세상에서도 그 사람은 여러 사람의 잘못 때문에 고통받지 않으면 안 되게 된다는 것이다. 또는 전세에서 자기 책임을 완수하지 못하고 자살한 사람은 이 세상에 와서도 힘든 일의 책임을 지게 되며 똑같은 시련을 겪게 되며 '영혼의 성장'을 시험받게 된다고 한다.

요컨대 인생은 스스로의 '영혼'을 연마하는 수행의 장場이자 시련의 장이라고 보는 것이다. 흔히 고통스럽고 힘들어 이 이상 참을 수가 없어서 모든 것을 포기하고 싶어졌을 때 우리는 흔히 '왜 하필이면 내가 이 고통을 받지 않으면 안 되는가?', '다른 그 누구도 아닌 내가 이 혹독한 운명을 겪지 않으면 안 되는 것은 무엇 때문일까?'라고 외치게 된다. '업業'의 사상은 이런 영혼의 외침에 하나의 답을, 하나의 '의미'를 준다는 것을 말해주고 있다.

이는 과학적이거나 합리적인 것도 아니지만 힘들고 고통스러운 인생을 살아가고 있는 많은 사람들의 정신적인 버팀목이 되어 있는 '정신세계의 진실'로서 매우 큰 가치가 있다고 생각한다. 정신분석에서는 '어린시절의 마음의 상처'가, 그로프Grof의 심리학에서는 '출생시의 마음의 상처'가 그 사람을 평생 괴롭힌다고 생각한다.

이에 비해서 전세요법前世療法에서는 그 영역을 '전세'에까지 넓혀서 '전세에서 받은 마음의 상처'가 그 사람을 괴롭히고 있다고 생각한다. 그러나 어느 경우의 치료에 있어서나 기본원리는 똑같이 '심리적인 재체험'이다.

전세요법에서는 '전세에서 있었던 화나고 지긋지긋했던 사건들'을 퇴행최면retrograde hypnosis에 의해서 이를 상기시켜, 실제로 재체험하게 함으로써 마음의 상처로부터 해방되어 다른 모습으로 다시 태어나게 하도록 돕는 데 있다.

예컨대 『전세요법Through time into Healing』(1993)의 저자 브라이안 와이스Byian Weiss가 치료한 캬사린이라는 여성은 태어나면서부터 계속해서 목이 메어 숨쉬기가 힘들어서 공포에 떨고 있는 사람이었다.

그러나 퇴행최면 요법을 통해 약 400년 전의 자기의 과거생, 즉 마을로 급습한 홍수인지 해일에 덮쳐서, 점점 숨쉬기가 어려워지고 껴안고 있었던 어린이도 잃고 마는 무서운 체험을 사실처럼 상기한 후

자기의 과거생을 계속적으로 상기해내는 체험을 하고나서 공포감은 완전히 사라졌다는 것이다.

이와 똑같은 최면상태로 유도하여 과거생을 상기시킴으로써 많은 사람들이 정서장애나 약물중독, 알코올 중독, 인간관계의 갈등 등, 현세에서 되풀이되는 파괴적인 행동습성을 제거하는 데 성공했다는 사례도 있다.

이와 같은 보고는 믿기 어려운 일이라고 생각하는 사람도 많이 있을 것이다. 그러나 이 문제에 대한 '객관적 진위'를 따지는 것은 무의미한 것이라고 생각한다. 그것은 주관도 객관도 아닌 '제3의 변성의 식상태third altered state of consciousness'에 있어서만 볼 수 있는 현실로서 이해해야 할 것이기 때문이다.

이러한 관점에서 이슬람 학자 앙리 코르방Henry Corban(1903~1978)은 단순한 주관적인 상상이나 공상과 구별하여 상상계imaginal world에서 얻는 상상적 체험이 갖는 압도적인 사실을 변성의식 상태에서는 틀림없는 '마음의 세계의 진실'로서 이해하지 않으면 안 된다고 본 것이다.

심리학자 찰스 타트Charles Tart도 이와 같은 '마음이 세계의 리얼리티' 요컨대 '무엇이 현실인가'는 각 의식상태마다 다르기 때문에 각각 다른 특정 의식상태마다 진위를 물을 수밖에 없는 '상태특정과 학狀態特定科學;State-Specific Science'5)에 의해서 이해하지 않으면 안 된다고 말하고 있다.

---

5) C. Tart, "States of Consciousness and State-Specific Sciences", *Science 176*, 1972, 1203~1210.

'보이지 않는 차원에' 이르는 목적론적 현상학적 접근

지금까지는 '보이지 않는 차원'에 대한 인과론적인 접근을 취한 심리학을 소개하였다. 그러나 인과론적 접근을 부정하는 것은 아니지만 여기에도 약간의 문제는 있다.

예컨대 '카르마Karma'의 사상이 정신적인 버팀목이 되어 고통스러운 인생을 참아낼 수 있게 한다는 점에서 매우 훌륭한 가치가 있다고 생각한다. 또한 '재탄생 심리학'의 치료방법과 '전세요법'에 의해서 인생의 고통으로부터 벗어날 수 있게 한다는 점에서도 축복할 만한 일이라고 생각한다.

그렇지만 전문 카운슬러의 눈으로 볼 때는 약간의 문제가 없지도 않다.

예컨대 '당신은 과거에 이런 고통스러운 일이 있었기 때문에 마음이 이렇게 상처를 입어서 지금 이렇게 고통받고 있는 것이다'라고 설명해주게 되면, 그 동안 무엇 때문에 이러한지 전혀 모르고 있었던 사람에게 인과관계를 설명해 줌으로써 '그러기 때문에 내가 이렇게 된 것이다'라고 의미를 부여함으로써 마음이 한결 편안해지는 이점은 있는 것 같다.

그러나 일단 '인과론적인 설명'을 듣고 난 환자나 내담자의 대부분은 '인과'의 스토리에만 매달려 여기에 고착된 나머지 변할래야 변할 수 없게 되어 버리는 경우도 많다. 또는 '과거에 이런 쓰라린 체험을 한 나는 회복할 리가 없다'고 단정하여 숙명적이거나 '운명의 희생자가 된 심정'으로 여기서 조금도 벗어나지를 못한 나머지 치료자나 상담자에 대한 의존만을 키우게 되는 경우도 없지 않다.

한편 '목적론적 현상학적' 접근에는 이와 같은 위험성은 상대적으로 적다고 말할 수가 있다. 그럼에도 목적론은 불확실한 데가 있다고 생각할 것이며, '전세에 있었던 그 일 때문에 당신은 고통받고 있는 것이다'라든가 '전세에 있었던 그런 일 때문에 당신은 언제나 남성에게 배반당하는 것이다'와 같이 인과론적으로 '원인'을 분명하게 지적해주기를 바라는 사람도 있을지 모른다.

'목적론적 현상학적' 입장에서는 이와 같은 '인과의 스토리'에 대해서는 말하지 않는다. 그 대신 인생에서 일어나고 있는 모든 사건에는 의미가 있으며, 무언가 필요가 있기에 사건이 일어난 것이며, 필요하기 때문에 인생의 과정이 여기에 이 사건을 갖다 준 것이다라고 생각한다. 이런 식으로 사건과 문제를 숙고하고 음미하며 여기서 받은 메시지를 앞으로의 인생에 자각적으로 살려가는 태도를 중요시 한다.

이 책에서 이미 소개한 민델Mindell의 '프로세스 워크Process Work', 젠들린Gendlin의 포커싱Focusing, 프랑클Frankl의 '의미'를 지향한 심리학, 아들러Adler의 열등감 보상을 위한 '의미의 추구the striving for significance'(말년에는 힘의 방향보다는 극복overcoming/Uaberwinding의 방향을 강조) 등은 포괄적으로 말한다면 목적론적 현상학적 접근에 속한다.

찾아보기

저자약력

1929년 10월 16일(음) 전남 강진 병영(兵營)에서 출생하였으며, 서울대학교에서 문학사(교육학 전공), 교육학 석사학위(교육심리학 전공)를, 한양대학교에서 교육학 박사학위를 받았다. 조선대학교 교수, 고려대학교, 숙명여자대학교, 한양대학교 외래교수, 명지대학교에서 교수 및 사회교육대학원장을 역임하였고, 현재 한국 트랜스퍼스널 학회 고문으로 있다.

[저 서]

교육심리학(재동문화사, 1965)
청년심리학(재동문화사, 1966)
교육원리(형설출판사, 1967)
생활지도(공저, 재동출판사, 1970)
현대교육원리(재동출판사, 1973)
교육원리(공저, 삼광출판사, 1975)
현대교육심리학(재동출판사, 1976)
심리학요론(재동문화사, 1977)
Durkheim의 도덕교육론(재동문화사, 1982)
청년발달심리학(재동문화사, 1982)
교육심리학(개정판, 재동문화사, 1984)
교육학개론(재동문화사, 1985)
신교육학개론(교육출판사, 1986)
교과교육론(교육출판사, 1987)
현대심리학개론(교육출판사, 1987)
신청년심리학(대왕사, 1988)
신교육심리학(개정판, 대왕사, 1989)
상담심리학의 기초이론(대왕사, 1991)
인간존중을 위한 교육의 탐구(교육출판사, 1996)
트랜스퍼스널 심리학 : 동서의 지혜와 자기초월의 의식(대왕사, 1998)
자기를 이기는 자는 자유롭다 : 구제프의 사상과 가르침(학지사, 2001)
트랜스퍼스널 심리학(제2판, 대왕사, 2003)
삶의 의미를 찾는 역경의 심리학(나노미디어, 2003)
인간중심 자연관의 극복(나노미디어, 2005)
상담심리학의 기초(대왕사, 2006)
삶의 의미를 찾는 역경의 심리학(제2판, 나노미디어, 2008)
의식과 무의식의 대화(대왕사, 2008)
트랜스퍼스널 심리학(제3판, 대왕사, 2009)

용기있는 사람으로 키우는 심리학의 지혜(대왕사, 2011)
의미 없는 인생은 없다 : 빅토르 프랑클의 의미심리학(학지사, 2013)
자기 설득, 마음을 치유하는 길(나노미디어, 2014)
감성의 메시지와 상담심리(학지사, 2016)

[역 서]

Robert F, Dehaan, *Accelerated Learning Programs*, 1963. (촉진학습을 위한 교육. 서울 : 재동문화사, 1968)

William R, Niblett (ed.). *Moral Education in a Changing Society*, 1963. (변천 하는 사회의 도덕교육. 서울 : 교육출판사, 1985)

Anna Freud, *Einfürung in die Psychoanalyse für Pädagogen*, Translated by Barbara Low, *Psycho-Analysis for Teachers and Parents*, Gergo Allen & Unwin, 1963. (안나 프로이트가 풀어 주는 아이들의 심리. 서울 : 열린책들, 1999)

Warwick Rox, *Toward a Transperssonal Ecology : Developing New Foundations for Environment*, Boston, Mass : Shambhala, 1995. (트랜스퍼스널 생태학 : 인간중심 환경주의를 넘어서. 서울 : 대운출판사, 2002)

Arnold Mindell, *Working on Yourrself Alone*, Oregon : Lao Tse Press, 2002. (명상과 심리치료의 만남. 서울 : 학지사, 2011)

Stanislav Grof (ed.). *Ancient Wisdom and Modern Science*, Albany, N.Y. : State, University of New York Press, 1984. (고대의 지혜와 현대과학의 융합. 서울 : 학지사, 2012)